RASJONALITET

vs.

IRRASJONALITET

Av samme forfatter:

Filosofi: en innføring
(Kontekst forlag 1991)

Fornuft, egoisme, kapitalisme: essays om Ayn Rand
(Kontekst forlag 2003, ny utgave 2022)

Forteljingas pedagogikk: folkediktning før og no
(Sammen med Lis K. Andersen og Johan Einar Bjerkem,
Gyldendal norsk forlag 2003)

Frihet, likhet, brorskap: kapitalismen i teori og praksis
(Kontekst forlag 2004, ny utgave 2021)

Krig, fred, religion og politikk
(Kontekst forlag 2015)

*Saysiansk økonomi
eller en introduksjon til politisk økonomi basert på teoriene til
Jean-Baptiste Say*
(Kolofon forlag 2017)

Siste ord
(Kontekst forlag 2021)

Løpet er kjørt
(Kontekst forlag 2023)

USA: fra frihetsideal til bananrepublikk
(Kontekst forlag 2024)

Vegard Martinsen er også bidragsyter til disse bøkene:

Når fremtiden nekter å vente
(Red. Torbjørn Røe Isaksen, Unge Høyre 2002)

Vivo: lærerens bok
(Red. Elen Egeland mfl., Gyldendal 2010)

Grunnlov og frihet: turtelduer eller erkefiender?
(Red. Jørn K. Baltzersen, Kolofon forlag 2017)

RASJONALITET vs. IRRASJONALITET

av

Vegard Martinsen

Kontekst forlag 2024

RASJONALITET vs. IRRASJONALITET

Copyright © Vegard Martinsen 2024

All sitering er innenfor reglene for «fair use».

Det må ikke kopieres fra denne bok i strid med Åndsverklovens bestemmelser.

Kontekst forlag

Oslo

ISBN 978-82-91106-17-5

Til Inger

Innhold

Innledning..7
Rasjonalitet...9
Irrasjonalitet 27

Noen spesielle problemstillinger fra antikkens filosofi
    (Zenons paradokser, Thesevs´skip) 49

Kristendommen
    Er ateismen død? 53
    Overgrep i den katolske kirke: 330 000 ofre..................63
    Krig og religion...67

Islam
    Islam: den ellevte landeplage................................69
    Feilsitering fra Koranen....................................107
    Islamofobi vs. islamofili...................................109
    Terror og psykiatri..127

Immanuel Kant..137
Arthur Schopenhauer...163
Friedrich Nietzsche..173
Karl Popper 187

Antisemittisme..213
Transeproblematikken...223
Femininitet og maskulinitet: noen betraktninger............237
«Grotesk og egosentrisk» om helse, innovasjon
    og ambisjon 251

Etterord.. 261
Noen sitater..272

Innledning

For å kunne leve gode liv, og for å kunne organisere gode samfunn, må vi forstå den virkeligheten som omgir oss og som vi lever i – og som vi må leve i. Hvis vi ikke forstår virkeligheten er det som om vi beveger oss i et helt ukjent landskap uten å vite noe om det, uten engang å ha et kart som beskriver hvordan dette landskapet er. Har man et kart kan man benytte det for å finne ut hvor hindringene er og hvor det er lett å komme frem. Har man ikke et slikt kart vil man ofte ende opp med å velge en unødig komplisert vei, og det er også lett å gå seg vill. Det man bør gjøre for å ferdes gjennom livet på en så enkel og trygg måte som mulig er altså å gjøre sitt ytterste for å forstå virkeligheten. Andre mennesker er også en del av virkeligheten, så det å forstå virkeligheten innebærer at man også må forstå andre mennesker.

For å forstå virkeligheten må man observere den, og man må analysere den på en korrekt måte. Denne korrekte måten å forholde seg til fakta på kalles *rasjonalitet*. Å på ulike måter ignorere virkeligheten, eller deler av den, eller å basere seg på at ting som ikke eksisterer er virkelige, kalles *irrasjonalitet*.

Å være rasjonell, å følge de prinsipper som rasjonalitet innebærer, er å sammenligne med å stadig forbedre det kartet man har laget seg over det i utgangspunktet ukjente landskapet man ferdes i. Den som er rasjonell vil hele tiden få en stadig bedre forståelse av hvordan landskapet ser ut, det vil bli stadig enklere å finne frem i dette terrenget, og sannsynligheten for at man går seg vill vil stadig bli mindre.

Denne boken inneholder artikler som analyserer og forsøker å gjendrive irrasjonelle ideer og irrasjonelle tenkere, og siden disse artiklene, som opprinnelig ble publisert uavhengig av hverandre, her fremstilles samlet, fant jeg det riktig å innlede med et kapittel som kort forklarer hva rasjonalitet er. Rasjonalitet, å gjøre sitt beste for å sikre at ens tenkning er i samsvar med virkeligheten, består av et stort antall elementer, og noen av dem er forklart og diskutert i det første kapitlet. I det følgende kapitlet blir rasjonalitet kontrastert med sin motpol, irrasjonalitet. Det som gis her er dog en meget kort fremstilling av et stort og viktig emne, og det blir anbefalt enkelte bøker som kan være nyttige for den som ønsker å vite mer om dette viktige og interessante emnet.

Innledningskapitlet blir etterfulgt av artikler som tar for seg viktige og innflydelsesrike ideer og tenkere i filosofiens historie; først kommer noen betraktninger om uendelighet fra antikkens Hellas, og deretter følger artikler om kristendommen, islam, Immanuel Kant, Arthur Schopenhauer, Friedrich Nietzsche og Karl Popper.

Deretter følger fire artikler som diskuterer temaer som var spesielt aktuelle da denne boken ble utgitt. Dette betyr dog ikke at de vil være mindre interessante når noen år er gått.

Deretter følger et oppsummerende etterord. Selv om bokens struktur følger en rød tråd kan artiklene allikevel leses helt uavhengig av hverandre.

VM, september 2024

Rasjonalitet

Man kan si at å være rasjonell er å være virkelighetsorientert og logisk. Dette innebærer at man tar utgangspunkt i det man observerer, og så analyserer man det man har observert i samsvar med logikkens lover. Dersom et resonnement bryter med logikkens lover får man en selvmotsigelse, og logikken er forankret i virkeligheten siden selvmotsigelser ikke finnes i virkeligheten. Det er dog langt mer å si enn dette.

Virkeligheten

Man må ta utgangspunkt i at virkeligheten eksisterer uavhengig av noens bevissthet, dvs. at alt vi observerer omkring oss – stener, trær, hus, biler, hester, mennesker, hunder, planeter, mm. – eksisterer som selvstendige objekter. De er ikke avhengige hverken av den som observerer, eller av en slags overnaturlig bevissthet som sørger for at ting eksisterer, fortsetter å eksistere, og er som de er.

Hva menes da med at objekter har selvstendig eksistens? Det betyr at de ikke er avhengig av noe annet for å eksistere. Eksempelvis er stener og trær og hus og biler selvstendige objekter. Et eksempel på ikke-selvstendige objekter er en persons tanker, ideer og følelser; de eksisterer ikke uten at personen også eksisterer. (Dersom en person skriver ned sine tanker i en bok, så er det strengt tatt ikke slik at tankene eksisterer i boken; boken består av papir, lim og trykksverte, men trykksverten er plassert i et mønster, en slags kode – bokstaver, ord, setninger – som gjør at den som forstår koden kan finne ut hva forfatteren har skrevet.)

Vi har brukt uttrykket «virkeligheten som omgir oss», men vi er også selv en del av virkeligheten. Den enkeltes kropp og den enkeltes bevissthet er like mye en del av virkeligheten som det som er utenfor ham eller henne. Man observerer bevisstheten og hvordan den fungerer ved *introspeksjon*, og den virkeligheten som er utenfor bevisstheten observeres ved *ekstrospeksjon*.

Virkeligheten består i utgangspunktet av stabile objekter, det vil si at objektene enten forblir slik de er eller forandrer seg på en lovmessig måte. Forandringer kan skje raskt (en treflis kan brenne og bli til aske, vann fryser til is) eller sakte (en eikenøtt vokser og blir til et eiketre, en person utvikler seg fra barn til ungdom til voksen og til gammel). At objektene er stabile betyr ikke at de ikke forandrer seg, det betyr bare at de forandrer seg på lovmessige måter.

Sansing

Alle objekter som eksisterer i virkeligheten har bestemte egenskaper, og man mottar ulike type signaler fra dem via sitt sanseapparat: man kan se på dem, man kan berøre dem, man kan lukte dem, man kan høre dem, og i noen tilfeller ønsker man til og med å smake på dem. Man observerer altså virkeligheten med sine fem sanser. (Man ser et objekt når det reflekterer lys som er sendt på objektet fra en lyskilde, for eksempel solen eller en lampe, og når det reflekterte lyset har en bølgelengde som ligger mellom 380 og 750 nanometer. Dersom bølgelengden på lyset ligger utenfor dette spekteret er menneskets øye ikke i stand til å registrere det.)

Identitet

Alt som eksisterer er noe bestemt, hver enkelt ting har en bestemt natur, den har identitet, og den oppfører seg alltid i samsvar med denne identiteten. Et eple faller til marken når man slipper det; en fjær kan bli tatt av vinden og flyr av gårde når man slipper den. En ballong fylt med helium flyr til værs, en ballong fylt med vann faller til bakken. Dette kommer av at helium har en natur som innebærer at denne gassen er lettere enn luft, og vann har en identitet som innebærer at denne væsken er tyngre enn luft. En eikenøtt gror og blir til et eiketre hvis den få tilstrekkelig næring, en hund logrer med halen når den er glad, og så videre. Årsaksloven er en implikasjon av det faktum at alt som eksisterer har en bestemt identitet. En implikasjon av identitetsloven er at alle endringer som kan skje med et objekt skjer i samsvar med den identiteten objektet har.

Sansene

Sansene fungerer i samsvar med årsaksloven/naturlovene, og gir derfor pålitelig informasjon om det som er omkring oss. Man observerer altså ting i virkeligheten, men det man opplever er et produkt av to elementer: identiteten til det objektet som observeres og identiteten til det sanseapparatet man har. Hos noen individer kan sanseapparatet være skadet eller ødelagt, og disse har da en annen opplevelse av virkeligheten enn den opplevelsen en person med et intakt sanseapparat har. En person med normalt syn og en person som er fargeblind kan da ha ulike opplevelser selv om de ser det samme objektet. Opplevelsen kan variere fra person til person, men virkeligheten/objektene er den/de samme for alle. (Her betrakter vi altså slike ting som lyd, det vil si lydbølger, og de gassene som vi opplever som lukt, og de stoffer som skaper smak i munnen, som objekter eller som aspekter ved objekter.)

Begreper

Man observerer at noen av de tingene man ser (eller hører ...) ligner på hverandre, og mentalt kan man da samle dem under det som kalles et begrep. Et begrep er noe vi har i bevisstheten – det er et mentalt objekt – og som refererer til noe som finnes i virkeligheten. Man observerer for eksempel at alle hester ligner på hverandre, man danner begrepet «hest», og så setter man ordet «hest» på dette begrepet. Slike ord kan variere fra språk til språk – «horse», «Pferd» – men de refererer alle til de samme objektene ute i virkeligheten, og både engelskmenn og tyskere har det samme begrepet i sin bevissthet. Alle hester er *referenter* til begrepet «hest».

Begreper dannes ikke kun på basis av gjenstander man har observert, man kan også danne begreper etter observasjon av aktiviteter («dans», «reise»), tilstander («syk», «lykkelig»), egenskaper («varm», «spennende»), antall elementer i en mengde («fjorten», «dusin»), osv.

Alle referentene som hører inn under et begrep skal ha essensielle likheter. Dette innebærer at dersom man undersøker og derved finner ut noe om én av de tingene som hører inn under et begrep, vet man at dette også gjelder for alle andre ting som hører inn under samme begrep. Man kan undersøke én hest og dermed vet man noe om alle hester, man kan undersøke én bil og derved få kunnskap som gjelder alle biler. Begreper gjør det dermed mulig for oss å tenke på klasser av ting (alle hester, alle biler) som om de var én ting, og dette gjør bevisstheten og dermed tenkeevnen enormt mer effektiv enn den ellers ville ha vært.

I og med at man stadig får mer kunnskap kan dette innebære at man kan og bør danne nye begreper. I blant kan dette skje ved at man føye til et ord til det opprinnelige ordet. For å ta et enkelt eksempel: «bensinbil», «dieselbil», «lastebil», «elbil». Alle disse har essensielle likheter, men alle elbiler har egenskaper som andre biler ikke har; det er derfor man lager et eget begrep for denne underkategorien av biler.

Alle kjenner de forskjellige biltypene vi nevnte over, men hvis vi går inn i spesielle fag, for eksempel biologi eller zoologi eller botanikk eller geologi eller astronomi eller fysikk eller kjemi, er det opplagt at fagfolk innen disse områdene har en lang rekke begreper som er mer ukjente for folk flest. Å ha riktige begreper er en forutsetning for å skaffe seg mer kunnskap. Danner man gale begreper, vil dette føre til at utviklingen av ens innsikt og forståelse vil bli redusert. Fysikere som forsøkte å forklare varme ved å benytte «flogiston» kom ikke videre ...

Begreper inneholder alt man vet om referentene, og etterhvert som man lærer mer om dem vil begrepet få et mer omfattende innhold. En voksen vet mer om «menneske» enn et barn, og en astronom vet mer om «stjerne» enn en tilfeldig person, men alle har de samme begrepene. Begreper er altså åpne, man kan stadig fylle dem med mer innhold etterhvert som man lærer mer om referentene. Et lite barn vet neppe at mennesket har lunger og hjerter og nyrer, kan skape stor kunst, kan gjøre viktige vitenskapelige oppdagelser, kan reise til månen, etc., så et barns begrep «menneske» inneholder ikke disse mulighetene. En voksens begrep «menneske» derimot inneholder dette og mange andre ting som barnets begrep ikke inneholder.

I utgangspunktet er det slik at begreper refererer til noe som finnes i virkeligheten, men det kan også finnes begreper som ikke refererer til ting i virkeligheten. I noen tilfeller kan disse begrepene da referere til ting som finnes i en fantasiverden, for eksempel «spøkelse», «julenisse», «gud», «enhjørning». Det kan også finnes begreper som er forlatt på grunn av av den vitenskapelige utviklingen, eksempler er «flogiston» og «eter», og begreper som refererer til ting som ikke kan eksistere: «evighetsmaskin». Siden disse begrepene ikke har referenter i virkeligheten, vil resonnementer de inngår i heller ikke si noe om virkeligheten.

Dersom man danner et begrep som har som formål å omfatte referenter som ikke har essensielle likheter, er begrepet ugyldig. Et eksempel på dette kan være «ekstremisme», et begrep som visstnok skal ha som referenter både ekstreme voldsmenn og ekstreme pasifister. Det er ingen essensiell likhet mellom disse referentene, og et begrep som omfatter begge er derfor ugyldig. Tilsvarende gjelder begrepet «radikalisering»; det er ingen essensielle likheter mellom prosessene som fører til at en person blir en radikal islamist og en annen blir en radikal pasifist. Ja, det er likheter, men det er ingen essensielle likheter, og essensielle likheter er krav som må oppfylles for at forskjellige eksistenter skal kunne plasseres under samme begrep.

Begreper som «hus», «bil», «tre» har observerbare referenter, mens begreper som «frihet», «samfunn», «demokrati» ikke har observerbare referenter. Man bør kjenne definisjonene for de begrepene man benytter, og dette er spesielt viktig dersom begrepene ikke har observerbare referenter. Hvis noen spør hva man mener med «hus», så kan man bare peke og si at man mener det der og alle ting som ligner. (Å definere noe ved å peke sies å være en *ostensiv* definisjon.) Men dette er ikke mulig når det gjelder begreper som «frihet» og «demokrati». (Vi skriver mer utførlig om definisjoner nedenfor.)

Begreper dannes i et hierarki, noen begreper bygger på/forutsetter andre begreper, det vil si at man må danne visse begreper før man kan danne andre begreper. Man må ha begrepet «bok» før man kan ha begrepet «bibliotek», man må ha begrepet «musikk» før man har begrepet «komponist». I noen tilfeller kan et resonnement bli feil dersom man ikke til tar hensyn til slike hierarkier.

De enkelttingene som hører inn under et begrep kalles *partikularia*, og de egenskaper som alle partikularia har felles kalles *universalia*. Alle biljardkuler er runde: hver enkelt biljardkule er en partikularia for dette begrepet, mens deres rundhet er deres universalia.

Begrepene eksisterer kun i menneskers bevissthet, og hvis de er riktig dannet, er de objektive.

Tall er begreper, og de eksisterer da kun i menneskers bevissthet. Tall betegner størrelse på mengder, og disse mengdene kan eksistere i virkeligheten. Et menneske har to armer og to ben; armer og ben eksisterer virkeligheten, men tallet/begrepet «to» eksisterer kun i bevisstheten til de som har dannet dette begrepet.

Likhet

Vi nevnte at ting som hører inn under samme begrep har essensielle likheter. Men hva innebærer «likhet»?

La oss si at man betrakter to personer, la oss for enkelhets skyld som eksempler bruke Jens Stoltenberg og Petter Northug. Er disse like? Vel, de har begge to armer og to ben og et hode, men det er også forskjeller. Den ene er politiker, den andre er sportsmann, den ene er mørkhåret, den andre gråhåret; den ene er rik, den andre er enda rikere, og så videre. Dersom man bare ser på disse to kan man godt si at de er like, men man kan også si at de er forskjellige.

Dersom man skal man finne ut om to ting ligner hverandre er det ikke tilstrekkelig å se på disse to tingene, man må kontrastere dem med en tredje ting. Hvis man da setter Jens Stoltenberg, Petter Northug og en sykkel opp mot hverandre, ser man at to av disse tingene ligner hverandre, og at den tredje tingen ikke ligner på de to andre.

Man må alltid ha en kontrast hvis man skal sammenligne ting. Også her er det avhengighet av kontekst; hvis man setter et menneske, en hund, og en sykkel opp mot hverandre ser man at det er to levende ting og en ikke-levende ting, og man kan si at de to levende tingene ligner på hverandre. Det finnes altså objektive kriterier for likhet, men de er avhengige av sammenhengen, av konteksten.

Fornuften

Fornuften er en egenskap individer har, den er en egenskap det enkelte menneske har til å identifisere og integrere det materialet det mottar via sansene. Fornuften er da et redskap som gjør det er mulig å oppnå abstrakt kunnskap; det er fornuften man benytter for å danne begreper, og det er fornuften man bruker når man foretar resonnementer.

Bevisstheten opererer på flere nivåer; både mennesker og dyr kan observere direkte, men det er kun mennesker som kan abstrahere. Dette er altså fordi kun mennesket har fornuft. Hvert enkelt menneske kan velge å abstrahere og å danne begreper (og prinsipper og teorier), og mennesket har da en bevissthet som også fungerer på det avanserte, konseptuelle nivået («concept» er det engelske ordet for «begrep»). Mennesket er i stand til å danne begreper, men det enkelte menneske velger selv hvilke begreper det danner. Hvilke begreper det kommer til å danne er også avhengig av den delen av verden som omgir dem. En eskimo har i utgangspunktet ikke begrepet «ørken», og en som kun har oppholdt seg midt i varmeste Afrika har antagelig ikke begrepene «snø» og «is». Det er nødvendig for et menneske, for å kunne fungere som menneske, å ha begreper. Det er menneskets frie vilje som setter det i stand til å danne begreper, de fleste begreper et menneske danner er opplagt gyldige, men den frie viljen innebærer at et menneske også er i stand til å danne ugyldige begreper.

Det rasjonelle synet er at fornuften er den eneste veien til abstrakt kunnskap, dvs. kunnskap som ikke gjelder direkte observerbare referenter. Alle kan observere og dermed vite at en ball er rund, men det krever noe mer for å vite at formelen for arealet av en ellipse er πab, at B12 er nødvendig for god helse, og hva som er opphavet til moralske verdier.

Fri vilje
Hvert enkelt menneske har evnen til å fokusere sin bevissthet, sin tenkeevne, og det er dette menneskets frie vilje består i. Hvert enkelt menneske velger sine verdier og sine handlinger. Dette innebærer at hvert enkelt menneske skaper sin egen karakter (en persons karakter er en viktig del av, men er ikke det samme som, vedkommendes personlighet). Dyr har ikke fri vilje; deres bevissthet fungerer som nevnt kun på det konkrete nivå; de observerer ting, men de kan ikke danne begreper og prinsipper og teorier. De kan heller ikke projisere ideer og planer og verdier inn i fremtiden, slik mennesket kan.

Men er da fri vilje i samsvar med årsaksloven? Årsaksloven sier at alt som eksisterer har en bestemt identitet, og at alt oppfører seg i samsvar med den identiteten det har. Mennesket er slik at det har fri vilje, og det kan foreta valg. Dette er da en implikasjon av årsaksloven. («Alt har en årsak» er en feilaktig formulering av årsaksloven. Ett eksempel som bekrefter dette: universets eksistens har ingen årsak.)

Essensielle egenskaper
Vi har et par ganger brukt uttrykket «essensiell» uten å forklare hva det betyr. Derfor: En essensiell egenskap er en egenskap som gjør at en ting er det den er. Essensielle egenskaper ved mennesket er at det eksisterer som et selvstendig objekt (det er ikke en del av og avhengig av et annet objekt), er levende, og har evnen til rasjonell tenkning. Ikke-essensielle egenskaper er slike ting som et menneskes høyde, vekt, hårfarge, hudfarve, etc. Det som er essensielt ved en bil er at det er et motordrevet kjøretøy beregnet på transport av gods eller personer. Antall hjul, farve, merke og årsmodell er ikke essensielle egenskaper ved en bil. Det som er essensielt ved en bok er dens idémessige innhold, ikke dens font og papir og design.

Definisjoner
Vi nevnte over at begreper man benytter bør defineres, og at dette er spesielt viktig når det gjelder begreper som har abstrakte, det vil si ikke-observerbare, referenter. Også begrepet «definisjon» kan og bør defineres: «En definisjon er et utsagn som identifiserer de essensielle

egenskapene ved det som skal defineres». (En definisjon skal altså ikke uttrykke alle egenskaper ved det som defineres.) For eksempel er «menneske» da definert som «et rasjonelt dyr», «hest» er definert som «et hovdyr av slekten Equus som blir brukt til trekkdyr, ridedyr eller kløvdyr», «hus» er definert som «en bygning (med tak og vegger) brukt til bo- eller tilholdssted for mennesker eller dyr, til å lagre noe i og lignende». (De to siste definisjonene er hentet fra ordbøkene.no).

Den definisjonen vi ga av «menneske» – et rasjonelt dyr – sier ikke at alle mennesker er rasjonelle, den sier bare at mennesket har evnen til å være rasjonell.

En definisjon har to elementer: *genus* og *differentia*. For definisjonen er av mennesket er «dyr» genus (genus er da den store gruppen som det som skal defineres hører til), og det som skiller mennesket ut fra alle andre i denne gruppen er at det har fornuft («fornuften» er differentia). Genus for «hest» er «hovdyr», og genus for «hus» er «bygning».

Vi tar også med definisjonen av det å tenke: «tenkning er en mental aktivitet som har som mål å finne sannhet». Dette innebærer at maskiner ikke kan tenke; maskiner har ikke bevissthet, de har derfor ingen mental aktivitet; maskiner bare utfører de prosesser de er programmert til å utføre. Og for «spill» (ludo, sjakk, kabal, fotball, curling): «spill er en rekreasjonsaktivitet* basert på regler som spesifiserer et mål og metodene man kan benytte for å oppnå målet».

Det kan hende at definisjoner må forandres over tid på grunn av endrede forhold. Tidligere definerte man «ungkar» som «en ugift mann», nå er det kanskje bedre å definere «ungkar» som «en mann som ikke lever i et parforhold».

Den første filosof som var opptatt av definisjoner, eller kanskje det er mer korrekt å si at han var opptatt av prosessen man går igjennom når man skal finne essensielle egenskaper ved det begrep som skal defineres, var Sokrates (470-399 f.Kr.).

Homonymer

Alle vet hva synonymer er (forskjellige ord som har samme betydning), men ordet «homonym» er ikke så godt kjent selv om alle

---

* At vi bruker rekreasjon som genus her er ikke til hinder for at det finnes profesjonelle innen ulike spill, men det er en essensiell forskjell mellom den type tjenester en snekker eller en rørlegger yter i forhold til den tjenesten en profesjonell fotballspiller eller sjakkspiller yter.

vet hva det er. Et homonym er et ord som har flere forskjellige betydninger. Et eksempel er «bank», som kan bety både «finansieringsinstitusjon» og «juling». Det finnes en rekke andre eksempler, men vi nevner her kun ett ord som er viktig innen filosofi: «aksiom». Det kan bety «identifisering av en fundamental, uunngåelig sannhet», men det kan også bety «et vilkårlig utgangspunkt som man deduserer fra». (Aksiomer brukes også i matematikken.)

Skal man være presis i sin tenkning og sine resonnementer må man være klar over betydningen av ordene man benytter. Ofte går det frem av sammenhengen hvilken betydning et ord har, men når det ikke gjør det bør man presisere.

Når man skal forsøke å forstå hva andre sier må man altså være klar over at enkelte ord kan ha forskjellige betydninger, og da må man gjøre sitt beste for å forstå ordet slik det er brukt av den som står bak utsagnet. «Frihet» betyr for noen «et folks rett til å velge sine egne ledere», mens for andre betyr det «retten for individer til å bestemme over seg og sitt». For noen er «egoist» synonymt med «hensynsløs bølle», for andre er det en som handler slik han selv virkelig vil tjene på på lang sikt. Dersom man skal bruke slike ord bør man vite hvilken betydning man bruker det i, og dersom man hører noen bruke disse ordene bør man forsøke å forstå hvilken betydning som er lagt i det. Tilsvarende også for en rekke andre ord.

Proposisjoner

Begreper setter man sammen i proposisjoner, og poenget med dem, primært sett, er at de skal si noe om virkeligheten. I utgangspunktet er det slik at noe tillegges en egenskap. «Mennesket er dødelig», «alle bør ha tak over hodet», «frihet gir velstand» er eksempler på proposisjoner som forsøker å si noe om virkeligheten – slik den er eller slik den bør være.

Proposisjoner består av begreper, og ikke alle begreper passer sammen. Man kan for eksempel ikke si at «grønn løper» eller at «stenen rødmer», en farge kan ikke løpe og en sten kan ikke rødme. Påstander av typen vi nettopp gjenga forekommer ikke så ofte, men en ser iblant utsagn av typen «datamaskinen tenker». Hvis man forstår dette bokstavelig så er det feil. Tenkning skjer i en bevissthet, og maskiner har ikke bevissthet. En datamaskin kan bare utføre de operasjoner som den er programmert til å utføre, og dette er ikke tenkning. Proposisjoner innebærer at ting tillegges en egenskap, og det er ikke slik i virkelighetens verden at alle ting kan ha alle mulige egenskaper.

Hvordan kommer man da til slutninger av typen «mennesket er dødelig»? Man kommer til slike utsagn via en prosess som heter *induksjon*.

Induksjon

Når man observerer virkeligheten og så trekker slutninger på basis av observasjonene, foretar man en induktiv slutning, en induksjon. Eksempler på induksjon er de prosesser man går igjennom for å komme frem til at «en sten kan ikke flyve», at «alle mennesker er dødelige», og at «røyking øker risikoen for å få lungekreft». Man observerer noen tilfeller, og så foretar man slutning som gjelder alle tilfeller. I visse sammenhenger er det svært mange fakta man må observere for å trekke en konklusjon.

La oss se litt nærmere på hvordan man kommer frem til at «en sten kan ikke flyve». Vi betrakter et antall stener, og vi ser at sten nr 1 ikke flyr, vi ser at sten nr 2 ikke flyr, vi ser at sten nr 3 ikke flyr osv. Samtlige stener bare ligger der hvor vi har plassert dem. Vi forsøker så å observere dem i mange forskjellige situasjoner: vi kan observere dem når det er mørkt, når solen skinner, når det regner, osv. Og intet skjer, alle stenene bare ligger der hvor de ble plassert. Sammenligner vi med ting som kan fly, ser vi at disse har mekanismer som gjør flyving mulig: en fugl slår med vingene, et fly har vinger og motor, osv. En sten har ingen slik innretning som gjør at den kan fly. På bakgrunn av alt dette trekker vi den slutning at stener ikke kan fly.

Tenkning handler om å analysere og forstå virkeligheten, og i sin innflydelsesrike bok *The New Organon* gir Francis Bacon (1561-1626) en utførlig beskrivelse av en rekke prinsipper man bør følge for å sørge for at man tenker riktig, og hvordan man kan unngå å tenke feil: Man må benytte et bredt utvalg av eksempler, man må bruke veldefinerte ord/begreper, man må sørge for at man ikke velger bort fakta som ikke passer inn sammen med ens tidligere kunnskap, man må ikke uten videre godta det man har lært fra andre, mm. Bacon legger altså stor vekt på induksjon. (Metoden beskrevet i denne boken hadde stor betydning for den kolossale videnskapelige revolusjon som fulgte i perioden etter Bacon*.)

Den engelske filosofen John Stuart Mill (1806-1873) formulerte en rekke regler for induksjon, og vi gjengir dem her slik de er formulert i Store Norske Leksikon: Mills «skille mellom tre ulike induktive metoder er mest kjent. Anta at man vil undersøke sammenhengen mellom fire ulike faktorer, a, b, c og d:

> 1.*Overensstemmelsesmetoden* undersøker tilfeller hvor c forekommer, og finner at a alltid forekommer sammen med c (men ikke b eller d). Man slutter da at det er årsakssammenheng mellom a og c.
>
> 2.*Differansemetoden* tar for seg tilfeller der verken a eller cforekommer, for eksempel bd. Så innføres for eksempel a, og hvis da c opptrer (uten annen forandring i bildet), slutter man at c er avhengig av a.
>
> 3.*Variasjonsmetoden* går ut fra et tilfelle, for eksempel abc, og så lar man faktoren a variere i styrke eller kvantitet. Hvis da c også varierer uten at andre faktorer endres, slutter man at c er avhengig av a. De omtalte slutningene gir ikke visshet, men bare grader av sannsynlighet.»

Konklusjoner man kommer frem til på denne måten kan være mulige, sannsynlige, eller sikre. Konklusjonen er *mulig* dersom det finnes noe bevismateriale som støtter opp om konklusjonen; konklusjonen er *sannsynlig* hvis det er mye bevismateriale som slutter opp om konklusjonen; og konklusjonen er *sikker* dersom alt tilgjengelig bevismateriale slutter opp om konklusjonen, det ikke finnes noe bevismateriale som går imot konklusjonen, og mengden bevismateriale er betydelig.

---

*To av videnskapshistoriens mest kjente prinsipper ble formulert av Bacon: «Kunnskap er makt», og «Nature, to be commanded, must be obeyed». Makt er evnen til å gjennomføre sine ønsker, og jo mer kunnskap man har, jo enklere blir det gjøre det som trengs for å oppnå det man ønsker. For å kunne styre og utnytte virkeligheten/ naturen, må man kjenne til og rette seg etter («obey») de lover og prinsipper som alt i virkeligheten følger.

Deduksjon

Deduksjon er en slutningsmetode som innebærer at man fra to premisser trekker en konklusjon. Det mest forekommende eksempel på en slik slutning er: «Alle mennesker er dødelige, Sokrates er et menneske, og derfor er Sokrates dødelig».

Det finnes et omfattende regelapparat for hvilke typer deduktive slutninger som er gyldige og hvilke som ikke er gyldige; et regelapparat som Aristoteles (384–322 f.Kr) var den første til å beskrive. Den mest kjente ikke-gyldige konklusjonen (for oss nordmenn) er den som Ludvig Holberg (1684-1754) benytter i *Erasmus Montanus*: «En sten kan ikke flyve, Mor Nille kan ikke flyve, ergo er Mor Nille en sten». Strukturen i dette resonnementet er feil, det er i strid med en av logikkens lover, og derfor er konklusjonen feil.

Regelapparatet for korrekte deduktive slutninger er utførlig beskrevet i en rekke bøker. For den som vil vite mer om dette kan vi anbefale *Basic Logic: The Fundamental Principles of Formal Deductive Reasoning* av Raymond McCall.

Logiske feilslutninger

Alle logikkbøker inneholder en lang liste over logiske feil, feil som ofte forekommer i vanlig språkbruk (kalt «informal fallacies»), og noen av dem er kjent under sine latinske navn: *argumentum ad passiones, argumentum ad hominem, argumentum ad baculum, argumentum ad populum, argumentum ad verecundiam* (det er mange flere).

Ad passiones er å henvise til følelser: man føler at noe er sant eller riktig, og derfor mener man at det er riktig. Dette resonnementet henviser ikke til relevante fakta i det hele tatt, og er derfor ugyldig.

Ad hominem er det som på norsk kalles å ta mannen i stedet for ballen. Et argument av denne typen kan lyde slik: «NN er en useriøs person, han har tatt feil mange ganger tidligere, og derfor er det han nå hevder feil». Det burde være opplagt at dette er et helt uholdbart resonnement.

Ad baculum – «baculum» betyr stokk – innebærer at man truer en person til å mene noe: «Hvis du ikke går med på at jeg er en snill og vennlig person så banker jeg deg opp!», eller «Hvis din forskning kommer til konklusjoner som ikke er i samsvar med konsensus vil du neppe få innvilget dine nye søknader om ytterligere forskningsmidler».

Ad populum er å henvise til oppfatninger som har stor oppslutning: «Det er så mange som mener at Vålerenga er det beste fotballaget og derfor er Vålerenga det beste fotballaget». En variant av dette er å si at «siden så mange mener at NN er en dårlig tenker er det NN nå hevder feil». Å si at en bok er dårlig fordi den er solgt i få eksemplarer, eller at argumentene i en bok er uholdbare fordi det er få som har lest den, er også feilslutninger av denne typen.

Ad verecundiam er å si at noe er sant fordi en autoritet har sagt det. To eksempler: «Paven sier at Gud eksisterer og derfor eksisterer Gud». «Stephen Hawking sier at Gud ikke eksisterer og derfor eksisterer ikke Gud». Disse argumentene er opplagt uholdbare. Men dersom man henviser til en kompetent fagperson så er dette ikke et eksempel på denne logiske feil. Henviser man til en kjent skuespiller som sier at man bør bli vegetarianer, er dette et eksempel på denne logiske feilen dersom man betrakter dette som et holdbart argument, men hvis man henviser til en ernæringsfysiolog som på basis av sine kunnskaper sier det samme, er dette ikke et eksempel på denne logiske feilen.

Resonnementer av den typen vi har gitt eksempler på er uholdbare fordi de ikke baserer seg hverken på relevante fakta eller på logikkens lover for gyldige slutninger.

Bevisbyrdeprinsippet

Bevisbyrdeprinsippet sier at det er den som fremmer en positiv påstand som må bevise eller begrunne det han påstår. Dette er velkjent i rettsapparatet, hvor det er påtalemyndigheten som må bevise at den tiltalte er skyldig; det er ikke opp til forsvaret å bevise at den tiltalte er uskyldig.

På engelsk er dette velkjente prinsippet formulert i utsagnet «It is impossible to prove a negative». Man kan bevise eller begrunne at noe eksisterer, men det er umulig å bevise at noe ikke eksisterer. Dette fordi det som eksisterer har spor i virkeligheten, mens det som ikke eksisterer ikke har noen spor i virkeligheten. Alle gyldige resonnementer henviser til ting som finnes i virkeligheten.

Bevisbyrdeprinsippet innebærer at det er opp til de som påstår at Gud eksisterer å begrunne eller bevise dette. Det finnes en rekke såkalte gudsbevis, men alle bryter på en eller annen måte logikkens lover. (Mer om dette er å finne i Smith: *Atheism*.)

Kontekst, integrasjon

Den kunnskap man har er alltid begrenset, og man kan kun operere innenfor den mengde kunnskap man har. Alle konklusjonene man trekker er derfor avhengig av den kunnskapskontekst man har. Dette kan bety at man, når man får mer kunnskap, når man kommer i en større eller mer omfattende kunnskapskontekst, må moderere sine konklusjoner. Et typisk eksempel her er Newtons (1643-1727) lover, som gjaldt i Newtons kontekst, som var «små hastigheter». Etter at man fikk mer avanserte videnskapelige metoder har man oppdaget at en forutsetning som disse lovene var basert på, ikke lenger gjelder. Nå vet man at et legemes masse øker med dets hastighet, men dette er altså ikke merkbart før hastigheten blir svært stor. Det er fortsatt slik at Newtons lover gjelder i Newtons kontekst (små hastigheter). Ny kunnskap utvider gammel kunnskap, de gjelder i en større kunnskapskontekst, og det kan også hende at ny kunnskap korrigerer tidligere feilslutninger.

Å sitere utenfor kontekst er en velkjent synd, men man må huske på at alle utsagn og påstander og teorier er fremmet i en bestemt kontekst, og skal man vurdere utsagnet/påstanden/teorien, må man ta hensyn til konteksten som utsagnet er fremmet i.

Når man får ny kunnskap skal den integreres motsigelsesfritt med det man tidligere har skaffet seg av kunnskaper. Et typisk eksempel på slik integrasjon er Newtons oppdagelse av gravitasjonsloven. Det sies at han så et eple falle til marken samtidig som han så månen på himmelen. Han visste at månen gikk i bane rundt jorden, og sluttet at det kunne være samme kraft som holdt månen i sin bane og som trakk eplet til jorden. Newton integrerte da disse to fenomenene inn i en teori: gravitasjonsloven. Senere ble tidevannets bevegelser forklart ved og dermed også integrert i denne teorien.

Ny kunnskap skal altså integreres med tidligere etablert kunnskap. Hvis denne nye kunnskapen ikke lar seg integrere, er det noe galt enten med det man kan fra tidligere eller i det nye man har lært. Da må man tenke igjennom problemstillingen og finne ut hvor feilen ligger, og korrigere der hvor det er nødvendig.

Sikkerhet

Vi nevnte ovenfor at konklusjoner kan være sikre. Vi bør også presisere at det er forskjell på å være sikker og å være allvitende; man kan aldri bli allvitende. Men hvis man i en induksjon eller deduksjon følger

Mills metoder og de andre lover innen logikken, har brukt korrekte begreper og tar hensyn til slike ting som kontekst og hierarki, kan en konklusjon være kontekstuelt sikker.

Sannhet

Det er vanlig å si at sannhet er overensstemmelse med virkeligheten, det vil si at et utsagn er sant dersom det stemmer overens med virkeligheten. Men denne definisjonen har en svakhet; det er bedre å si at sannhet er «erkjennelse av virkeligheten». Hvis for eksempel en person sier «Oslo er hovedstaden i Norge» så er dette sant, og personen som sier det vet at det er sant. Men hvis denne personen har lært utenat og uttaler at «den lukkede enhetskulen er kompakt i svakstjerne-topologien», er det lite sannsynlig at vedkommende vet at utsagnet er sant (hvis han ikke er matematiker). For personen som uttaler dette er dette bare en vilkårlig og egentlig meningsløs påstand, og da blir det feil å si at han har uttalt noe som er sant. Det er derfor bedre å definere et utsagn som sant dersom det uttrykker en erkjennelse av virkeligheten.

Følelser

Følelser (emosjoner) oppstår automatisk i bestemte situasjoner og er resultater av tidligere tenkning, tidligere verdivalg og tidligere erfaringer. (Vi snakker ikke her om det man direkte observerer med følesansen; man kan for eksempel la en finger gli langs en overflate og kjenne hvorvidt den er glatt eller ru.) Blir det for eksempel rettet en ladet pistol mot en voksen person, vil han umiddelbart og automatisk føle frykt. Rettes det samme våpenet mot et spedbarn, vil det kanskje ikke reagere i det hele tatt, eller det vil kanskje fryde seg over et nytt leketøy. Grunnen til at de følelsesmessige reaksjoner er så forskjellige er at den voksne fra tidligere tenkning vet hva en pistol kan forårsake, mens spedbarnet ikke vet noe om dette og derfor ikke føler noen frykt. Det finnes utallige andre eksempler; for eksempel vil enkelte føle stor glede hvis Vålerenga vinner en fotballkamp, mens de fleste ikke vil føle noe som helst – dette er forårsaket av at Vålerenga-fansen ved tenkning har kommet til at det er viktig for dem at Vålerenga vinner sine fotballkamper, men, som sagt, de fleste bryr seg ikke om dette i det hele tatt, og disse føler ingen ting uansett resultat. Ens følelser forteller derfor ikke noe om virkeligheten, men de forteller noe om ens forhold til virkeligheten.

De følelser man opplever er altså resultat av tidligere tenkning. Denne tenkningen kan være riktig, men den kan også være feil: Nazistene mente at jøder var til skade for verden, og følte derfor glede når de blir sendt til utryddelsesleirene. Tenkningen som disse følelsene var basert på var opplagt feil. Siden følelser kan være basert på tenkning som er feil kan de derfor ikke benyttes som veileder for sannhet eller for rett og galt: selv om man sterkt føler at noe er riktig eller sant, betyr ikke dette at det er riktig eller sant.

Objektivitet

Resonnementer som er i samsvar med logikkens lover (inkludert slike ting som korrekte begreper, bevisbyrdeprinsippet, kontekst, etc.), er objektive. «Objektiv» betyr da ikke upartisk eller uavhengig eller nøytral, et resonnement er objektivt dersom det er tro mot objektet som vurderes.

I sammenheng med det vi sa over om sikkerhet og allvitenhet vil vi presisere at dersom man har gjort sitt beste for å være tro mot objektet som vurderes, er vurderingen objektiv. Forskjellige personer som har forskjellig kontekst kan da komme til forskjellige konklusjoner, men dette er ikke til hinder for at begge konklusjoner kan være objektive.

Prinsipper

På samme måte som vi mentalt grupperer ting som ligner hverandre under begreper, kan man gruppere hendelser som har essensielle likheter under *prinsipper*. Det er vanlig å definere prinsipp som en grunnregel eller en retningslinje man baserer seg på i flere ulike sammenhenger. Ærlighet er et eksempel på et etisk prinsipp; ærlighet er en retningslinje som har anvendelser i en rekke ulike situasjoner; innen fysikken har man «kausalitetsprinsippet», som er «er et prinsipp innen fysikken som går ut på at enhver elementær fysisk virkning har en årsak, og at årsaken kommer før virkningen» (SNL).

Velkjent er uttrykket «politisk prinsipp», som er fundamentale retningslinjer for hvordan samfunn bør organiseres, og som noen hevder at politiske partier bør basere sine standpunkter på. Noen politikere følger ikke politiske prinsipper i det hele tatt, de baserer seg heller på prinsipper som innebærer at de selv skal være populære eller at deres parti skal bli størst mulig eller få mest mulig makt/innflydelse. Man kan definere «prinsipp» som «en generell sannhet som er basis for eller grunnlag for andre, men spesifikke, sannheter», og rasjonalitet innebærer prinsippfasthet. Man bør dog huske på at akkurat som det finnes ugyldige begreper kan det også finnes usanne prinsipper.

Videnskap
En videnskap er et fagområde hvor man systematisk studerer et aspekt av virkeligheten. Da er det ikke bare slik at for eksempel matematikk og fysikk og kjemi er videnskaper, men også fag som historie, psykologi og økonomi er videnskaper. Det er altså ikke slik at kun fag hvor man kan utføre målinger og eksperimenter, er videnskaper.

Det vi her beskriver som rasjonalitet er da den vanlige videnskapelig metode: Observasjon, dannelse av korrekte begreper, å tillegge objekter egenskaper i proposisjoner ved induksjon, å resonnere fra premisser til konklusjoner ved hjelp av deduksjon, integrasjon av all ny kunnskap med all tidligere kunnskap man har.

Rasjonalitet versus intelligens
«Rasjonalitet» og «intelligens» er to forskjellige ting. Intelligens er «evnen til å håndtere abstraksjoner», og dette er en nyttig egenskap; jo høyere intelligens man har jo bedre kan man være i stand til å forstå virkeligheten. Rasjonalitet, derimot, er å være virkelighetorientert og logisk, en metode som er i samsvar med de prinsipper som er skissert ovenfor.

Man kan da godt være intelligent uten å være rasjonell, og man kan være rasjonell uten å være intelligent.

Å være rasjonell er noe man kan velge å være, mens intelligens i stor grad er medfødt. Mitt syn er at man kan øke sin intelligens ved å lære seg effektive tenkemetoder, men slik jeg ser det er det ikke slik at enhver kan bli like genial som Einstein og Newton og Shakespeare ved å skaffe seg nyttige kunnskaper og å lære seg slike effektive tenkemetoder; for enhver er det en medfødt grense for hvor intelligent vedkommende kan klare å bli.

Oppsummert
Rasjonalitet innebærer at man aksepterer at det eksisterer en uavhengig virkelighet, at den eksisterer uavhengig av noens bevissthet, at alt som eksisterer er noe bestemt, og at man innretter seg etter dette. Rasjonalitet garanterer ikke feilfrihet, men rasjonalitet innebærer at dersom man blir oppmerksom på at man har begått en feil i sin

tenkning, da korrigerer man den tidligere tenkningen og aksepterer en annen konklusjon enn den man tidligere hadde akseptert.

Den som er rasjonell har laget gyldige begreper og korrekte prinsipper, han har skaffet seg verdier som stadig gjør hans liv bedre, og han baserer seg på teorier som beskriver og forklarer virkeligheten. Disse elementene – gyldige begreper, sanne prinsipper, livsfremmende verdier, korrekte teorier, mm. – utgjør et kart som stemmer overens med virkeligheten, et kart som gjør det mulig å ferdes så trygt og effektivt i virkeligheten som det er mulig å gjøre.

Litteratur
Se side 48

Irrasjonalitet

Irrasjonalitet kan vise seg på svært mange forskjellige måter, men felles for dem alle er at de bryter en eller flere av de lovene og prinsippene vi har omtalt over.

Virkeligheten er ikke stabil

Hvis vi ser oss omkring ser vi objekter som de fleste vil hevde er mer eller mindre stabile. Det er allikevel enkelte som mener at denne forståelsen er feil. De mener at alt er kaotisk og uforståelig, og at det ikke finnes noen lovmessighet i de endringer vi observerer. En av de første som hadde denne oppfatningen var den greske filosofen Heraklit (544-475 f.Kr.). Virkeligheten består ikke av stabile objekter, mente han, hans syn var at «alt flyter»: alt som skjer er kaotisk og uforståelig. Kjent er også hans utsagn om «det er ikke mulig å gå ut i den samme elven to ganger» – forsøker man å gå ut i en elv for andre gang så er det ikke lenger den samme elven. Noen hevder også at det ikke er objekter, men prosesser, som er de primære eksistenter: denne oppfatningen innebærer at prosesser ikke er noe som skjer med objekter, objekter er manifesteringer av prosesser.

Virkeligheten er ikke uavhengig

Oppfatningen om at vi ikke lever i en uavhengig virkelighet er nokså utbredt; mange mener at virkeligheten påvirkes av en bevissthet. Dette kan enten være den enkeltes egen bevissthet, det kan være et kollektivs bevissthet (virkeligheten er en «sosial konstruksjon»), eller det kan være Guds bevissthet.

Implikasjoner av dette synspunktet kan man finne i formuleringer som «det kan være sant for deg, men det er ikke sant for meg», «Gud eksisterer for den som tror», eller i overbevisningen om at Gud kan gripe inn i historien og utføre mirakler, dvs. hendelser som er i strid med naturlovene. En variant av dette synet, en variant som har fått mer oppmerksomhet de siste årene, er at vi ikke lever i en virkelighet, vi lever i en simulering. En artikkel på NRK.no begynner slik: «Er vi simulert?». Videre:

Hva er du laga av? Et spørsmål som har mange svar, avhengig av skala, perspektiv og grad av nøyaktighet. Kjøtt og blod. Oksygen, karbon og hydrogen. Partikler. Alle disse svarene er riktige, på sitt vis. Eller er de egentlig det? Noen tror bestanddelene våre er langt mindre håndfaste, og at vi kun består av to ting. Eller to tall, strengt tatt. Nuller og enere. At vi er digitale bevisstheter i en høyerestående sivilisasjons simulering. [At vi er] Karakterer i noen andres dataspill. [At vi er] Tall i en kode. *At vi egentlig ikke finnes, ikke på ordentlig.* [Uthevet i originalteksten].

Flere anerkjente fysikere og matematikere synes det virker sannsynlig at vi lever i et slags dataspill. Jepp, du leste riktig ... I rettferdighetens navn bør det nevnes at de færreste konkluderer bastant med at vi lever i ei datasimulering. De argumenterer for at det er en reell mulighet, enkelte går så langt som å si at det er overveiende sannsynlig. Neil deGrasse Tyson, astrofysiker og verdens mest kjente vitenskapsformidler, tror det er omtrent 50 prosent sjanse for at vi bare er data. Elon Musk, derimot, tror sjansen for at han selv og resten av menneskeheten lever i en fysisk virkelighet, er én til en milliard. Og selv om han ikke har en astrofysikers tyngde, og strengt tatt sier masse som ikke nødvendigvis virker superfornuftig, har han svært mange menneskers øre, noe som gjør hans syn på saken verdt å nevne ...[*]

En simulering er per definisjon noe som er annerledes enn virkeligheten, og å da si at virkeligheten er en simulering er selvmotsigende. Man kan også si at dette bryter med det hierarki som korrekte resonnementer forutsetter. Å forstå hva en simulering er, er svært avansert kunnskap. Avansert kunnskap forutsetter og bygger på en stor mengde elementær kunnskap. Å si at den avanserte kunnskapen viser at den elementære kunnskapen er feil, er å snu opp ned på det hierarki som riktig kunnskap dannes i.

---

[*] https://www.nrk.no/trondelag/xl/er-verden-var-egentlig-et-dataspill_-dette-sier-fysiker-inga-strumke-om-simulering-1.16401549

Upålitelige sanser

Enkelte hevder også at sansene ikke gir pålitelig informasjon om virkeligheten. Et vanlig eksempel er å hevde at det ser ut som om jernbaneskinner møtes i det fjerne, men hvis man går bort og kikker så ser man at de ikke gjør det; de er parallelle hele veien. Man skal altså i dette eksemplet bruke sansene for å få bekreftet at sansene ikke er å stole på. Men dette er en selvmotsigelse; det rasjonelle syn er at sansene gir pålitelig informasjon og at selvmotsigelser ikke finnes i virkeligheten. *Vurderinger* av sanseopplevelser kan allikevel være feil. Hvis man ser en stokk som delvis står i vann vil det se ut som om den er brukket ved vannoverflaten. Grunnen til at det ser slik ut er at lysstrålene (som gjør at vi ser stokken) skifter retning når de går fra vann til luft. Dette fenomenet kalles lysbrytning. Sansene gir pålitelig informasjon, men hvis man i en slik situasjon konkluderer at stokken er brukket, er det denne slutningen/vurderingen som er feil.

Flere veier til kunnskap

Det rasjonelle syn er at den eneste veien til kunnskap er observasjon og fornuft. Å hevde at det også finnes andre veier til kunnskap – følelser, intuisjon, åpenbaringer, kommunikasjon med engler, tro – er irrasjonelt.

Følelser forteller en person noe om vedkommendes forhold til virkeligheten, de forteller ikke direkte noe om virkeligheten. Hvorvidt man føler eller ønsker at noe er sant, innebærer ikke at det *er* sant. «Intuisjon» og «åpenbaringer» er ikke noe annet enn følelser, de er bare følelser som har fått andre navn, noe de har fått for å gi visse typer følelser en større autoritet. Noen hevder også at enighet eller oppslutning om et synspunkt forteller at det er sant. Det vanligste eksempel på dette er å hevde at siden alle folkeslag til alle tider har trodd at det finnes en gud, så må det finnes en gud. (Denne feilslutningen kalles, som vi nevnte ovenfor, *ad populum*.)

Det rasjonelle synet er at veien til kunnskap og sannhet går fra observasjon via dannelse av korrekte begreper og logisk holdbare resonnementer til en konklusjon – det finnes altså en *metode* som man må følge for å oppnå kunnskap. Når det gjelder de andre påståtte veiene til kunnskap – intuisjon, åpenbaringer – finnes det ingen slik metode. Man kan skille mellom holdbare og ikke-holdbare resonnementer, men det finnes ingen metode som setter en i stand til å skille mellom holdbare og ikke-holdbare åpenbaringer. Hvis man vil henvise til en bestemt persons åpenbaringer og hevder at denne personens åpenbaringer opplagt er sanne, så er dette å henvise til en autoritet, men at en autoritet har sagt noe betyr ikke at det er sant. Dette er et eksempel på den logiske feilen som heter *ad verecundiam*.

Feil status for begreper

Det rasjonelle synet er at begreper er abstraksjoner som man har i sin bevissthet. Enkelte filosofer har dog hevdet at begrepene eksisterer på samme måte som de enkelte tingene de refererer til eksisterer, men at de eksisterer i en annen virkelighet, en virkelighet som ikke er tilgjengelig via sansene.

Platon (428-347 f.Kr.) hevdet at begrepene eksisterer i en egen virkelighet, «formenes verden» eller «ideenes verden», og at de tingene man kan observere med sansene kun er uklare og upresise skyggebilder av de perfekte formene som finnes i denne andre virkeligheten. (I denne andre virkeligheten finnes det da en perfekt hest, og de hester man observerer er da kun uklare skyggebilder av denne perfekte hesten. Det samme gjelder for absolutt alle andre ting man kan observere i virkeligheten.) Siden denne forståelsen innebærer at begreper eksisterer på samme måte som de enkelte tingene de refererer til og som vi kan observere, har denne begrepsteorien fått navnet *realisme*.

Allikevel kan enkelte utvalgte personer ha en dyp innsikt i denne andre virkeligheten; den er tilgjengelig ved en type abstrakt tenkning som bare spesielt kvalifiserte personer, et slags presteskap, kan utføre.

Blant matematikere er det ikke uvanlig at å hevde at objektene som matematikken studerer eksisterer i en egen virkelighet, dvs. at begreper/objekter som «plan», «linje», «kule», «tetrahedron», og endog alle tall, ikke kun er abstraksjoner dannet etter observasjon, men har selvstendig eksistens. En av de som mente dette var Albert Einstein: «How can it be that mathematics, being after all the product of human thought *which is independent of experience* [uthevet her], is so admirably appropriate to the objects of reality?»

Svært mange matematikere og fysikere har altså dette platonske synet på matematiske begreper; de mener at matematikk handler om å beskrive et univers som har eksistens uavhengig av mennesker. I dette universet finnes det da perfekte kuler, perfekte plan, der finnes punkter som ikke har noen utstrekning, der finnes uendelig lange linjer, og uendelig mange tall. De plan og punkter og linjer som man observerer i virkeligheten er ikke perfekte; heller ikke en fabrikkny biljardkule er en perfekt kule – det som eksisterer i virkeligheten kan per definisjon ikke være perfekt (siden det som eksisterer i virkeligheten bare er uklare skyggebilder av de perfekte formene som finnes i idéenes verden). Disse matematikerne mener altså at «kule» og «tall» ikke er abstraksjoner som kun finnes i menneskers bevissthet, de mener at disse tingene eksisterer uavhengig av menneskers bevissthet. Denne oppfatningen har ført til enkelte merkverdige implikasjoner. (Noen av dem kommer vi til nedenfor.)

Upresise begreper

Enkelte hevder at det ikke finnes noen objektiv basis for begreper; de hevder at de referentene som hører til under et begrep ikke har essensielle likheter. Dette synet kalles *nominalisme*, og er på Wikipedia omtalt slik:

> Nominalisme (av latin nomen = «navn», «benevnelse») ... hevder at det bare er enkeltobjekter («partikularia») som er reelle, og at allmennbegrepene («universalia») er å betrakte som menneskeskapte tankekonstrukter, det vil si ikke er annet enn tilfeldige fellesnavn brukt om *helt ulike objekter* [uthevet her]. Nominalistene hevder at enhver inndeling av enkeltobjekter i klasser (universalia) er vilkårlig og i utgangspunktet like bra (eller dårlig).

En akademiker har for å illustrere dette poenget skapt begrepet «bagleet». Dette begrepet omfatter alle poser som inneholder klinkekuler («bag») og alle skip i den engelske marineflåte («fleet»). Men disse to typene referenter har ingen essensielle likheter, og begrepet er da helt meningsløst og helt unyttig. Hvis denne type begreper hadde vært i bruk ville nominalistene hatt et poeng, men slike begreper er aldri i bruk. Det ser ut som om enkelte akademikere liker å leke seg med svært virkelighetsfjerne problemstillinger, og å gi inntrykk av at virkelighetsfjerne tankeeksperimenter har relevans for hvordan mennesker tenker og handler i virkelighetens verden.

Den viktigste implikasjon av nominalismen er at siden begreper ikke er objektive, kan heller ikke tenkning, og konklusjoner som følger av tenkningen, være objektive; tenkning innebærer håndtering av

31

begreper. Nominalismen fører derfor til et fundamentalt skille mellom tenkning og virkelighet: man kan ikke forstå virkeligheten, og det man kommer frem til ved tenkning har derfor lite eller ingenting med virkeligheten å gjøre.

Man kan legge merke til at sitatet fra Wikipedia setter likhetstegn mellom «menneskeskapt» og «tilfeldig». Dette betyr at Wikipediaforfatteren ser bort fra muligheten for at noe som er «et menneskeskapt konstrukt» kan være basert på metoder og kriterier som innebærer at det er en objektiv sammenheng mellom «konstruktene» og virkeligheten.

Mange bruker ofte honnørord av typen «demokrati», «frihet», «folkestyre», «solidaritet», begreper som ser ut til å være svært viktige for de som bruker dem, men det ser også ofte ut som om mange av de som benytter dem ikke har en spesielt dyp forståelse av hva disse begrepene egentlig betyr. Dette innebærer disse personenes tenkning har lite med virkeligheten å gjøre. Hvis man ikke legger vekt på hva begrepene men benytter betyr, er den mentale aktiviteten man utfører egentlig ikke tenkning; det man da gjør når man i sin bevissthet sjonglerer uklare begreper er bare å bedrive tankespinn uten forankring i virkeligheten. Dette er ikke en metode som innebærer at man kan forstå eller fungere godt i virkeligheten.

En rekke begreper er også uklare slik de benyttes i dag; noen eksempler er «kunst», «altruisme», «egoisme», «priviligert», «sensur», «tvang». Noen hevder at et kunstverk kan være hva som helst som en kunstner sier er et kunstverk, mens andre mener at et kunstverk må ha en viss håndverksmessig kvalitet og inneholde en viss idérikdom. Noen sier at dersom en avis nekter å ta inn innlegg med visse meninger så er dette sensur, mens andre vil hevde at dette kun er redaksjonens rett til å velge ut hva den skal publisere, og at «sensur» kun omfatter statlige forbud mot å publisere visse meninger. «Egoist» brukes ofte i betydningen «hensynsløs bølle», men kan også beskrive en person som følger prinsipper som er slik at vedkommende selv virkelig vil tjene på dem på lang sikt, prinsipper som virkelig gjør hans liv bedre. Disse to betydningene har ingen essensielle likheter. «Kapitalisme» brukes ofte i betydningen det økonomiske system som finnes i Vesten i dag, men også om et økonomisk system med full respekt for eiendomsretten uten statlige reguleringer av økonomien. Disse to betydningene har ingen essensielle likheter. I dag er det også ofte slik at mange bruker begrepene «innvandrer» og «muslim» som om de står for det samme*, men da ignorerer man en viktig distinksjon, og konklusjonene man kommer til, kan bli feil.

Hvis man bruker uklare begreper i sin tenkning og i sin beskrivelse av ting som skjer, blir tenkningen/beskrivelsen uklar. Dette er et eksempel på irrasjonalitet. Det man bør gjøre hvis man benytter slike begreper er å presisere dem. Man kan presisere dem ved å ta med en definisjon når man bruker begrepet, eller man kan føye noe til ordet: rasjonell egoisme, laissez-faire-kapitalisme.

Det kan være to årsaker til at enkelte bruker slike upresise begreper. Det kan være mangel på innsikt i det saksområdet begrepet man benytter hører hjemme i, og det kan være et ønske om å forvirre den man kommuniserer med.

Årsakslover finnes ikke

Enkelte hevder at det ikke finnes regelmessighet i det som skjer i virkeligheten; de mener altså at det ikke finnes naturlover/årsakslover. En av de som hevdet dette var den skotske filosofen David Hume (1711-1776) og filosofihistorikeren W.T. Jones beskrev et av Humes eksempler slik: De fleste vil si at dersom vi kaster en mynt opp i luften, er det like stor sjanse – 50% – for å få kron som for å få mynt når den lander. Men Hume vil i dette tilfellet hevde at det er galt å si at det er like stor sjanse for mynt som for kron. Han vil hevde at

> det er like stor sjanse for alt og ingenting. Mynten kan like gjerne bli stående på høykant eller begynne å synge "Ja, vi elsker" som å falle ned med mynt eller kron opp. Sannsynligheten for mynt eller kron er praktisk talt lik null. (Jones III, s. 321.)

---

* Politikeren Abid Raja har gjennom bøker, artikler og foredrag forsøkt å få oppslutning om en mer liberal forståelse av islam. Aftenpostens Ingunn Økland forteller 24/8-24 at Raja har lagt «ut på en omfattende turné til landets skoler ... Hans mål ... var å motivere innvandrergutter til frigjøring. Skolebesøkene gikk imidlertid ikke som planlagt. På videregående skoler i Oslo møtte Raja motstand fra særlig innvandrergutter. Han skal ha fått spørsmål av typen "Hva slags bedragersk følelse overfor Allah kjente du da du kysset Nadia?" [Forholdet mellom Raja og Nadia var åpenbart slik at et kyss mellom dem er i strid med islam.] Elevene kunne uttrykke sympati for Hitler og fordømme homofile.» Det kan se ut som om Økland, ved å bruke formuleringen «innvandrer» heller enn «muslim», forsøker å tilsløre det faktum at motstanden Raja møter, fordømmelsen av homofile og sympatien for Hitler, kommer fra muslimer.

Det Hume gjør her er å benekte at ting som eksisterer har identitet.

Mer fundamentalt enn dette er Immanuel Kants (1724-1804) syn; han hevdet at den egentlige virkelighet er utilgjengelig og uforståelig og kaotisk, og at grunnen til at vi opplever en nogenlunde lovmessig verden er at vår bevissthet filtrerer denne kaotiske virkeligheten slik den oppleves som nogenlunde lovmessig for oss. Kants syn er at vår bevissthet har visse mekanismer som innebærer at vår opplevelse av virkeligheten blir ordnet slik at den ser lovmessig ut. Det vi opplever/observerer/erfarer er den lovmessige «Ding für mich», men den egentlige virkeligheten er den kaotiske «Ding an sich», og den er utilgjengelig for oss. Karl Popper (1902-1994) formulerte Kants syn slik:

> Kant was right that it is our intellect which imposes its laws – its ideas, its rules – upon the inarticulate mass of our "sensations" and thereby brings order to them. Where he was wrong is that he did not see that we rarely succeed with our impositions (sitert i Dykes, s. 8).

I motsetning til Kant mente altså Popper at denne filtreringen ikke er vellykket; Popper mente at de som sier at vi opplever en lovmessig virkelighet, tar feil.

Enkelte hevder at forskning innen partikkelfysikk har vist at identitetsloven/årsaksloven ikke gjelder på mikronivå, og at det derfor er feil å si at identitetsloven/årsaksloven er en naturlov. En slik forståelse er ikke korrekt. Det som har skjedd er at forsøk og eksperimenter innen partikkelfysikk har gitt resultater som vi ikke forstår innenfor de teorier vi per i dag har. Å fornekte identitetsloven er et forsøk på å forstå disse resultatene.

Grunnen til at noen kan si at identitetsloven ikke gjelder er at enkelte innflydelsesrike retninger innen vidensskapsfilosofi har åpnet for muligheten for at denne loven ikke gjelder. Det er altså ikke slik at fakta innen fysikk gjendriver identitetsloven, det som har skjedd er at en fornektelse av identitetsloven hos enkelte vidensskapsfilosofer har ført til at enkelte fysikere har tolket resultater innen partikkelfysikken slik at de bryter med identitetsloven.

Den fundamentale årsaken til at de benekter at identitetsloven gjelder om virkeligheten er Immanuel Kants filosofi. Som vi beskrev over mente han at den fundamentale virkeligheten er kaotisk og uforståelig, og at når man forsker på elementærpartiklene kommer man i en viss kontakt med denne fundamentale, kaotiske og uforståelige «Ding an sich». Som den Nobelprisvinnende fysikeren Richard Feynman (1918-1988) formulerte det: «If you think you understand quantum mechanics, then you don't understand quantum mechanics». Hvis han mener at per idag er det ingen som forstår kvantemekanikken har han rett; dersom han mener at det er prinsipielt umulig å forstå kvantemekanikken, tar han feil.

Induksjon er ikke mulig

Enkelte hevder at induksjon ikke finnes, det vil si at generelle slutninger (utført på den måten som er beskrevet foran) ikke gir pålitelig eller sikker kunnskap, de mener at rene gjetninger er et like godt eller like dårlig utgangspunkt for kunnskap. Karl Popper er den mest kjente av de som hevdet dette etter Hume: «Thus, there is no induction: we never argue from facts to theories...» (Popper 1992, s. 86). Et annet sted sier han at «there is no rule of inductive inference – inference leading to theories or universal laws – ever proposed which can be taken seriously even for a minute» (sitert i Dykes, s. 7). Man foretar altså overhodet ikke induktive slutninger, sier Popper. Dette er Poppers løsning på induksjonsproblemet: det finnes ingen induksjon. Hans egne ord: «I believed that I had solved the problem of induction by the simple discovery that induction by repetition did not exist» (sitert i Dykes, s. 6).

Hvordan danner man da ifølge Popper vitenskapelige teorier?

> ...How do we jump from an observation statement to a good theory? But to this the answer is: by jumping first to *any* theory and then testing it, to find out whether it is good or not, ...
> (Popper 1984, s. 55, uthevelsen er Poppers).

Poppers metode kalles *falsifisering*, den innebærer at man gjetter på en forklaring eller teori, og så tester man den. Da vil man over tid få falsifisert uholdbare teorier, og det man da etter hvert står igjen med skal da visstnok være korrekt.

Dette innebærer at det å fremsette helt vilkårlige og ubegrunnede teorier, og så forsøke å gjendrive dem, er å betrakte som å bedrive vitenskap.

Definisjoner er ikke viktige

Enkelte hevder at det egentlig er umulig å definere begreper på en formålstjenlig måte, dette fordi de mener at de tingene som hører inn under et begrep egentlig ikke har essensielle likheter.

En av de som mente dette var Karl Popper, og vi siterer:

> Definitions do not play any very important part in science ... Our "scientific knowledge" ... remains entirely unaffected if we eliminate all definitions. ... Definitions never give any factual knowledge about "nature" or about "the nature of things".... Definitions are never really needed, and rarely of any use.
> (sitert i Dykes, s. 6).

Enkelte filosofer som har stor innflydelse i dag, f.eks. Wittgenstein (1889-1951), mente at enkelte begreper ikke kan defineres.

Mennesket er determinert

Enkelte hevder at mennesker ikke har fri vilje, at det som ser ut som et menneskes frie valg egentlig er determinert av krefter den enkelte ikke har kontroll over. Den enkeltes tanker ideer og verdier er da et resultat av vedkommende arv eller miljø (dette er de to vanligste forklaringene på hva som bestemmer den enkeltes personlighet), eller en blanding av disse to.

Men å forfekte determinisme er egentlig selvmotsigende; den som forfekter determinisme forutsetter fundamentalt sett at mennesker har fri vilje. Man tar et standpunkt ved at man først observerer relevante fakta, undersøker saksforholdet, vurderer argumentene, og så *velger* man det standpunkt som argumentene best støtter opp om. Deterministen har altså *valgt* å hevde determinismen som et korrekt standpunkt – og dette er en selvmotsigelse. Sier deterministen derimot at han ikke har valgt, men er determinert til å hevde at mennesket ikke har fri vilje, kan han ikke ha noen velbegrunnet mening om hvorvidt det er et korrekt standpunkt eller ikke.

Ja, man kan bli påvirket av arv og miljø, men man blir ikke determinert av arv og miljø.

Å ignorere fakta, «evasion»

Skal man komme til en velbegrunnet konklusjon må man i sine resonnementer ta hensyn til alle relevante fakta man har tilgang til.

Dette høres kanskje helt ukontroversielt ut, men det er svært vanlig at noen, av forskjellige grunner, ignorerer visse fakta, fakta som de burde tatt hensyn til.

Dersom en partner er notorisk utro, blir oppdaget og lover bot og bedring, og dette skjer gjentatte ganger, burde enhver forstå at denne partneren ikke kommer til å endre seg. Men hvis denne partneren gang på gang blir tilgitt og tatt tilbake av sin bedre halvdel, er det slik at den bedre halvdelen ignorerer fakta som han eller hun burde tatt hensyn til. Det som skjer i slike situasjoner er at denne personen lar ønsketenkning trumfe fakta; fakta som burde vært med i resonnementet blir ignorert.

Den som blir kriminell velger å ignorere det som blir konsekvensen av hans kriminalitet – han vil bli arrestert, satt i fengsel, sjelden kunne få en god jobb, ha vanskelig for å få pålitelige venner, etc. Den som ofte bruker narkotika velger å ignorere de negative konsekvensene som han vet narkotikabruk fører til.

Det engelske ordet for denne type holdning er «evasion», eller «to evade», men dette ordet har ikke noen god norsk oversettelse. Det kan oversettes til «å gå utenom», eller «å ignorere», men jeg synes ikke det passer helt.

Denne praksisen er svært vanlig, og er tydelig i politikken. Sosialister som tror at sosialismen kan gi fredelige, harmoniske og velstående samfunn ignorerer en enorm mengde fakta som viser at over mer enn hundre år og utallige forsøk har sosialismen kun ført til fattigdom, ufrihet og undertrykkelse. Skal man støtte en side i en pågående krig må man se på hvilke ideologier de to stridende parter representerer; å ignorere dette er en form for «evasion». Å ignorere den ideologiske motivasjon som terrorister har er også en form for «evasion».

«Evasion» er med viten og vilje å ignorere visse fakta som man vet eller burde vite er viktige og relevante. Hvis man praktiserer dette på enkelte områder over tid vil dette bli en mer eller mindre automatisk vane. Et mer tydelig tegn på irrasjonalitet enn mer eller mindre bevisst å ignorere relevante fakta er det vanskelig å finne.

Falske alternativer
Å gi inntrykk av at det kun er to alternativer når det egentlig er tre eller flere, er en logisk feil som kalles falskt alternativ. Å si for eksempel at «Uten Gud er alt tillatt» er å si at det kun finnes to alternativer: en

moralteori må være gitt av en gud, og hvis gud ikke eksisterer finnes det ingen moralteori, ingen normer for rett og galt. Dette resonnementet ser bort fra muligheten at det kan finnes rasjonelt begrunnede moralteorier.

Å hevder at menneskets personlighet er resultat av vedkommendes arv eller vedkommende miljø, eller en kombinasjon av disse to, er et eksempel på et falskt alternativ. Muligheten for at personligheten er et resultat av den enkeltes egne valg nevnes ikke; formuleringen «arv og/eller miljø» utelukker «fri vilje» som forklaring.

Å si at de to politiske alternativene demokrati og diktatur er det eneste som finnes er å ignorere muligheten for individuell frihet: I et demokrati er det flertallet som styrer, i et diktatur er det én person – en sterk mann – eller en liten gruppe som styrer, mens under individuell frihet har hvert individ rett til å styre seg og sitt (dog slik at ingen initierer tvang mot andre) helt uavhengig av både flertallet og av sterke menn.

Bekreftelsesbias

Det har dessverre ofte forekommet at politiet i en etterforskning har funnet én mistenkt, og så har de deretter vinklet etterforskningen slik at de i stor grad har ignorert bevismateriale som har tydet på at det kan finnes andre mistenkte. En slik holdning har ført til at flere uskyldige er blitt dømt, og dette er svært tragisk. Denne metoden kalles bekreftelsesbias, og den er svært utbredt i en rekke forskjellige sammenhenger, ikke bare hos politiet. Det går ut på at man tar til seg fakta og opplysninger som stemmer overens med det man opprinnelig mener, og så mer eller mindre aktivt ignorerer fakta som ikke er forenlig med det man opprinnelig mente.

Et standpunkt i en sak – f.eks. ens politiske syn, eller holdningen til aktuelle saker hvor det er delte meninger og stort engasjement på begge sider (et aktuelt eksempel kan være klimaendringenes årsak, størrelse og historikk) – kan påvirkes av ny informasjon, og den som er rasjonell vil betrakte denne nye informasjonen på en saklig måte og eventuelt endre sitt standpunkt dersom denne nye informasjonen skulle tilsi dette. Men det er altså ikke uvanlig at noen siler denne nye informasjonen slik at det som kan få en til å måtte forandre sitt syn, blir nedvurdert eller ignorert. Det er også mye enklere å ta til seg informasjon som bekrefter det man allerede vet; da slipper man å måtte endre sitt standpunkt med alt dette innebærer (man kan f.eks. miste venner, allierte, posisjon, forskningsmidler). Tendensen til å sile ny informasjon på denne måten kalles altså bekreftelsesbias eller er en bekreftelsestendens, og dette er ikke forenlig med en rasjonell holdning til fakta. Denne feilaktige måten å tenke på ligger nært det vi over kalte «evasion».

Å ikke se lenger enn nesen rekker
Alle handlinger, alle tiltak, har konsekvenser, og før man gjør noe vil en rasjonell person vurdere konsekvensene av det han gjør. Men det er noen som enten ikke vil eller ikke er i stand til å gjøre dette. Den som bruker narkotika ser ikke at han med stor sannsynlighet vil få store helseproblemer, den som begår kriminelle handlinger ser ikke at han vil få store problemer i livet hvis han fortsetter på den kriminelle løpebanen.

Også i politikken kan man se tydelig eksempler på denne type kortsiktighet. Man ser at noen er rike og at noen er fattige, og så tror man at man kan løse fattigdomsproblemet ved å ta fra de rike og gi til de fattige. Alle måter å organisere samfunnet på har visse incentiver, og et system som innebærer at man skal drive utjamning har incentiver som gjør at de produktive blir mindre produktive og at de som er mindre produktive ofte forblir mindre produktive. En slik politikk vil derfor redusere velstanden for alle. Dette er noe som burde være enkelt å se, og den som velger å ikke se det, er irrasjonell.

Narkotika er i de fleste sammenhenger en styggedom, og derfor vil de fleste ha et forbud mot narkotika. Men en slik politikk innebærer en kolossal vekst i reell kriminalitet (forbudet fører til at narkotika bli dyrt, og mange vil begå kriminelle handlinger som innbrudd, ran, overfall, tyveri, for å få finansiert sitt narkotikaforbruk), det øker korrupsjonen i politiet og i rettsapparatet, etc.

Å ikke se slike konsekvenser av narkotikaforbud og utjamning er et uttrykk for at man ikke ser lenger enn nesen rekker. Man ser det som er rett foran seg, men man ser ikke de langsiktige konsekvensene av det man går inn for. Derfor kan man gå inn for ting som på lang sikt det er skadelige, selv om man overbeviser seg selv om at man har de beste intensjoner.

Å ignorere essensielle egenskaper
Alle ting som eksisterer, alle fenomener som forekommer, har både tilfeldige egenskaper og essensielle egenskaper. Dersom man i en

vurdering ignorerer de essensielle egenskapene blir konklusjonen uholdbar.

En som er imot krig, men som ikke skiller mellom angrepskrig og forsvarskrig, og som ikke tar med i betraktningen de ideologier som partene i en krig baserer seg på, ignorerer de essensielle egenskapene som partene i en krig ikke bare representerer, men bokstavelig talt går i krigen med.

Under den kalde krigen var det enkelte som sa at Sovjet ikke ville gå til krig mot Vesten fordi sovjeterne er like glad i sine barn som de i Vesten er. En slik holdning ignorer essensen ved hvordan diktaturer fungerer; i et diktatur har befolkningen svært liten innflydelse på politikken som føres dag-til-dag. En kampanje mot kriminalitet eller mobbing vil ikke ha noen effekt dersom den ignorerer de essensielle årsakene til kriminalitet og mobbing. Å tro at man ved forhandlinger kan få islamistiske regimer til å endre sin politikk slik at kvinners rettigheter blir respektert, er å ignorere essensen ved islam.

Feil hierarki

Som nevnt over dannes begreper i et hierarki; noen begreper må komme tidligere enn andre begreper. Et eksempel: å stjele er å ta en annen eiendom, tyveri er å bemektige seg andres eiendom uten eiers tillatelse. Begrepet «tyveri» forutsetter da begrepet «eiendom», og man kan ikke danne begrepet «tyveri» før man har dannet begrepet «eiendom». Å da for eksempel si at «eiendom er tyveri» er å bryte dette hierarkiet.

En tenkefeil vi omtalte ovenfor faller også inn i denne kategorien: Å spørre om virkeligheten er innbilning, slik enkelte gjør («Is Reality A Grand Illusion?»*) er også et eksempel på en hierarki-feil. Man må ha begrepet «virkelighet» for å kunne forstå hva en «illusjon» er: en illusjon er noe som ikke er virkelig.

I enkelte tilfeller forekommer det at noen snur opp ned på et korrekt hierarki. Et viktig eksempel: Skal man skape en etikk som gir råd om hvordan mennesker bør leve, bør man først finne ut hvordan mennesket er, og så utarbeide en etikk på basis av dette. Men noen har gjort det motsatte. De har først skapt en etikk som de mente var bra, og så fant de ut at denne etikken ikke passet for mennesket slik det er, og så vil de derfor skape «det nye mennesket», et vesen som passer til den

---

* https://futurism.com/the-reality-of-perception

etikken (og ved implikasjon: politikken) de har funnet på. Wikipedia: «Utopian socialists such as Henri de Saint-Simon, Charles Fourier and Robert Owen saw a future Golden Age led by a New Man who would reconstruct society.»

En rekke sosialistiske tenkere, og også sosialistiske regimer, har forsøkt å skape nye mennesket, et menneske som kan fungere i en sosialistisk samfunnsmodell, dels ved opplæring, dels ved indoktrinering, dels ved å gjennomføre massemord overfor grupper som ikke ville passe inn i det nye samfunnet de ville etablere. Forsøkene på å skape det nye menneske har ikke vært vellykkede, og de vil de aldri kunne bli vellykkede siden de fornekter essensielle egenskaper ved mennesket.

Prinsippløshet

Prinsipper er som nevnt generelle sannheter som er grunnlaget for mer spesifikke sannheter. Prinsippløshet, som er et velkjent fenomen, innebærer at man ikke baserer seg på korrekte prinsipper, eller at man på enkelte punkter vil ha unntak fra et prinsipp samtidig som man sier at man støtter det grunnleggende prinsippet. Man kan for eksempel si at man er tilhenger av ytringsfrihet, men vil ha forbud mot blasfemi, såkalte hatefulle ytringer og feilinformasjon. Man kan si at man er for frihandel, men vil ha unntak for å beskytte nye industrier og bedrifter. Man kan si at man er for «kvinners rett til å bestemme over egen kropp» (en formulering som aborttilhengere ofte bruker), men samtidig støtte forbud mot prostitusjon.

Å tro at maskiner kan tenke

Det for tiden svært mye brukte uttrykket «kunstig intelligens» bygger på en forestilling om at maskiner kan utføre oppgaver som enkelte sier innebærer at maskiner kan tenke. De maskiner kan er å utføre kompliserte (regne)oppgaver med en hurtighet og nøyaktighet som mennesker ikke kan klare. Dessuten kan de tilsynelatende svare på spørsmål, skrive artikler, lage malerier – men betyr dette at de kan tenke?

Å tenke er en viljestyrt mental aktivitet* som har som mål å finne sannhet. Dette innebærer at maskiner ikke kan tenke; maskiner

---

* Genus i definisjonen er da «mental aktivitet»; andre mentale aktiviteter kan være å drømme, å fantasere, å meditere.

har ingen bevissthet og derfor ingen mental aktivitet: de bare utfører de prosesser de er programmert til å utføre.

Den kanskje viktigste artikkelen på dette området er Alan Turings (1912-1954) «Computing Machinery and Intelligence» (1950), og den begynner slik: «I propose to consider the question, "Can machines think?"». Men Turing definerer ikke tenkning, det han gjør er å sammenligne det mennesker gjør etter å ha tenkt med output fra en datamaskin. Turings poeng er essensielt sett at dersom en observatør ikke klarer å skille mellom det materiale som kommer fra et tenkende menneske og det som kommer fra en datamaskin, da kan man si at maskinen tenker. Det som skjer er at maskinen er programmert til å imitere et menneske – det første delkapittel i Turings artikkel heter da også «The Imitation Game». Turing sier i artikkelen at spørsmålet om hvorvidt maskiner kan tenke bør erstattes med spørsmålet om hvorvidt maskiner kan gjøre det godt i et slikt «imitation game». Det er dog en essensiell forskjell mellom å være programmert til å imitere tenkning og å tenke.

Vi har som nevnt definert tenkning som en mental aktivitet som har som mål å finne sannhet, og siden maskiner ikke har bevissthet og derfor ikke kan utføre noen form for mental aktivitet, kan maskiner ikke tenke.

Å tro at noe kan være uendelig

Virkeligheten er endelig; noe som er uendelig kan ikke eksistere. Dette innebærer at antall stjerner i universet er endelig, antall planeter er endelig, og antall molekyler er endelig. I matematikken er det allikevel i visse sammenhenger svært nyttig å se på hva som skjer når noe – for å bruke den vanlige språkbruken – *går mot uendelig,* men dette innebærer ikke at noe kan bli uendelig. For eksempel sier man (helt korrekt) at grensen for summen av rekken $1 + 1/2 + 1/4 + 1/8 + 1/16 + \ldots + 1/(2^n) + \ldots$ er lik 2 når n går mot uendelig. Dette betyr bare at jo større vi velger n, jo flere ledd vi tar med i rekken, jo nærmere kommer vi 2 når vi summerer.

En rekke som er slik at når man summerer flere og flere ledd så nærmer summen seg et bestemt tall, sies å *konvergere.* En rekke som er slik at summen ikke nærmer seg et bestemt tall når man tar med flere og flere ledd, sies å *divergere.* Rekken $1 + 1/2 + 1/3 + 1/4 + 1/5 + 1/6 \ldots + 1/n + \ldots$ divergerer; summen blir større og større jo flere ledd vi tar med. Da kan man si at summen av rekken går mot uendelig, men den blir aldri uendelig, dette fordi man aldri kan summere uendelig mange tall.

Et annet eksempel fra matematikken: det er ikke slik at det er er et uendelig antall punkter på et linjestykke. Enda et eksempel: det finnes ikke uendelig mange tall. Tall er abstraksjoner, de finnes kun i menneskers bevissthet, og det antall tall som finnes som abstraksjoner i menneskers bevissthet er endelig*.

Dersom man lager en teori eller en modell som forutsetter at uendelighet virkelig eksisterer, vil det oppstå problemer når man forsøker å anvende modellen på virkeligheten. Alan Turing laget en tenkt datamaskin som har en uendelig stor lagringsplass, men en slik maskin kan ha implikasjoner som ikke er anvendelige i virkelighetens verden.

Noen leker seg også med det som kalles Hilberts hotell, oppkalt etter matematikeren David Hilbert (1862-1943), et hotell som har uendelig mange rom. Dette fører til artige implikasjoner når hotellet stadig får nye gjester: Selv om det til hotellet hver dag ankommer uendelig mange busser som hver har uendelig mange passasjerer som alle ønsker å overnatte på hotellet, finner resepsjonen alltid et ledig enkeltrom til hver ny gjest som sjekker inn. Implikasjonene av dette har dog ingen praktisk betydning.

Den kanskje mest kjente av de som har forsket på uendelighet er matematikeren George Cantor (1845-1918). Wikipedia: «Han er grunnleggeren av mengdelæren og er kjent for Cantors teorem som sier at uansett hvilken mengde vi betrakter, finnes det en mengde som er større. Dette er trivielt hvis vi tenker på endelige mengder, men ikke hvis vi tenker på uendelige mengder.» Men siden uendelige mengder ikke finnes har denne forestillingen ingen konklusjoner som er relevante i virkelighetens verden.

Enkelte har brukt premisset om at uendelighet eksisterer til å vise at virkeligheten er absurd og uforståelig, men det som egentlig er feil er altså å betrakte uendelighet som noe som virkelig eksisterer. Allerede i antikken kjente man til disse problemene, og betraktningene fra den tiden er i dag mest kjent gjennom Zenons paradokser.

---

* Den filosof som i størst grad har utført nyttig arbeid på dette området er Harry Binswanger.

Å tro at universet er skapt

At universet eksisterer er opplagt; man kan jo bare se seg omkring og da er det opplagt at noe eksisterer. Så er det noen som stiller spørsmålet: «hvor kommer det fra?» eller «hvordan og hvorfor ble det til?» Det eneste gyldige svaret på dette spørsmålet er følgende: «Det er det ingen som vet».

Allikevel er det enkelte som hevder at siden man ikke via videnskapelige metoder kan komme frem til svar på spørsmålet om hvorfor universet eksisterer, innebærer dette at Gud har skapt universet. De bruker også dette som et bevis for at Gud eksisterer. Dette er ikke holdbart. Hvis man skal begynne å diskutere hvem som har skapt universet, må man først finne ut hvorvidt det er skapt eller ikke, og som sagt, vi vet ikke hvorvidt det er skapt eller alltid har eksistert.

Noen hevder at Big Bang-teorien innebærer at universet er skapt, men dette er feil. Hvis Big Bang-teorien er riktig, sier den bare at universet, slik det er organisert i dag – det vil si som bestående av galakser og stjerner og planeter og drabanter og kometer, mm. – ble til etter en stor eksplosjon. Hvordan universet var før Big Bang er det umulig å vite. Noen hevder at før Big Bang var det ingenting, men dette er opplagt feil: ingenting kan komme fra ingenting. Hvis det var ingenting før Big Bang, ville Big Bang aldri ha inntruffet – dette til tross for hva Lawrence Krauss sier i *A Universe from Nothing*.

Mangel på velvillighet

Svært mye av det som skrives eller sies består av kommentar til eller kritikk av noe som andre har skrevet eller sagt, og ofte må man da gjengi eller oppsummere det man kritiserer. Dette bør man da gjøre på en så fair og velvillig måte som mulig. Å gjengi noe en annen har sagt på en feil eller vinklet måte, og så argumentere mot denne feilaktig fremstillingen, er det som kalles *stråmannsargumentasjon*. Gjør man dette argumenterer man ikke mot sin motstander, man argumenterer mot en fantasifigur man selv har konstruert, en «stråmann». Dette er et soleklart eksempel på irrasjonalitet – man ignorerer de fakta som ens diskusjonsmotpart egentlig står for.

Et annet eksempel på irrasjonalitet er å benytte det som kalles farvet språkbruk. Å omtale det en person skriver som hans «skriverier», å omtale en nettavis som en «blogg», å omtale en eldre skuespiller som gir uttrykk for standpunkter man ikke liker som en «fallert skuespiller»*, etc., har som formål å fremstille disse aktørene som useriøse, som om det ikke er verdt å ta på dem alvor og som om de absolutt ikke verdt å lytte til. Det kan hende at disse aktørene er useriøse og da kan slike formuleringer være på sin plass, men ofte brukes disse formuleringene ene og alene for å sverte standpunkter man selv ikke deler.

Rasjonalitet innebærer at man gjengir andres standpunkter på en fair og velvillig måte, og at man, hvis man er uenig, argumenterer mot dem på en saklig og vennlig måte. Dette er ikke til hinder for at det iblant kan være situasjoner hvor det er riktig å ikke formulere seg på en vennlig måte.

Rasjonalitet versus rasjonalisme

Som nevnt innebærer rasjonalitet at man tar utgangspunkt i det man observerer, danner korrekte begreper, og så resonnerer man logisk fra dette materialet. Men *rasjonalisme* er noe annet enn dette; å være rasjonalist er da noe annet enn å være rasjonell. Rasjonalisme innebærer at man begynner med et mer eller mindre tilfeldig utgangspunkt, og så deduserer man fra dette uten å legge vekt på resonnementets forankring i virkeligheten. SNL:

> Rasjonalisme er innen erkjennelsesteori et syn som hevder at fornuften og tenkningen, snarere enn sansene og sanseerfaringen, er de grunnleggende kildene til erkjennelse og kunnskap.

SNL bruker formuleringen «snarere enn sanseerfaringen» for å presisere at rasjonalisme ikke innebærer analyse av det som er observert. Blant de mest kjente filosofene som har benyttet denne metoden finner vi René Descartes (1596-1650) og Gottfried Leibniz (1646-1716).

Descartes startet med utgangspunktet «cogito, ergo sum» («jeg tenker, altså er jeg»), og deduserte i vei fra dette, og dette resulterte i enkelte merkverdige implikasjoner. Leibniz mente at virkeligheten fundamentalt sett består av noe han kalte monader. Monadene er de åndelige, individuelle kraftenhetene som alle ting i virkeligheten består

---

*Dagbladet beskrev Charlton Heston som en «fallert skuespiller» mens han var leder i National Rifle Association, en organisasjon som har en svært liberal våpenpolitikk, en politikk Dagbladet er uenig i.

av, og han deduserte en rekke overraskende konklusjoner fra dette tilfeldige utgangspunktet. Rasjonalister legger stor vekt på deduksjon, men ingen vekt på induksjon.

Descartes` cogito er også feil *som et utgangspunkt*; å tenke er å behandle materiale som man har mottatt fra virkeligheten via sansene. Det er altså virkeligheten som er et korrekt primært utgangspunkt.

Rasjonalisme, en metode som ifølge SNLs korrekte beskrivelse er slik at den ikke legger betydelig vekt på observasjon, er derfor en type irrasjonalitet. Det er historiske årsaker til at denne ikke helt heldige språkbruken er som den er, og dessverre må vi bare akseptere den. Det forekommer også at enkelte bruker uttrykket rasjonalisme når de egentlig mener det vi kaller rasjonalitet.

For å ha dekket hele spekteret tar vi også med definisjonen på *rasjonalisering*, som, til tross for språklig likhet, er noe helt annet enn de to tingene vi har nevnt umiddelbart over – rasjonalitet og rasjonalisme. SNLs definisjon er korrekt: «Rasjonalisering er en forsvarsmekanisme eller mestringsstrategi som innebærer at man gir en akseptabel og tilsynelatende fornuftig forklaring på en handling for å dekke til det virkelige, uakseptable og ofte ubevisste motiv».

Ønsketenkning

Å være rasjonell er å innrette seg etter og å akseptere virkeligheten. Dette er en forutsetning for å kunne ferdes i virkelighetens verden på en trygg og god måte, det er en forutsetning for å overleve og leve godt på lang sikt. Irrasjonalitet er det motsatte, det er å ikke innrette seg etter fakta, det er å benytte ugyldige eller uklare begreper og i sine resonnementer å ikke følge logikkens lover. Hvorfor vil noen da være irrasjonelle? Hvorfor vil noen la være å rette seg etter virkeligheten? Hovedgrunnen til dette er at enkelte mennesker tidlig i livet av ulike grunner har dannet seg verdier og modeller og teorier som ikke stemmer overens med virkeligheten, og heller enn å endre disse oppfatningene foretrekker de å fornekte fakta, eller å late som om ikke-fakta virkelig er fakta – de foretrekker å basere seg på ønsker om hvordan de synes virkeligheten burde være heller enn å basere seg på hvordan den virkelig er. Hvorfor? Den vanligste forklaringen er at man tidlig i livet er blitt påvirket av miljøer man har vært en del av, og derfor har man tatt til seg verdier og holdninger som dominerer disse miljøene. Da kan det senere i livet blir vanskelig å skifte ut sine meninger fordi man da ikke lenger vil passe inn i det miljøet man har været en del av.

Konkrete eksempler på ønsketenkning kan være å ignorere viktige fakta om personer man omgås dersom man synes disse faktaene blir plagsomme å forholde seg til, eller å tro at en person som er født som mann kan skifte kjønn og bli kvinne.

Man kan da godt spørre seg om hvordan det vil gå med personer som altså må operere i virkelighetens verden, men som har valgt å ikke innrette seg etter den. Svaret på dette burde være opplagt: det kan ikke gå bra.

Implikasjoner

Det som er beskrevet over handler kun om rasjonalitet, det handler kun om en tenkemetode. Denne tenkemetoden har dog implikasjoner på de andre grenene innen filosofien – etikk, politikk og estetikk. Vi går ikke inn på dette her, men vi vil svært kort kommentere noe av dette i etterordet.

* * *

Det ovenstående er basert på min forståelse av Objektivismen, det filosofiske system skapt av Ayn Rand. Det som er behandlet over er langt mer utførlig beskrevet i bøker av Ayn Rand og hennes elever. En av dem, Harry Binswanger, har grundig dekket det som kort er beskrevet over i boken *How We Know*. I tillegg til den vil jeg sterkt anbefale Leonard Peikoffs *Objectivism: The Philosophy of Ayn Rand*.

Litteratur

Binswanger, Harry: *How We Know,* TOF Publications 2021
Binswanger, Harry: «Saving Math from Plato», foredrag 2023
Binswanger, Harry: «Philosophy of Math», foredrag 2024
Dykes, Nicholas: «Debunking Popper», Reason Papers, Fall 1999
Grøn, Øyvind: *kausalitetsprinsippet* i *Store norske leksikon* på snl.no.
 Hentet 26. mai 2024 fra https://snl.no/kausalitetsprinsippet
Holmen, Heine Alexander: *rasjonalisme* i *Store norske leksikon* på
 snl.no. Hentet 30. mai 2024 fra https://snl.no/rasjonalisme
Jones, W.T.: *History of Western Philosophy,* Bind 3, HBJ 1969
Krauss, Lawrence M.: *A Universe from Nothing,* Free Press 2012
McCall, Raymond: *Basic Logic: The Fundamental Principles of Formal
 Deductive Reasoning,* Barnes & Noble 1952
Peikoff, Leonard: *Objectivism: The Philosophy of Ayn Rand,* Dutton 1991
Popper, Karl: *Unended Quest,* Routledge 1992
Popper, Karl: *Conjectures and Refutations,* Routledge 1984
Rand, Ayn: *Introduction to Objectivist Epistemology: Expanded
 Second Edition,* Penguin 1990
Rand, Ayn: «The Objectivist Ethics»
Smith, George H.: *Atheism: The Case Against God,* Prometheus 1979
Store norske leksikon (2005-2007): *rasjonalisering - psykologi* i *Store
 norske leksikon* på snl.no. Hentet 17. juni 2024 fra
 https://snl.no/rasjonalisering_-_psykologi
Tranøy, Knut Erik: *induktive metoder* i *Store norske leksikon* på snl.no.
 Hentet 24. mai 2024 fra https://snl.no/induktive_metoder
Turing, Alan: «COMPUTING MACHINERY AND INTELLIGENCE»
 Mind, Volume LIX, Issue 236, October 1950.
 https://academic.oup.com/mind/article/LIX/236/433/986238

Noen spesielle problemstillinger fra klassisk filosofi

Enkelte av de problemstillinger som ble diskutert i filosofiens barndom – Zenons paradokser, Thesevs' skip, stenens paradoks – dukker stadig opp den dag i dag, og de fremstilles ofte som om de er uløste, eller som om de har noe viktig å si.

De fleste har antagelig hørt om Zenons paradokser. Et av dem er ment å begrunne det syn at bevegelse er umulig, at det er ikke mulig å bevege seg fra ett punkt/sted til et annet. Argumentet går omtrent slik: for å gå fra A til B må man først gå halvveis. Når man har gått halve veien fra A til B, må man så gå halvparten av den gjenstående veien, og så halvparten av den gjenstående veien igjen, osv. Slik kan man fortsette å dele opp i det «uendelige». Dette er umulig, og derfor mente Zenon (490-430 f.Kr) at når vi ser at en person beveger seg fra A til B, er det kun innbilning, dette fordi han med sitt argument har vist at bevegelse er umulig.

Zenon var elev av Parmenides (515-450 f.Kr.), en av de tidligste før-sokratiske filosofene, og han mente at verden er helt statisk og at det ikke finnes noen bevegelse; all bevegelse man observerer er innbilning. Zenon forsøkte altså å bevise Parmenides´ syn ved bruk av dette argumentet, og ved bruk av to andre argumenter av samme type.

Det andre av Zenons paradokser går ut på at man forestiller seg et løp mellom Akilles og en skilpadde. Dersom Akilles starter et stykke bak skilpadden, vil han aldri klare å ta igjen skilpadden, dette selv om Akilles løper fortere enn skilpadden. Argumentet er at når Akilles har løpt frem til det punktet der skilpadden startet løpet, har skilpadden beveget seg fremover til et nytt punkt. Når Akilles så kommer frem til dette punktet, har skilpadden igjen beveget seg fremover, osv. Derfor vil Akilles aldri klare å ta igjen skilpadden; skilpadden har hele tiden kommet frem til et nytt punkt lenger frem.

Det tredje av Zenons paradokser går ut på at dersom man skyter en pil opp i luften slik at den beveger seg i en parabelbane, sier Zenon at den egentlig ikke beveger seg. Zenons argument er at dersom man tenker seg et tidsintervall som ikke har noen utstrekning, så vil det i dette øyeblikket ikke være noen bevegelse, og hele pilens bane er satt sammen av slike tidsintervaller uten utstrekning. Derfor mente Zenon at når vi ser pilen bevege seg, er det kun innbilning.

Feilen i dette siste resonnementet er at det ikke finnes noe tidsintervall som ikke har noen utstrekning. Påstanden om at man ikke kan bevege seg fra et sted til et annet gjendrives ved ren observasjon; man kan se at en person kan bevege seg fra et punkt til et annet, og derfor er Zenons resonnement feil. Tilsvarende, det er opplagt at Akilles kan ta igjen og løpe fra skilpadden; dette kan man observere – og dette gjendriver Zenons argument. De to første av Zenons argumenter kan også gjendrives ved å bruke korrekt matematikk; Zenon baserer seg på det syn at en «uendelig» rekke må ha en «uendelig» stor sum. Det finnes ikke uendelig rekker, og selv rekker med svært mange elementer kan ha en endelig sum (slike rekker har vi kort diskutert tidligere i boken; de sies å konvergere).

En annen klassisk problemstilling er den som går under navnet Thesevs' skip. Thesevs har et treskip bygget av planker, og nå og da må en planke byttes ut med en ny planke for vedlikehold. Man kan da tenke seg at etter lang tid er alle plankene som skipet var bygget av byttet ut med nye planker. Spørsmålet er da: Er det da det samme skipet? La oss også si at noen har tatt vare på alle de gamle plankene og bygget et nytt skip av dem – hvilket av disse skipene er da Thesevs' skip?

Det man må gjøre for å forstå denne problemstillingen er å presisere hva det er som menes med «det samme». Hvis Thesevs sier at «dette er mitt skip, et skip som jeg vedlikeholder, jeg skifter ut deler når det er nødvendig, skipet pleier å seile de og de rutene på havet osv., da er det mitt skip hele tiden selv om noen/mange/alle deler er skiftet ut.» Da er det det samme skipet selv om han har byttet ut alle delene. En lignende problemstilling: dersom et fotballag skifter ut alle spillerne – er det da samme fotballag? Fotballaget Brann har antagelig ikke de samme spillerne i dag som det hadde for ti år siden. For å svare på spørsmålet om det er det samme fotballaget må man bare presisere hva som menes med «det samme» – problemet løses ved å presisere begrepene man bruker.

Vi nevner også de såkalte «stenens paradoks»: kan Gud skape en sten som er så tung at han ikke klarer å løfte den? Dersom man tar utgangspunkt i fri fantasi og oppspinn, slik som Guds eksistens, kan man få til hva som helst av merkverdigheter. En slik problemstilling er helt irrelevant i enhver rasjonell sammenheng, og det er ikke noe poeng å si noe mer om det. Alle problemstillinger av denne typen kan løses dersom man benytter den rasjonelle metode.

Er ateismen død?

Publisert på gullstandard.no 6. desember 2021

Kristendommen er verdenshistoriens mest vellykkede ideologi – hvis man betrakter innflydelse og oppslutning som kriterier for suksess. Ikke bare har den noe over to milliarder tilhengere, dens grunnleggende verdier preger størstedelen av verden, vår tidsregning tar utgangspunkt i denne ideologiens hovedperson (han ble ifølge tradisjonen født i år 0), denne personens fødselsdag (julaften) feires over hele verden, og en sekulær versjon av denne ideologien (sosialismen) har stor innflytelse i så å si alle land i hele verden.

Denne ideologien sto sterkt i middelalderen, ble svekket under renessansen, opplysningstiden, og den tidlige kapitalisme, men det er ting som tyder på at denne ideologien er i ferd med å styrkes i vår tid. Mot slutten kommer vi tilbake til dette poenget.

Alt dette til tross for at ideologien ikke har noen rasjonell begrunnelse, den er basert på tro og følelser (og i noen tilfeller åpenbaringer), tradisjon, tilstedeværelse og en tilsynelatende styrke. I alle år har så å si alle kristne godtatt ideologiens manglende rasjonelle begrunnelse. Allikevel har tidlige teologer, som for eksempel Thomas Aquinas, benyttet seks argumenter – såkalte gudsbevis – som skulle bevise at den guden denne ideologien setter i høysetet, virkelig eksisterte. Dette var dog en tid hvor rasjonaliteten sto relativt sterkt i kulturen, men i dag er det ingen som vil hevde at disse såkalte bevisene er holdbare.

Men i de senere år er det kommet enkelte forsøk på å begrunne kristendommens sannhet, dvs. Guds eksistens, på en rasjonell måte. Man kan si at de fleste argumenter av denne typen er knyttet til fysikk og til det som sagt på en populær måte har med universets opprinnelse – Big Bang – å gjøre.

En bestselgende bok, *Is Atheism Dead*, av Eric Metaxas, hevder å gi en naturvidenskapelig begrunnelse for at den kristne guden eksisterer og at kristendommen er sann. Boken bygger i hovedsak på to argumenter for å begrunne dette, men den inneholder også enkelte andre poenger.

Den redaksjonelle omtalen av boken på Amazon.com inneholder blant annet følgende:

> Metaxas [is] ...cheerfully and logically making his astonishing case, along the way presenting breathtaking—and often withering—new evidence and arguments against the idea of a Creatorless universe. Taken all together, he shows atheism not merely to be implausible and intellectually sloppy, but now demonstrably ridiculous.

Innhold

I denne korte omtalen skal jeg se på de naturvidenskaplige poengene som Metaxas benytter i boken.

Hovedpoenget i boken er et forsøk på å gi en videnskapelig begrunnelse for Guds eksistens. Denne begrunnelsen kan deles i to: 1) Alt passer, dvs. universet er fin-innstilt til å tillate menneskers liv, og 2) Big Bang.

Noen sider i boken er også viet påstanden om at uten Gud har et menneskes liv ingen mening. Metaxas bruker også mange sider på et poeng som er helt, totalt, og fullstendig irrelevant: arkeologiske funn som bekrefter fremstillingen i Bibelen. I et par tilfeller er det også vesentlige mangler boken; dvs. en bok med dette ambisjonsnivået burde ha inneholdt en vurdering av disse poengene.

En av grunnene til at Metaxas har skrevet denne boken er at fire fremtredende ateister i de siste årene har fått stort gjennomslag for sin religionskritikk i bestselgende bøker, og denne boken er delvis et forsøk på å besvare argumentene fra disse fire. Disse fire er Christopher Hitchens, Richard Dawkins, Sam Harris, og Daniel Dennett. Disse fire har også deltatt i en rekke debatter med kristne, og i et tilfelle ble en av dem stilt følgende spørsmål: «hvilket argument er det sterkeste for eksistensen av en gud?». Uten å trenge noen betenkningstid svarte han: «The fine-tuning ... We all say that», dvs. at alle de fire nevnt over var enige i at dette var det sterkeste argumentet (s. 35).

Det fin-innstilte univers

Hva menes med «the fine tuning»? Metaxas omtaler dette slik:

> It is simply [the fact that] that there are certain things about our universe—and about our planet—that seem to be so extremely perfectly calibrated that they can hardly be coincidental. If these

> things were even slightly different, life would not even be possible. One classic example has to do with the size of Earth, which just happens to be exactly what it needs to be in order for life to exist here. Of course most of us cannot imagine that the size of our planet would have any bearing on whether life could exist here, but as it happens, we are perfectly mistaken. One rarely hears about this, but it is established fact: If our planet were smaller or larger by even the smallest of margins, life here could not exist. When we see how many things must be just so—and then just happen to be just so—we cannot help but wonder if perhaps mere coincidence isn't enough to account for it (s. 36).

Dersom jorden hadde vært større eller mindre ville jordens magnetfelt vært vesentlig annerledes, og solvinden ville ha feid atmosfæren vekk fra jorden. Dersom jorden hadde vært noe nærmere solen ville den vært for varm til at liv kunne eksistere, og hvis jorden hadde vært noe lenger vekk fra solen ville den vært for kald til at liv kunne eksistere.

Det finnes også en lang rekke andre fakta som støtter opp om dette poenget: De fleste stoffer er slik at når de går over fra flytende til fast form så blir de tyngre – men vann er annerledes. Vann blir lettere når det fryser, det vil si at is er lettere enn vann. Dette betyr at dersom en sjø fryser vil isen legger seg oppå vannet. Hadde vann hatt samme egenskaper som andre stoffer ville isen ha frosset helt til bunns og det ville ikke ha vært mulig for livet i havet å overleve gjennom en vinter.

Vår planet treffes sjelden av asteroider og meteorer som kommer inn fra verdensrommet, og grunnen til dette er at i vårt solsystem er det to store planeter (Jupiter og Saturn) som sørger for at asteroider og meteorer blir fanget opp av disse planetenes gravitasjonsfelt og derfor ikke treffer jorden. Dersom jorden stadig ble rammet av slike objekter ville det sannsynligvis ødelagt alt liv.

Dersom kreftene som finnes i atomkjernen (og som holder den sammen, eller sørger for at den sender ut radioaktiv stråling) hadde vært noe annerledes – noe sterkere eller noe svakere – ville ikke atomkjernene ha blitt holdt sammen, og varig materie vil ikke kunne oppstå i de mengder vi kjenner i dag.

Vår måne er langt større enn noen annen måne i vårt solsystem – og den er akkurat passe stor for å sørge for at tidevannet fungerer som det gjør, og dette er positivt for alt liv på jorden. Månen påvirker også jordens rotasjonsakse og sørger for at den er mer stabil enn den ellers ville ha vært. Hadde månen vært noe mindre eller noe større kunne liv ikke eksistert på jorden. Det er også et pussig sammentreff at solskiven og måneskiven (ved fullmåne) for oss ser akkurat like store ut.

Metaxas: «The conclusion is increasingly strong – and now essentially unavoidable – that if the universe were not precisely as it is now, life on Earth would not exist» (s. 55).

Metaxas konkluderer ut fra dette at siden universet, inkludert jordens plassering, er fin-innstilt, så må det være en som har fininnstilt universet – og denne aktøren er da de kristnes, Bibelens, Gud. Er dette et holdbart argument? Vi kommer tilbake til dette poenget.

Big Bang

Det andre argumentet som Metaxas benytter er Big Bang. Han skriver:

> ...the proof of the Big Bang ... settled the question once and for all whether the universe always existed or didn't. In discovering that the universe had a clear beginning, we realized there was a point at which all the laws of physics and all of matter and energy did not exist» (s. 6).

Metaxas hevder altså at universet har en begynnelse – og hans poeng er at da må noen har satt universet i gang, og den som har gjort det er da de kristnes, Bibelens, Gud. Er dette et holdbart argument? Vi kommer tilbake til dette poenget.

Argumentene er uholdbare

Dette er de to videnskapelige argumentene Metaxas benytter. Jeg beskriver foreløpig argumentene som videnskapelige, dette fordi de er basert på fakta, det er trukket en slutning fra disse faktaene, og slike ting som følelser, intuisjon, tro, åpenbaringer, eller argumenter av typen «det er sant fordi det står i Bibelen/fordi paven har sagt det», ikke kommer inn i bildet i det hele tatt.

Men er slutningene holdbare? Man kan si at universet og jordens plassering og egenskaper er fininnstilt, men hvis man bruker akkurat dette uttrykket så har man feil fokus. Å si at noe er fininnstilt innebærer at man aksepterer eller åpner for at det er en eller annen aktør som har utført fininnstillingen.

Men man kan ta hensyn til akkurat de samme faktaene ved å formulere poenget på en annen måte: Dersom forholdene for liv ikke hadde vært til stede på jorden, ville liv ikke ha oppstått på jorden!

Å trekke den slutningen at fordi mulighetene for liv på jorden er optimale, så må noen har skapt disse forholdene, det er fullstendig ulogisk. Og siden logikk er en del av den videnskapelige metode er slutningen fra optimale forhold til Guds eksistens ikke holdbar, og da er den utenfor utenfor videnskapen.

Dersom man forlater logikken forlater man også den videnskapelige metode. Den videnskapelige metode består kort fortalt i observasjon, riktig begrepsdannelse, analyse, dannelse av proposisjoner i samsvar med fakta, sammensetning av proposisjoner i logiske argumenter, dvs. bruk av induksjon og deduksjon. Et argument som trekker en slutning fra den såkalte fininnstillingen til Guds eksistens er da ikke i samsvar med logikkens lover.

Som en innvending mot fininnstillingsargumentet kan man også ta med følgende: Hvis Gud hadde skapt jorden for at mennesker skulle ha et godt sted å leve – hvorfor har han da plaget oss med jordskjelv, vulkanutbrudd, flom, farlige dyr, smertefulle sykdommer, og så videre?

Jorden er ingen Edens have, akkurat. Men den kristne vil kanskje som innvending mot dette si at Gud har gitt oss disse tingene/plagene for å prøve oss, for at vi skal få mulighet til å vise at vi er faste i troen, for at vi ikke skal miste troen eller tvile på Gud uansett hvor mye lidelse han utsetter oss for. Det man kan si imot dette er kun: hvorfor? Hvorfor vil Gud teste oss? Følger han med på hva hver enkelt av oss holder på med og hva vi gjør og hva vi tror og hva vi mener? Har han fulgt med på hva hver og en av oss har gjort, alle vi kanskje 100 milliarder mennesker som har eksistert gjennom historien? Hva er vitsen? Dette er bokstavlig talt utrolig, det er så utrolig at den som har en viss virkelighetsforankring ikke kan tro på det.

Så over til Big Bang. I det følgende forutsetter jeg at Big Bang-teorien er korrekt (noe det er delte meninger om blant fysikere; mitt inntrykk er dog at Big Bang er den teorien som har størst oppslutning blant fysikere).

Metaxas sier at teorien om Big Bang innebærer at «the universe had a clear beginning». Dette kan ikke være riktig, og hvis noen fysikere mener dette eller har formulert seg slik, tar de feil.

Det er man kan si (hvis man forutsetter at Big Bang-teorien er korrekt) er at organiseringen av universet slik det er i dag, med stjerner, planeter, drabanter, kometer, tåker, og så videre, kom til som et resultat av Big Bang!

Ifølge SNL er Big Bang

> hendelsen da vårt univers begynte å utvide seg. Ifølge våre beste modeller skjedde dette for omtrent 14 milliarder år siden. Modellene er ikke i stand til å si noe om hvordan universet var før denne hendelsen, eller om det fantes noe univers i det hele tatt før det store smellet.

SNL har her for det meste en helt korrekt og videnskapelig akseptabel formulering. SNL sier at Big Bang er hendelsen da universet *begynte å utvide seg*, SNL sier ikke at Big Bang er starten på universet slik Metaxas påstår. SNL sier også at modellene ikke kan si noe om hva som eksisterte før Big Bang.

SNL sier dog at modellene ikke kan si «om det fantes noe univers» før Big Bang. Dette er i beste fall upresist. Man må si at det må ha vært noe før Big Bang. Hvis ikke har universet oppstått fra ingenting, og dette er umulig.

Det Metaxas gjør er å komme til et punkt hvor man ikke vet hva som har skjedd eller hvorfor noe har skjedd, og så sier han at Gud har sørget for at det skjedde. Dette er helt uvidenskapelig. Det en videnskapsmann gjør i et slikt tilfelle er å si at «her har vi ikke nok data til å si hva som skjedde eller hvorfor det skjedde. Da må vi bare forske videre, vi kan ikke si noe om hva som har skjedd». Det Metaxas gjør er å ta utgangspunkt i akkurat samme type tilstand, og så slutte at Gud har sørget for at tingene skjedde slik de gjorde.

Metaxas´forsøk på å gi en videnskapelig begrunnelse for Guds eksistens er helt uholdbar.

Metaxas forsøker å styrke sin sak ved å ramse opp et stort antall fysikere som er blitt kristne eller som har vært kristne, og han gir en imponerende liste: Newton, Galileo, Kepler, Kopernikus, John Lennox, mange flere, og han hevder, ganske sikkert helt korrekt, at disse store forskerne mente at det ikke var noen motsetning mellom kristendom og videnskap. Metaxas gjengir også et sitat fra Marcello Gleiser, en meget kjent teoretisk fysiker:

> I honestly think atheism is inconsistent with the scientific method. What I mean by that is, what is atheism? It´s a statement, a categorical statement that expresses belief in the non-belief ... It's a declaration. But in science we don't really do declarations ... (s. 356-7).

Det er nok korrekt at en rekke fysikere er kristne, og tror at det de har forstått om de to argumentene vi har nevnt over (Big Bang og fininnstilling) gjør at det er mulig for dem både å være fysikere og å være kristne. Men dette er ikke et argument for at Gud eksisterer eller at kristendommen er sann, dette er bare en illustrasjon på at selv fysikere på høyt nivå ikke benytter seg av en rasjonell metode. Det som skjer er at de på dette området trekker en slutning som ikke er i samsvar med logikkens lover.

Til Gleisers påstand om at ateisme er inkonsistent med videnskap fordi det er et kategorisk utsagn, kan man bare si at ateisme kun er fravær av gudstro: siden det ikke finnes noen bevis for Guds eksistens, siden det ikke finnes noen rasjonelle argumenter for Guds eksistens, er ateisme, fravær av gudstro, den eneste rasjonelle holdningen. Ateisme er ikke tro på ikke-eksistensen av en gud, ateisme er bare fravær av gudstro. Gleisers formulering – «atheism is a categorical statement that expresses belief in non-belief» – er feil.

Men dette gjelder ikke bare fysikere. Metaxas nevner også at og at flere kjente intellektuelle ateister – han nevner bla. Antony Flew og Jean Paul Sartre – er blitt kristne, men dette begrunner ikke at Gud finnes, det begrunner bare at selv personer som disse kjenner lite til hva et logisk holdbart argument om denne type problemstillinger egentlig består i.

Meningen med livet

Å hevde at uten Gud har livet ingen mening er en ganske utbredt holdning. Metaxas:

> Because if there really is no God then it surely follows that there is no order or meaning in the universe (s. 270). If there is no Creator and our lives are perfectly accidental, why should we logically care about anything any more than a worm does or a piece of lichen? Hundreds of millions of years pass in which they do not exist, and then at some point they exist, and soon

enough they cease to exist, and another several hundreds of millions of years pass in which they do not exist and never again will exist. ... Is that not our story according to the atheist doctrine? (s. 271). ...if there is no God and life is meaningless.... (s. 275).

De som har dette synet mener at dersom livet skal ha en mening må vi alle være på et oppdrag fra Gud, og hvis Gud ikke finnes kan vi ikke ha noe slikt oppdrag – og da er livet uten mening.

Men det er ikke slik at mening er noe som er gudegitt: mening er noe som mennesker gir til ting. Hva har mening for deg? Jobben din, kjæresten din, barna dine, vennene dine, en sak du jobber for, hobbyen din, huset ditt, din neste ferie, osv. Det er opp til deg selv å gi ditt liv mening, og hvis du opplever at det ikke har noen mening så er det du selv som har sviktet mht. hvordan du bør leve ditt liv.

Også på dette punktet kan kristendommen har hatt en svært skadelig innflytelse. Mange har kanskje tidlig i livet hørt at det er Gud som gir livet mening, og de har akseptert dette. Men etter hvert som man blir mer moden kan man kanskje komme til at det ikke finnes noen gud, og da kan man komme til å tro at da har livet ingen mening, og dette kan være en tilstand som ikke er spesielt behagelig.

Et par andre irrelevante poenger

Metaxas benytter som argument for at det som fortelles i Bibelen er sant at nyere arkeologiske funn har bekreftet mye av det som er omtalt i Bibelen, men som ikke er omtalt andre steder.

Dette burde dog ikke overraske noen. De skriftene som utgjør Det nye testamentet ble skrevet veldig nært i tid i forhold til de hendelser som er omtalt. Jesus levde fra ca år 4 f.Kr. til cirka år 30 e.Kr., og de skriftene som finnes i Det nye testamentet ble skrevet fra cirka år 70. At disse skriftene da refererer til ting som vanlige historieskrivere ikke befattet seg med på den tiden, er ikke overraskende.

Vi skyter inn her at kristendommen ikke ble skapt av Jesus, den ble skapt av Paulus. Jesus var kun en av mange predikanter som virket i dette området på denne tiden, men Paulus, som oppriktig trodde at Jesus var en gud, hadde åpenbart en evne til å få folk med seg, og med stor reisevirksomhet og med et stort antall brev til ulike grupper av trosfeller klarte han å bygge opp menigheter som dyrket Jesus som en gud. I store trekk er det som fortelles i evangeliene og i brevene stort sett i samsvar med det som virkelig skjedde, dog unntatt mirakler og andre overnaturlige elementer (beretningene om at Jesus mettet 5000 med tre brød og fem fisker, at han stillet en storm, at han gjenoppvekket Lazarus fra de døde, og at han selv sto opp fra de døde, osv., er ikke sanne).

Metraxas nevner også at ateistiske ideologier, som har fått makten i en rekke land (Kina, Sovjetunionen, Nazi-Tyskland, Nord-Korea), har vist seg å føre til massemord. Hans poeng ser ut til å være det samme som Dostojevskij formulert slik: «Uten Gud er alt tillatt».

Men å begrunne en moral ved kun å henvise til en fantasifigur, en figur som kun eksisterer i enkelte litterære verk og ikke i virkeligheten, og som aldri har gitt rasjonelle begrunnelser for sine synspunkter, er ingen begrunnelse i det hele tatt.

Skal man begrunne en moral på en rasjonell måte kan man si at alt som virkelig gjør menneskers liv bedre er moralske goder. (En moralteori som har en slik begrunnelse er å finne hos Ayn Rand.)

Hvorfor?

Metraxas´ bok er blitt en bestselger; den er nummer én i sin kategori på Amazon.com. Dette er at av mange tegn som kan tyde på at det ser ut som om kristendommens posisjon er i ferd med å bli styrket. Det er i hovedsak to grunner til dette. For det første er det mange som betrakter kristendommen som den eneste ideologi som kan stå imot islam – at islam styrkes er helt opplagt; det ser vi jo resultater av hver eneste dag (ikke bare nesten daglig terrorangrep i Vesten, men også slike ting som at de allierte i NATO lot islamister overta Afghanistan). Men hvordan en ideologi som hevder at man skal elske sine fiender, at man ikke skal sette seg mot den som vil gjøre en ondt, at man skal gi bort alt man eier til andre – altså en ren selvoppofrende, altruistisk*, ideologi – skal kunne stå imot noe som helst, det kan man jo lure på.

Et annet poeng er at Vesten i dag ser ut til å gå i oppløsning, moralsk og samfunnsmessig sett. Også dette ser vi eksempler på hver eneste dag. Men det ser ut som om mange tror at kristendommen kan gi en fast ramme for ikke bare liv, altså individuelle menneskers liv, men også for samfunn. Deres syn er at ved å styrke kristendommen

---

* Altruisme er et etisk prinsipp som sier at det som er moralsk høyverdig er å gi avkall på verdier som fremmer eget liv til fordel for andre.

kan man få stoppet oppløsningen, og man får stabile, harmoniske samfunn. De tar feil i dette, men det er for mye å gå inn på dette her.

Rett før vi avslutter vi bare nevne dette poenget: Det er ikke en Gud selv som taler til oss gjennom Bibelen eller Koranen. Disse bøkene er skrevet av mennesker som påstår at Gud snakker gjennom dem. Hvis man baserer sine livsvalg på det som står i disse bøkene er det kanskje noen som tror at de baserer seg på veiledning fra en gud, men det de egentlig gjør er å basere seg på veiledning fra noen som påstår at de snakker på vegne av en gud. Står dette til troendes? Nei.

Helt til slutt: Er ateismen død?

Nei, man kan ikke si at ateismen er død, men det er dessverre mye som tyder på at den svekkes. Dette kommer av at irrasjonelle ideer står sterkt i kulturen. Kun rasjonelle ideer – som innebærer at man baserer sine meninger på fakta og logisk analyse – kan føre til gode liv og fredelige samfunn. Dessverre ser det ut til at vi går motsatt vei.

Litteratur og lenker

Grøn, Øyvind; Elgarøy, Øystein: big bang i Store norske leksikon på snl.no. Hentet 27. august 2024 fra https://snl.no/big_bang

https://www.amazon.com/Atheism-Dead-Eric-Metaxas-ebook/dp/B097CWGMML/ref=sr_1_1?keywords=metaxas&qid=1638772285&sr=8-1

330 000 ofre

Publisert på gullstandard.no 6. oktober 2021

Svært mange ble sjokkert etter den rapporten som ble offentliggjort for et par dager siden og som konstaterte at minst 330 000 barn og unge er blitt misbrukt av prester og andre tillitspersoner i den katolske kirke i de siste tiår.

Dette er så sjokkerende og grusomt og trist at man mangler ord for å beskrive det, og for å beskrive sin reaksjon på det. Her er det unge mennesker, i mange tilfeller barn, som er blitt misbrukt av personer de hadde tillit til, og som deres foreldre hadde tillit til, og som var aktive personer i en organisasjon som har som hovedoppgave å fremme en bestemt moral; moral, som alle burde, vite handler om riktig levesett, det handler om riktig måte å leve på.

Allikevel har altså et kolossalt antall personer misbrukt barn og unge de har hatt kontakt med, som de skulle veilede og lære opp i en etter deres syn riktig og god moralteori.

Og tallet på 330 000 er kun et minimumstall; antall tilfeller kan være langt høyere. Og dette tallet gjelder bare i Frankrike, rapporten gjelder kun Frankrike. Vi siterer fra VG:

> Ny rapport: 330.000 barn misbrukt i den katolske kirken i Frankrike. Den rystende granskningsrapporten, som slår fast at hundretusener av barn har blitt misbrukt i den katolske kirken, ble lagt frem tirsdag formiddag. I rapporten kommer det frem at 216 000 barn under 18 år ble seksuelt misbrukt av prester eller religiøse i den katolske kirken i landet siden 1950-tallet. Rapporten anslår at det totale antallet ofre kan være 330.000 når man regner med alle som har vært involvert i kirkens arbeid. Den nedslående konklusjonen kommer etter at en uavhengig granskingskommisjon leverte tirsdag sin rapport om overgrep i den katolske kirken i Frankrike. Kommisjonen har blitt ledet av den franske toppbyråkraten Jean-Marc Sauvé. – Disse tallene er overveldende og kan på ingen måte bli stående uten å få følger, sier Sauvé under fremleggelsen av rapporten. Kommisjonen anslår at omkring 3000 overgripere har jobbet i kirken, to

tredeler av dem som prester, ifølge kommisjonslederen. Den uavhengige granskingskommisjonen ble nedsatt i 2018 av biskopenes forening CEF, som en respons på utallige skandaler som har rystet den katolske kirken både nasjonalt og internasjonalt. (Link nedenfor).

Men for de som har fulgt med i pressen de siste årene kommer egentlig ikke dette som en overraskelse. Det er flere tiår siden de første avsløringer av overgrep foretatt av prester og andre ansatte i den katolske kirke kom for dagen. Det som er mest sjokkerende ved denne avsløringen er at tallet på ofre er så kolossalt stort.

Det har også tidligere kommet opplysninger om at enkelte i høye posisjoner innen den katolske kirke har forsøkt å legge lokk på slike avsløringer når de har kommet frem. Det er også svært spesielt når det gjelder tillitspersoner i en organisasjon som har som hovedformål å preke en moralteori. Det finnes en rekke presseoppslag som viser at den katolske kirke har forsøkt å dekke over slike avsløringer tidlige. Vi gjengir bare ett eksempel.

> Catholic Archdiocese of Vancouver covered up systemic abuse, silenced survivors for decades, lawsuit claims ... The Archdiocese of Vancouver has admitted that clergymen at the institution were involved in sexual abuse. (kilde cbc).

Men hvorfor skjer dette? Hvorfor er det så ofte slike saker knyttet til den katolske kirke? Kan dette har noe å gjøre med den moralen denne institusjonen preker?

Kirken preker den kristne moralen, Dette er en moral som hevder at vi er alle syndere, den hevder endog at vi er født syndere gjennom arvesynden (Adams synd går i arv og gjør oss alle til syndere) og at vi ikke kan fri oss fra denne synden uansett hva vi gjør og uansett hvor gode vi er, den hevder at det som er viktig er å ofre seg for andre og at man må be om å gi tilgivelse når man har gjort noe galt. Gud, som kirken påstår er opphavet til moralteorien, elsker alle, og den han elsker høyest er den angrende synder. Med andre ord: om du synder spiller ingen rolle fordi Gud tilgir deg uansett.

Er dette en god oppskrift for å ikke begå syndige handlinger? La oss før vi svarer låne øre til et par av de mest troverdige autoritetene innen kristendommen.

Kristendommen ble skapt av Paulus. (Jesus var bare en av mange predikanter som virket i Israel på denne tiden, men det var Paulus som begynte å fremstille Jesus som en gud eller som guds sønn). Paulus var en ivrig brevskriver, og hans brev er de eldste skrifter i det nye testamentet; de er eldre enn evangeliene, og han skrev til en rekke menigheter om sitt syn på hva denne nye religionen og morallæren gikk ut på. Et av hans viktigste brev er brevet til romerne, og i dette brevet, kap 7 vers 19-24, leser man følgende:

> Det gode som jeg vil, gjør jeg ikke, men det onde som jeg ikke vil, det gjør jeg. Men gjør jeg det jeg ikke vil, er det ikke jeg som gjør det, men synden som bor i meg. Jeg finner altså at denne loven gjelder: **Jeg vil gjøre det gode, men kan ikke annet enn å gjøre det onde** [uthevet her]. Mitt indre menneske sier med glede ja til Guds lov, men jeg merker en annen lov i lemmene. Den kjemper mot loven i mitt sinn og tar meg til fange under syndens lov, som er i lemmene. Jeg ulykkelige menneske! Hvem skal fri meg fra denne dødens kropp?

Så Paulus, en av de aller viktigste autoritetene innen kristendommen, sier at han selv ikke gjør det gode, men kan ikke annet enn å gjøre det onde.

La oss også å lytte til en annen autoritet innen kristendommen, Augustin. I hans *Bekjennelser* kan man blant annet lese følgende bønn til gud: «Gjør meg syndfri, men ikke ennå». Sagt på en annen måte: Augustin liker syndige handlinger, han vil fortsette å gjøre syndige handlinger – i hvert fall en stund til. Han vil også være syndfri, men vil utsette å endre sitt levesettet til et syndfritt liv fordi han liker synd.

Så, her har man en morallære som sier at alle er syndere, uansett hva de gjør og hvordan de lever, den sier at den høyeste dyd er å ofre seg – og en overgriper krever jo at hans offer skal ofre seg, at man må forvente at andre ofrer seg, og dersom man gjør noe galt så blir man tilgitt fordi Gud elsker ham.

Hva er det i denne moralen som hindrer personer i begå synd? Hva er det i denne moralen som oppfordrer folk til å oppføre seg som gode mennesker? Hva er det i denne moralen som hindrer prester i begå overgrep mot barn?

Ingenting. Tvert imot! Dette er en moral som oppfordrer til synd! Dette er en moral som oppfordrer til grusomme handlinger – Gud elsker en jo uansett hva man har gjort, og man blir jo tilgitt uansett.

Vi vil bli overrasket hvis noen andre kommentatorer trekker frem de poengene vi har nevnt over; vi vil tro at de poengene vi har nevnt er unike for vårt filosofisk utgangspunkt. Vi vil tro at de fleste mainstream-kommentatorer deler det filosofiske grunnsynet som kirken har. Vårt filosofiske utgangspunkt er stikk motsatt det som kirken og mainstream i dag har. Vårt grunnsyn innebærer rettferdighet, ikke tilgivelse; det innebærer rasjonalitet, ikke tro; det tar avstand fra all selvoppofrelse og forfekter rasjonell egoisme; det tar avstand fra all initiering av tvang, det innebærer at alle mellommenneskelige forhold skal være frivillige; det innebærer respekt for andre menneskers integritet både fysisk og mentalt.

Det poeng mainstream-kommentatorer vil trekke frem vil vi tro er den katolske kirkes pålegg om sølibat. Kravet om sølibat er opprinnelig begrunnet i at prester og andre tillitspersoner i kirken skal være så opptatt av sin menighet og ikke måtte dele sin oppmerksomhet mellom ektefellen og menigheten. Mange kommentatorer vil nok si at spesielt menn har drifter som må tilfredsstilles, og hvis man ikke kan få gjort det med sin ektefelle vil andre personer, spesielt barn i ens nærhet, kunne bli utsatt for overgrep. Vi skal ikke si at dette ikke har noen betydning, men vi vil tro at det vi har skrevet over er langt viktigere enn pålegget om sølibat.

Vi avslutter med å si at den som blir overrasket over denne type overgrep i den katolske kirke vil ha betydelig utbytte av å bruke noe tid på å sette seg inn i hva denne kirkens moralteori egentlig innebærer for et menneskes liv i virkelighetens verden.

Lenker

https://www.vg.no/nyheter/utenriks/i/8QE8wQ/ny-rapport-330000-barn-misbrukt-i-den-katolske-kirken-i-frankrike

https://www.cbc.ca/news/canada/british-columbia/sexual-abuse-vancouver-archdiocese-class-action-lawsuit-2020-1.5702312

Krig og religion: svar til Willoch*

Denne artikkelen er et svar på en kronikk av Kåre Willoch publisert i Dagsavisen 23/4-99. En tidligere versjon av denne artikkelen ble trykt i Dagsavisen 7/5-99.

Kåre Willoch sier i sin kronikk at man må foreta en «spesiell tolkning» av de hellige skrifter for å kunne benytte dem som begrunnelse for å bruke tvang mot andre. Men det er ikke nødvendig med noen spesiell tolkning for å komme til denne konklusjonen, det er nok å lese det som står i Bibelen. Ett eksempel blant mange er Lukas 19.27, hvor Jesus i en lignelse lar Herren si «Men mine fiender som ikke ville ha meg til konge, skal dere føre hit og hugge ned for mine øyne». Historien viser klart at kristne har praktisert dette: inkvisisjon, heksebrenning, korstog, religionskriger, voldelig misjonering.

Dette er heller ikke et tilbakelagt stadium. Religiøse grupper bruker selv i dag vold: kristne abortmotstandere i USA kaster bomber mot sykehus hvor det utføres abortinngrep, og flere leger som utfører abort er blitt utsatt for attentatforsøk av kristne abortmotstandere, endel av dem har også mistet livet – og dette fra grupper som beskriver seg selv som «pro life». Kristendommen er heller ikke den eneste religionen som støtter bruk av vold mot de som ikke er enige: vi vet at islam har dødsstraff for kjetteri; flere personer som var med på utgivelsen av Salman Rushdies *Sataniske vers* er blitt drept av islamske fundamentalister. Og er den tredje store religionen, jødedommen, bedre? Mannen som i november 1997 på kloss hold fyrte av tre pistolskudd mot Israels statsminister Yitzhak Rabin, var sterkt religiøs.

Det er to grunner til at religion fører til vold og krig. Den ene grunnen er at mens konflikter bør løses ved rasjonell diskusjon, foretar all religion en nedvurdering av rasjonalitet og fornuft (Luther: «Den største fare på jorden er et menneske med en rikt utstyrt fornuft») og baserer seg på tro. Men å tro er intet annet enn uten videre å akseptere innholdet i påstander som det ikke finnes noen som helst saklig begrunnelse for. Derfor, hvis en persons tro sier en ting og en annen

---

* Kåre Willoch (1928-2021) var i en lang periode en av Norges viktigste politikere. Han hadde en rekke verv, bla. var han formann i Høyre fra 1970 til 1974, og statsminister fra 1981 til 1986.

persons tro sier det motsatte, da har disse ingen annen måte å løse en konflikt på enn å sloss. Den andre grunnen til at religion fører til vold mot andre er en nedvurdering av dette livet: de aller fleste religioner hevder at det viktige livet er det som kommer etter døden, hva som skjer før døden er derfor ikke spesielt viktig. Dette fører til en nedvurdering av dette livet, og derved en nedvurdering av andre menneskers liv.

Fred og frihet er resultat av verdier som rasjonalitet og et positivt syn på livet før døden (som forøvrig er det eneste vi har). Så å si alle religioner er motstandere av og bekjemper disse verdiene, og derfor er det vold og strid i alle de områder hvor religioner står sterkt: Midt-Østen, Nord-Irland, Kosovo, India/Pakistan, Indonesia, mfl. (og man kan spørre seg om det er en sammenheng mellom den høye kriminaliteten i USA og det faktum at 96% av alle amerikanere tror på Gud). Med andre ord: Der er altså ikke en *spesiell* tolkning av religion som gir opphav til vold og krig, vold og krig er en integrert del av religioners måte å forholde seg til andre mennesker på.

(Det kom ikke noe svar fra Willoch.)

Islam – den ellevte landeplage

En noe utvidet versjon av et foredrag holdt i FSO* 2. oktober 2003

Islam er med sine mer enn én milliard tilhengere en av de tre store verdensreligioner. Den er også den religionen som er i sterkest vekst, og pga. de siste tiårs folkeforflytninger finnes det nå mer enn elleve millioner muslimer i Vest-Europa. Ikke bare har disse begynt å sette sitt preg på bybildene i de store europeiske byene med moskeer og egne boområder, ikke bare er det mange av Vestens egne innbyggere som konverterer til islam, det er også slik at en rekke terrororganisasjoner utfører sine grusomme handlinger med islam som begrunnelse.

Hva er det så islam egentlig står for? Er den som tilhengerne sier en fredens religion, eller er den en menneskefiendtlig ideologi som kun vil føre til nød og elendighet? I dette foredraget vil jeg forsøke å belyse disse spørsmålene.

Det er mange ulike varianter innen islam – sunni, shia, Ahmaddiyya, Wahabbi, (og det er også undergrupper innenfor disse). Jeg skal i stor grad holde meg til essensen i islam. Jeg kommer altså til å innta et fugleperspektiv, jeg kommer ikke til å legge vekt på et vell av detaljer. Dette er i motsetning til de fremstillinger man vanligvis kommer over; disse er som regel nedlasset i mindre relevante detaljer.

Historie

Islam ble skapt av Muhammed, som levde på den arabiske halvøy fra ca 570 til 630. Han var åpenbart en intelligent, karismatisk mann som var en stor folketaler, administrator og etter hvert hærfører.

På hans tid var de fleste nomader, men det fantes også noen byer hvor mange levde av produksjon og handel. I byene levde mange et utsvevende liv med stor vekt på velstand, fest og moro, og det gamle pålegget om at man skulle dele sitt med de fattige, fikk mindre og mindre oppslutning. Flerguderi var vanlig, men ingen tok gudene på alvor.

Muhammed, som tilhørte en fattig gren av en fremstående handelsfamilie, likte ikke det utsvevende livet som ble ført omkring ham, spesielt ikke etter at hans to sønner døde i ung alder. Han

---

* FSO er Foreningen for Studium av Objektivismen.

begynte å tilbringe tid alene ute i ørkenen, og etter hvert begynte han å motta åpenbaringer. Han fikk kjennskap til jødedommen etter kontakt med noen av dens tilhengere – det viktigste elementet i denne er at det finnes kun én gud og at man må tjene denne guden og ta den/ham på alvor. Muhammed fortsatte å motta åpenbaringer, og begynte å forkynne. Han fikk enkelte tilhengere i sin hjemby Mekka, men møtte etter hvert motstand og flyktet i 622 til Medina.

Hovedgrunnen til motstanden var at Mekka var et mål for mange pilegrimer. Byboerne fryktet at dersom det kom en ny religion som avviste alle de gamle gudene, ville dette kraftig redusere antall pilegrimer, noe som ville være uheldig for handelen i byen. I Medina fikk han enda flere tilhengere og etter hvert stor makt, og han dro for å erobre Mekka. I slaget slo Muhammeds styrker en hær som var tre ganger så stor som hans, og dette ble tolket som et tydelig tegn fra Gud/Allah. Andre hevder at årsaken til seieren var at Muhammed hadde lært sine tilhengere disiplin, og å kjempe hardt fordi de ville få en skikkelig belønning dersom de ble drept i strid.

Fra Mekka bygget Muhammed opp et stort arabisk rike – tidligere var det mange småriker – og han var den ubestridte leder. Muhammed var en ekstremt effektiv leder som visste å spille på alle strenger som kunne gi ham kortsiktig gevinst. I *Encyclopedia of Religion and Ethics* er hans lederevner beskrevet slik:

> Muhammad´s ability to gauge the capacities of others was abnormal: hence in the choice of subordinates he seems to have made no mistakes. In the second place, he was thoroughly familiar with the foibles of the Arabs, and utilized them to the utmost advantage. The stories of his successes, as told by Ibn Ishaq, indicate a complete absence of moral scruple; but they also show a combination of patience, courage and caution; ability to seize opportunities, and distrust of loyalty when not backed by interest, which fully explain the certainty with which results were won. (fra *Encyclopedia of Religion and Ethics*, sitert i Arthur Jeffrey: «The Quest of the Historical Muhammad», gjengitt i Warraq 2000, s. 347).

Det er altså helt klart at Muhammed var en maktpolitiker som ikke tok moralske hensyn. Nå vil det være galt å dømme en mann som levde for 1400 år siden etter vår tids langt mer opplyste moralnormer, men det er allikevel klart at han ofte handlet grovt umoralsk.

Islamkjenneren Ernst Renan beskriver dette slik:

> As to the features of the life of Muhammed which, to our eyes, would be unpardonable blots on his morality, it would be unjust to criticize them too harshly. It is obvious that his acts did not make the same impression on his contemporaries and Muslim historians as on us. Nonetheless, one cannot deny that on several occasions he consciously did harm knowing perfectly well that he was obeying his own will and not an inspiration from God. He allowed brigandage [highway robbery, plunder], he ordered assassinations, he lied and he permitted lying as a stratagem of war. One could cite a host of circumstances where he compromised morality for political ends. (Ernst Renan: «Muhammad and the Origins of Islam», sitert fra Warraq 2000, s. 142.)

Muhammeds hustru døde da han var omtrent 50, og da giftet han seg om igjen flere ganger, og han hadde etter hvert omtrent ti hustruer. En av dem var kun ni år gammel da han giftet seg med henne. (Bryllupet sto da bruden var seks år gammel, men ekteskapet ble fullbyrdet da hun var ni.)

Muhammed mottok altså åpenbaringer. Hvordan artet de seg?

> Når profeten mottok inspirasjonen, virket den meget hardt på ham. Hans ansikt ble blodrødt, og svetten perlet frem på pannen. Av og til slo en usynlig makt ham til jorden, som om han hadde vært beruset og iblant skrek han som en kamelfole. (Grimberg 7, s. 162).

Dette høres ut som et epilepsi-anfall.

Åpenbaringer er alltid i samsvar med mottagerens ønsker. Slik var det også med Muhammeds åpenbaringer. La meg nevne et par eksempler. Han ble interessert i sin adoptivsønns hustru, men det var ikke god tone å sjekke opp sine svigerdøtre, så han lot det være. Men så fikk han en åpenbaring fra Allah som sa at han godt kunne gifte seg med henne. Muhammeds adoptivsønn hadde da allerede skilt seg fra henne, han hadde merket hvor det bar hen (Grimberg 7, s. 180).

Et annet eksempel: Under en trefning hadde Muhammed beordret at en oase skulle brennes. Det å brenne ned oaser var noe man aldri gjorde, det var ansett som totalt uakseptabelt fordi det medførte at de som oppholdt seg omkring den mistet livsgrunnlaget. Etter å blitt kritisert av noen av sine tilhengere mottok Muhammed en åpenbaring, gjengitt i Koranen:

> Det dere har hugget ned av palmetrær ... dette var med Guds tillatelse, og for å gjøre synderne til skamme. (Koranen, kapittel 59, vers 5).

Mye kan tyde på at åpenbaringer er en kombinasjon av epilepsi og legitimering av ønsketenkning.

Etter Muhammeds død bølget riket frem og tilbake, men omkring år 1000 var det på alle vis stort og betydelig. Grunnen til dette var at rasjonelle ideer fra Aristoteles sterkt hadde preget arabisk kultur også før Muhammed, og dette fortsatte også i noen hundreår etter at Muhammed døde. Den arabiske kulturen var meget avansert innen f.eks. matematikk (de tall vi bruker kom opprinnelig fra araberne, de kalles den dag i dag arabiske tall, og de er langt mer hensiktsmessige enn f.eks. romertallene).

Denne perioden omtales ofte som «islams gullalder», men årsaken til «gullalderen» var altså at islam sto relativt svakt.

Al-Ghazali

Men så kom det en filosof, al-Ghazali (1058-1111), som fikk stor innflydelse. Al-Ghazali er betraktet som den største muslim etter Muhammed, og han valgte eksplisitt å gå imot Aristoteles og hans ideer (s. 264 i Warraq 2000).

Aristoteles forfektet en virkelighetsorientert rasjonell filosofi som innebærer selvstendig tenkning og selvrealisering som etisk ideal. Al-Ghazali gjorde slutt på det nære forholdet mellom gresk filosofi og islam. Han så ned på Sokrates, Platon og Aristoteles, og krevde faktisk dødsstraff for disses tilhengere. Historikeren Tamim Ansary oppsummerer al-Ghazali slik:

> [In his] seminal volume called *The Incoherence of the Philosophers*... Ghazali identified twenty premises on which Greek and Greco-Islamic philosophy depended, then used

syllogistic logic to dismantle each one. His most consequential argument ... was his attack on the notion of cause-and-effect relationships among material phenomena. No such connections exist, according to Ghazali: we think fire causes cotton to burn, because fire is always there when cotton burns. We mistake contiguity for causality.

Actually, says Ghazali, it's God who causes cotton to burn, since He is the first and only cause of all things. The fire just happens to be there. ... Ghazali's case against causality was resurrected in the West, by the eighteenth-century Scottish philosopher David Hume; ... the argument against causality undermines the whole scientific enterprise. If nothing actually causes anything else, why bother to observe the natural world in search of meaningful patterns? If God is the only cause, the only way to make sense of the world is to know God's will, which means that the only thing worth studying is the revelation, which means that the only people worth listening to are the ulama [de religiøst lærde innen islam]. *Ghazali allowed that mathematics, logic, and even the natural sciences could lead to true conclusions, but wherever they conflicted with the revelations, they were wrong. But if science is right only when it reaches the same conclusions as revelation, we don't need science. All the truth we need we can get from the revelations* [uthevet her]. (Ansary, s. 111-113).

Al-Ghazali hevdet at Koranen skal forståes bokstavelig og uten forbehold; han var eksplisitt motstander av fornuften. Etter ham begynte islams tilhengere i større grad å ta Koranen bokstavelig. Dette kravet hadde også vært fremmet tidligere, men nå, når en skarpskodd filosof kom på banen på den ikke-rasjonelle siden, da var løpet kjørt. Hans effekt var altså den motsatte av den Thomas Aquinas hadde på kristenheten: med Aquinas, som valgte fornuften istedenfor troen, gikk kristendommen i oppløsning, men med al-Ghazali, som forkastet fornuften og valgte troen, bli islam fullstendig dominerende i kulturen.

Renan beskriver utviklingen slik:

> It is really only in the twelfth century that Islam triumphed over the undisciplined elements seething within its bosom, with the accession of the Asharite theology and the violent extermination of philosophy [fornuften ble altså utryddet til fordel for tro]. Since this epoch, not a single doubt has emerged nor has any protest been raised, Faith is the work of time, the cement of religious edifices hardens with aging (Ernst Renan: «Muhammad and the Origins of Islam», sitert fra Warraq 2000, s. 148.)

Så vidt jeg kan se var det slik: inntil al-Ghazali var det tross islam visse rasjonelle innslag i arabisk kultur, men etter al-Ghazali ble denne delen svakere og svakere.

Arabisk kultur hadde en glansperiode frem til ca 1200, og etter dette satte et forfall inn og de arabiske områder ble fattige. Men hvorfor skjedde denne forandringen? Årsaken til «islams gullalder» var altså at islam ikke var enerådende, også Aristoteles´ ideer sto relativt sterkt. Aristoteliske ideer, med vekt på individualisme, rasjonalitet, selvrealisering, frihet og vitenskap, fører alltid med seg en blomstrende kultur og materiell velstand.

Al-Ghazali hevdet som nevnt at Koranen skal forstås bokstavelig og at mennesket ikke må benytte fornuften, men basere seg på troen alene. Al-Ghazali var altså en typisk religiøs filosof, og han forfektet derfor det motsatte av det Aristoteles står for: al-Ghazali forfektet kollektivisme, tro, irrasjonalitet, dogmatisme, selvoppofrelse og tvang. Slike ideer fører alltid til diktatur, undertrykkelse, fattigdom og elendighet.

Etter Al-Ghazali

Etter at fornuften var kastet på dør, forfalt altså hele den muslimske verden; den ble statisk og lite skjedde, selv om de forsøkte å erobre hele det sydlige Europa (mer om dette senere). Fremskritt forutsetter fornuft, og de som ikke baserer seg på fornuft, de forfaller og/eller stagnerer. Noe bevegelse kom i de arabiske samfunn da vestlige oljeletere på 1900-tallet fant olje i de områder hvor arabere holdt til. Disse oljeinstallasjonene ble ekspropriert, dvs. stjålet, etter annen verdenskrig, og dette gjorde elitefamiliene i de arabiske land styrtrike.

De arabiske områder var kolonisert av vestlige land som England og Frankrike, men områdene fikk noe selvstendighet etter første verdenskrig. Styrene i disse landene ble da etter hvert preget av de ideer som var på moten i Vesten. Arabiske ledere samarbeidet f.eks. nært med Nazi-Tyskland på 30-tallet. Etter hvert ble sosialismen den førende ideologi, med ledere som f.eks. Nasser i Egypt fra 1952 da kong Farouk ble avsatt i et kupp, og Boumedienne etter et kupp i Algerie fra 1965. Disse sosialistene var allierte med Sovjetunionen. Men fascismen overlevde også. Baath-partiet er et rent fascistisk parti. Saddam Hussein i Irak tilhørte Baath, og det gjorde også flere diktatorer i Syria.

Alle arabiske land var sterkt imot FNs opprettelse av Israel i 1948, og de gikk samlet til militært angrep på Israel etter at staten var opprettet. Israel hadde ingen problemer med å slå angrepene tilbake, men har allikevel nærmest vært i en kontinuerlig krigstilstand med sine arabiske naboland siden da. I 1967 gikk flere arabiske land igjen til angrep på Israel, og etter mindre enn én uke hadde Israel seiret – igjen. Det arabiske nederlaget i krigen mot Israel i 1967 styrket faktisk islam – araberne hadde til en viss grad gått bort fra islam og var også blitt svake. Mange arabere trodde at kanskje lå det en løsning i igjen å vende tilbake til islam.

Ny vekst i islam kom i og med Khomeinys maktovertagelse i Iran fra ca 1980. Khomeiny avløste diktatoren Reza Palavi, sjahen av Persia, som førte en undertrykkende, rettighetskrenkende, anti-religiøs politikk. Sjahen hadde i mange år mottatt støtte fra USA, men han mistet denne da Jimmy Carter var president. Khomeiny var ayatolla (en høy rettslærd innen shia-islam, en slags islamsk prest), og innførte raskt en islamsk republikk i Iran, dvs. en ordning som innebærer at styret skal være i samsvar med sharia, islamsk lov. Egypt foretok en grunnlovsendring i 1980, og denne erklærte sharia som basis for landets lovgivning, men regimet følger ikke dette opp. Nye familielover i Algerie i 1984 ble lagt nær opptil sharia. Yemen gjeninnførte polygamiet, som islam aksepterer siden det ble praktisert av Muhammed, i 1992. I Jordan holdt man frie valg i 1989, og et islamistisk parti (islamister er ekstreme, voldelige muslimer) fikk mer enn en tredjedel av plassene i parlamentet. Islamister fikk over 50 % av stemmene i valg i Algerie i 1991, og regimet stanset heldigvis siste valgrunde.

Koranen

Koranen inneholder Muhammeds åpenbaringer. Ifølge islam er den ført i pennen av Muhammed (dvs. diktert – Muhammed var analfabet) og hans assosierte (redigeringsarbeidet var avsluttet omkring 656 – da ble også alle varianter brent), men forfatteren er ... Gud. Noen få ting er dog innskutt av mennesker, f.eks. bønnen som åpner Koranen. Koranen er ikke som Bibelen påstås å være: skrevet av mennesker inspirert av Gud, noe som gjør at Bibelen er åpen for fortolkninger, men Koranen er ifølge muslimene skrevet av Gud selv. Derfor er den ikke åpen for fortolkninger (dette gjelder dersom teksten er klar, dersom den er uklar må den selvfølgelig tolkes). Det er et svært viktig punkt, for hvis man begynner å tolke Koranen, f.eks. ved å betrakte dens innhold som skrevet ca år 600 og som noe som derfor må oppdateres til vår tid, fornekter man essensen i islam.

Dessuten, Bibelen er til dels poetisk, og deler av den er god litteratur. Koranen derimot er ekstremt kjedelig å lese, og er vel best å sammenligne med en sterk sovemedisin. Innholdet er oppkok av gamle primitive ideer – en kommentator sa at det eneste som er nytt i Koranen er opplysningen om at Muhammed er Guds profet.

Koranen er ifølge islam en kopi av en bok som finnes i himmelen, noe som også står i Koranen (85,21-22). Koranen er altså evig og uskapt (Hjärpe, s. 15). Før al-Ghazali var det allikevel noe diskusjon om dette, men etter ham er dette det eneste islamske syn, dvs. mener man noe annet er man ikke muslim. Koranen er skrevet på arabisk, det språk Gud snakker, og arabiske muslimer ser ned på mennesker som ikke forstår Guds språk. Kristne skryter av at Bibelen er oversatt til tusenvis av språk, mens muslimene ønsker egentlig ikke at Koranen skal oversettes. Hvis man vil lese Guds ord, får man jammen ta seg bryet med å lære seg hans språk. (Denne holdningen står svakere i dag enn den gjorde i tidligere tider.)

Koranen er organisert på en noe underlig måte. Muhammed mottok åpenbaringer hele voksenlivet, men disse er i Koranen ikke gjengitt i kronologisk rekkefølge, isteden er åpenbaringene ordnet mer eller mindre tematisk, og så er de i Koranen plassert i en rekkefølge som innebærer at de lengste kapitlene kommer først, og så blir kapitlene kortere og kortere etter hvert. Denne organiseringen innebærer at man ved å lese Koranen oppdager et stort antall selvmotsigelser som dukker opp hulter til bulter uten noen sammenheng. Dersom åpenbaringene som Koranens består av hadde blitt plassert i kronologisk rekkefølge, ville man ha oppdaget at selvmotsigelsene viser en utvikling i Muhammeds lære: det er forskjell på hva Allah sier til Muhammed når Muhammed er i opposisjon, og hva han sier når Muhammed er enehersker. (Vi kommer tilbake til dette punktet nedenfor.)

Muslimer hevder at Toraen og Bibelen er forvrengte fremstillinger av Guds budskap, jøder og kristne har ifølge islam forvrengt Guds budskap, men Koranen er ikke forvrengt (Hjärpe, s. 18), Koranen er jo skrevet av Gud selv. Koranen er derfor også ufeilbarlig, den kan ikke være feil.

Islam er altså den religiøse tradisjons kulminasjon. Tidligere religioner, dvs. jødedom og kristendom, er delvis feilaktige, men islam er religion slik den skal være. Koranen har altså en ufravikelig autoritet. Så ikke med Muhammeds egne ord. Disse er samlet i Hadither, og de har ikke samme autoritet som Koranen.

En kommentator, professor ved Sorbonne, sier det slik:

> Koranens åpenbaring inneholder alt som mennesket bør vite om sin egen skjebne, sin neste, historien, verden og Gud. Muhammed har gjennom sitt ord og sine handlinger forklart åpenbaringens eksakte betydning, hans liv er dermed et fullkomment forbilde som ethvert rettroende menneske bør etterligne (Arkoun, s. 22).

Koranen er meget sammensatt: Den består av en tett vev av tekster hvor meditative og poetiske lovprisninger av Gud avløses av juridiske belæringer, etiske betraktninger, rituelle forskrifter og korte fortellinger. Teksten er blitt basis for juristers regelverk, for teologers forkynnelse, for mystikeres spekulasjoner, for dikteres ordvalg. Koranen består av leveregler for den enkelte, og regler for hvordan samfunn bør organiseres. Den inneholder beskrivelser av hva som skal skje med både de troende og de vantro før og etter døden. Her er leveregler for alle tenkelige og utenkelige situasjoner: regler for arveoppgjør, handel, vennskap, ekteskap og skilsmisse, rettssaker, rituelle påbud, skikk og bruk, osv.

Det er altså et viktig skille mellom kristendom og islam at kristendommen innebærer at det er et skille mellom troens domene og det jordiske livet. Jesus sa «Gi Gud det som Guds er, gi Cesar det som Cesars er». Noe slikt skille finnes ikke i islam. Koranen er en oppskrift for religiøs tro, for livet i denne verden før døden, og for hvordan samfunn skal organiseres.

> ....it has long been recognized, in theory at least, that Islam is something more than a religion in the sense in which the word is usually understood – Islamic law, the fundamental institution of Islam, attempts to regulate such things as social life, political theory, economic activity, and penal law, as well as matters of ritual and cultic behavior. In a wider sense, Islam refers to a culture and civilization, as well as to a religion. (G. R. Hawting: «John Wansborough, Islam and Monotheism», i Warraq 2000, s. 518).

Alle muslimer bør lære Koranen utenat. Barn læres opp til å pugge Koranen på arabisk, og dette selv om de ikke forstår arabisk. Dette er selvfølgelig skadelig for muslimers tenkeevne. Når en muslim kommer i en valgsituasjon har han en eneste ting å gjøre: han må finne ut hva islam sier om denne situasjonen, og så må han handle i samsvar med dette – islam har alltid et svar. En libanesisk forfatter sier det slik: «No problem can occur or event take place for which there is not an explanation in Islamic Law» (Pipes, s. xv). En muslimsk intellektuell på 1100-tallet (Abd al-Qadir) sa følgende om hvordan man bør lede sitt liv: «Overgi dere i Guds hender, overgi deg som ballen i ballspillet, som det døde legemet hos likvaskeren, som fosteret i mors liv» (Vogt, s. 161).

Essensen i islam er altså følgende: Koranen er Guds ord, man må lære Koranen utenat og uten unntak følge den. Man må ikke tenke selv, man må i valgsituasjoner følge Allah bud, dvs. man må finne frem til det Koran-ord, eller det Hadith-ord, eller det som prestene har sagt, om den situasjon man er i, og så må man handle slik det er pålagt der. Koranen, sammen med Hadith, inneholder oppskrifter for alle situasjoner som kan oppstå. Islam består altså av oppskrifter, regler – dvs. islam har ingen etikk, fordi en etikk gir overordnede prinsipper som man selv må vurdere og anvende.

G. H. Bousquet, en fransk kommentator, sa det slik: «There is no ethics in islam». Ibn Warraq utdyper dette slik: «The Muslim is simply commanded to obey the will of Allah, "good" and "bad" are defined as what the Koran, and later Islamic law considers permissible or forbidden» (Warraq 1995, s. 126).

Islamic law tries to legislate every single aspect of an individual's life. The individual is not at liberty to think or decide for himself, he has but to accept God's rulings as infallibly interpreted by the doctors of law (Warraq 1995, s. 181).

Islam

> ...gäller inte i første hand övegripande principer eller etiska grundregler, utan just de bestämda konkreta förskrifterna i konkreta situationer ... Man kan knappast tala om nogon overgripande moralteori i islam, eller någon teoretisk etikk innom religionsbegreppets ram (Hjärpe, s. 10).

Teologen Jan Opsal sier det slik:

> Islam er lydighetens vei ... Den konkrete konsekvens av denne underkastelse i muslimers liv er lydighet ... Denne lydigheten gjelder på alle livets områder ... Utgangspunktet er at hele verden er skapt av Allah og derfor rettelig tilhører ham ... hans vilje må gjelde på alle livets områder ... det er ikke mulig å skille mellom en "religiøs" og en "verdslig" del av tilværelsen. Et slikt skille vil være uforenlig med troen på Allah ... (s. 27 i Opsals bok om islam. Boken har den passende tittelen *Lydighetens vei.*)

Koranen er en bok som inneholder leveregler – konkrete forskrifter i konkrete situasjoner, som Hjärpe sa det. Dette er en bok som gir oppskrifter på alle valgsituasjoner som kan forekomme. Man skal altså ikke tenke ved å analysere fakta, man skal kun handle slik som beskrevet i Koranen. Det er i islam ingen rettigheter annet enn å adlyde Gud. Det er strenge straffer for de som ikke adlyder.

Fra Koranen, 2, 1-6:

> Dette er Skriften, – tvil har ingen plass. Den gir ledelse for de gudfryktige ... De vantro, dem er det likegyldig om du advarer eller ikke. De vil ikke tro. Gud har forseglet deres hjerter og deres øyne er dekket. For dem er en svær straff i vente.

17,11: Vi har gjort klar en smertelig straff for dem som ikke tror på det kommende liv.

4,59: De som fornekter Vårt ord vil vi la møte Ilden. Hver gang deres hud er avbrent, vil Vi bytte den og gi dem en ny, så de kan få føle straffen.

Koranen sier altså klart og tydelig at de som ikke følger Koranen skal straffes hardt. Likevel finnes det vers i Koranen som innebærer respekt for annerledes troende. Et sted heter det at det finnes ikke tvang i religionen – men man kan da spørre seg om det kun er islam som regnes som religion.

Forhold til virkeligheten

Man kan si det slik: for en muslim er det forbudt å tenke. Å tenke er å søke etter sannhet. Å tenke er derfor med utgangspunkt i observasjon av fakta systematisk og logisk på ethvert område og i enhver sammenheng å søke etter sannheten. Islam sier at man ikke skal tenke (å tenke er å tenke rasjonelt, ikke-rasjonell tenkning er en selvmotsigelse), islam sier kun at man skal adlyde – man skal alltid adlyde Koranen eller Hadith eller lovene. Opsahl: «I tråd med dette har islam alltid lagt mer vekt på den praktiske lydigheten i forhold til Allahs vilje enn den intellektuelle forståelse av troen» (Opsal, s. 27). Dette medfører at muslimer har en svært dårlig virkelighetskontakt. Selvsagt, de mest intelligente klarer til en viss grad å tenke, men muslimer flest er helt fortapt, de aner ikke hvordan de skal forholde seg til virkeligheten. Dette preger alle som er formet av muslimsk/ arabisk kultur.

I dag er det et eksempel som alle kjenner til: Bagdad Bob, Saddam Husseins informasjonsminister Mohammed Saeed al-Sahaf, som senere fikk tilnavnet Komiske Ali. Han benektet at amerikanske soldater hadde erobret mesteparten av Bagdad våren 2003 selv om dette var opplagt for alle.

Et annet eksempel: I juni 1967 angrep en allianse av arabiske land Israel, og i løpet av en uke hadde Israel nedkjempet alliansen. Her er hovedpoengene i et kommuniké sendt ute av den militære leder i Kairo til offiseren som ledet de arabiske tropper i Jordan tidlig i krigen.

NB: Dette var etter at Israel – uten tap – hadde ødelagt hele den egyptiske flystyrken:

1) Israelske fly har begynt å bombe egyptiske flyplasser, og ca 75% av de israelske flyene er skutt ned.
2) Motangrep fra det egyptiske flyvåpen er i gang over Israel. I Sinai har egyptiske soldater tatt initiativet.
3) Du beordres til å åpne en ny front mot Israel fra Jordan.

Dette er ikke propaganda beregnet for å holde sivilbefolkningens mot og moral oppe, dette er informasjon og beordringer sendt fra en offiser til en annen (Patai, s. 102). Punktene 1 og 2 er helt usanne, og 3 er basert på feilaktige opplysninger. Hvordan kan man føre en krig når offiserene ikke får fakta å forholde seg til? Det måtte gå galt. Tilsvarende beretninger finnes også fra USA og de alliertes krig mot Irak våren 2003.

Et ferskt eksempel på slik løgnaktighet: Åsne Seierstad skrev etter grundige intervjuer en bok om en bokhandler og hans familie i Kabul. Da bokhandleren fikk vite hva hun hadde skrevet, benektet han at han hadde hatt samtaler med Seierstad, og han benektet det som var blitt sagt i samtaler etter at boken var kommet ut: «Bokhandleren lyver ... Seierstad er sjokkert over hans referater fra samtaler de har hatt ... det er fremmed for vår [Vestlige] kultur å gi notorisk uriktige referater ... Seierstad: "Jeg begynner å lure på hvilken verden han lever i"» (fra en kronikk i Dagbladet 25. september 2003).

La meg gjenta dette poenget: å tenke er logisk å systematisere og trekke slutninger på basis av det man har observert. Flesteparten av de som er fanget inn av islam mangler i stor grad denne evnen. Dette medfører at muslimer ikke kan forholde seg til virkeligheten, og dette er ødeleggende for dem selv og for de samfunn de får makten i.

Folk som er preget av islam ser derfor ned på denne verden, de betrakter den som mindreverdig. Dette har en rekke implikasjoner: Løgn – som er avvik fra virkeligheten – blir akseptabelt hvis man (tror at man selv eller islam) kan tjene på det. Langsiktig planlegging blir umulig. Å gjøre noe praktisk i denne verden som f.eks. å utføre fysisk arbeid, blir betraktet som mindreverdig. Videre får man en tendens til å legge store planer, og å snakke om dem i det vide og det brede, samtidig som man gjør lite eller intet for i praksis å gjennomføre disse planene.

Resultatet blir som Pakistans president nylig sa det:

...vi [muslimer] utgjør den fattigste, den mest tilbakeliggende, den minst sunne, den mest ressursfattige og den svakeste delen av det menneskelige samfunn. Samtidig er vi den delen av menneskeheten med størst andel analfabetisme (Aftenposten 14. februar 2002).

Sjelden eller aldri oppnår muslimer suksess på rasjonelle områder: ingen oppfinnelser, ingen VM-gull, svært få Nobelpriser innen vitenskap, kun to: Ahmed Zewail (kjemi 1999) og Ferid Mourad (medisin 1998). Muslimer har mottatt prisen i litteratur, men dette er i dag dessverre et sterkt irrasjonelt område. I 2003 ga Nobelkomiteen fredsprisen til en muslim som arbeidet for å forbedre forholdene for muslimske kvinner. Det ble påstått at hun ikke brydde seg om forholdene for ikke-muslimske kvinner. At en muslim ble tildelt fredsprisen er ikke så merkelig; den blir praktisk talt aldri tildelt de som reelt sett arbeider for fred. Riktignok var Egypts president Anwar Sadat en verdig prisvinner, men han ble drept i et attentat pga. sitt fredsarbeid. Drapsmennene var ekstreme muslimer, islamister.

Islams konkrete innhold

Det eneste viktige for en muslim er å følge islams leveregler. Disse levereglene finnes på alle områder, men alt griper inn i hverandre: syn på ikke-muslimer, syn på kvinner, rettsregler, regler om arverett. Når jeg nå kommer til noen av disse reglene blir det noen krysskoblinger. De mest grunnleggende leveregler er de fem såkalte søyler:

*Man må offentlig uttale trosbekjennelsen: «Det finnes ingen Gud uten Allah og Muhammed er hans profet».
*Man må be fem ganger om dagen.
*Man må gi almisser.
*Man må faste i ramadan
*Man må (hvis man har råd og ikke er syk) reise til Mekka minst én gang.

Fire av søylene innebærer kun meningsløs formalisme, og dette viser at islam er en meget primitiv religion. «I islamsk lov defineres en muslim i forhold til de rituelle pliktene.» (Vogt, s 45). Så enhver som følger disse pliktene er muslim. Kun én av dem – å gi almisser – sier noe om hvordan man skal leve, og det som sies er meget knapt; her er intet om å elske sin neste, eller å respektere hans eiendom, intet om å være ærlig, produktiv, rasjonell, ha integritet, osv. Men slike elementer finner man et og annet sted i islam. En Hadtith sier f.eks. at «En som ikke viser respekt overfor de eldre eller som ikke viser barmhjertighet overfor de små er ikke en av oss». Men menes her at man skal vise respekt og barmhjertighet kun overfor andre muslimer?

Som nevnt inneholder islam leveregler, oppskrifter, for alle tenkelige situasjoner. Muslimer kan ikke forestille seg at det går an å leve uten slike regler, og derfor mener de at alle må ha en religion – å være ateist er for muslimer helt utenkelig.

Shia og Sunni

Muslimer er i hovedsak enten shia eller sunni. Omtrent 15% er shia, og her finnes et geistlig hierarki med mullaher og ayatollaer som har autoritet til med en relativt bindende virkning å tolke kildene og definere hva islam er. Innen sunni, som omfatter ca 85% av alle muslimer, finnes det ikke noen overordnede teologiske autoriteter (Hellestveit, s. 28). Utgangspunktet for splittelsen i disse to gruppene var uenighet om arvefølgen etter Muhammeds død.

En tredje gruppe er Ahmadiyya-muslimene. Disse hevder at det er kommet en profet etter Muhammed, og de regnes derfor ikke som muslimer av andre muslimer. De er betraktet som kjettere, og er forfulgt i de fleste muslimske land.

Forhold mellom muslimer og ikke-muslimer

Det finnes alle typer regler i islam, noen gjelder for individer og noen gjelder for hvordan samfunn bør organiseres. Jeg vil omtale disse samlet.

I islamske samfunn er ikke-muslimer reelt og formelt klassifisert som mindreverdige. De har ikke samme rettigheter som muslimer, de må f.eks. betale mer i skatt, de har store begrensninger mht. å eie eiendom, de kan ikke ha offentlige stillinger, de kan ikke ha muslimer som ansatte, de kan ikke i en rettssak vitne mot muslimer i samme grad som en muslim kan. Hvis det viser seg at offeret for en forbrytelse begått av en muslim er ikke-muslim, blir straffen halvert.

En mannlig muslim kan gifte seg med en ikke-muslimsk kvinne, men en muslimsk kvinne kan ikke gifte seg med en ikke-muslimsk mann. Kvinnen er underlagt mannen, og en muslim kan ikke være underlagt en ikke-muslim. Hvis en ikke-muslimsk mann vil gifte seg med en muslimsk kvinne, må han først konvertere (noe f.eks. Olav Thune, som er leder av den taktiske etterforskningsgruppen til Kripos, har gjort for å kunne gifte seg med en muslimsk kvinne han forelsket seg i). I visse perioder ble alle kristne kirker og klostre ødelagt i områder hvor muslimer styrte. Det er helt klart at de misliker at det finnes kirker og klostre, og de tolererer ikke slike ting som ringing med kirkeklokker. Men i perioder er kristne og jøder blitt tolerert.

Et viktig punkt er at islam har dødsstraff for frafall. Dette pålegget kommer dog fra Hadith, og ikke fra Koranen. Den som konverterer, eller blir ateist, kan og bør drepes. Koranen sier om dette:

> Men de som faller fra og dør som vantro, deres innsats er verdiløs i denne verden og i den kommende. De er Ildens folk, og der skal de være og bli. (Koranen, 2,214, sitert fra Vogt, s. 147).

Vogt sier dog også at

> Samtlige lovskoler slår fast at frafall fra islam kan straffes med døden ... Dødsstraff for apostasi er innført i noen av de nye islamske republikkene – Iran og Sudan – ... men er forøvrig ikke en del av straffelovgivningen i muslimske land i dag ... Det settes også likhetstegn mellom apostasi og blasfemi ... Ibn Abi Zayd al-Qay-rawani [en stor jurist] skriver «Spotteren skal henrettes umiddelbart, anger aksepteres ikke». (Vogt, s. 148-49).

Kvinnesyn

Islam har et meget negativt kvinnesyn; flere steder i Koranen er de vurdert omtrent på samme nivå som slaver. Hierarkiet er som følger: Først kommer mannen, så kommer hermafroditten, som har egen status, og så kommer kvinnen og slaven. Typisk er følgende fra Koranen: «Menn er kvinners formyndere ... rettskafne kvinner skal være lydige» (4,38). Islams nedlatende syn på kvinner kommer til uttrykk i Koranvers som dette: «Deres kvinner er en åker for dere, så gå til deres åker slik dere ønsker...» (2,223). Fra Hadith: «En kvinne kan ikke tilfredsstille Gud før hun har gjort det hun skylder sin mann» (Warraq 1995, s. 298). Hadith: «Hvis en kvinne dør mens hun er gift med en mann som er fornøyd, så kommer hun til paradis» (Warraq 1995, s. 298).

Ali, den fjerde kalif (fellesarabisk leder etter Muhammed) og Muhammeds fetter og svigersønn, uttalte at «Kvinnen er ond, men et nødvendig onde». Han sa også at «Et folk vil aldri oppnå suksess hvis det betror sine affærer til kvinner» (Warraq 1995, s. 299).

En fransk kvinne ble nylig voldtatt i den arabiske staten Dubai. Hun rapporterte hendelsen til politiet. Deres respons? Å arrestere henne for brudd på sharia. Å bli voldtatt er nemlig å ha sex utenfor ekteskap, og dette er en stor synd for kvinner. Hvordan reagerer feminister i Vesten på slike hendelser? De reagerer ikke i det hele tatt.

Rettsvesen

Videre, i rettssaker er kvinners vitneprov av mindre verdi. Hvis det skal kunne tilbakevise vitnemål fra menn, må det komme fra dobbelt så mange kvinner som menn. Så hvis en mann voldtar en kvinne og det ikke er noen vitner, kan han ikke dømmes. I praksis er det ingen straff for å krenke kvinner i muslimske land. (Mer om dette nedenfor.) Om arv: 4,12: Kvinners andel ved arv er halvparten av en manns andel (90 deles i 60 og 30).

Om skilsmisse: 2,232: «Når dere skiller dere fra kvinner ....» Skilsmisse er altså helt opp til mannen. Han kan bare tre ganger si at han skiller seg, så er han skilt. Men 2,242 sier også noe om dette: «Fraskilte hustruer skal ha underhold på vanlig måte», men det sies at denne forpliktelsen er tidsbegrenset (Vogt, s. 143). Kvinner har ingen tilsvarende rett til enkel skilsmisse.

Om klesdrakt for kvinner: 24,31: kvinner skal «ikke vise sin pryd» for andre enn sine menn og sine familiemedlemmer. Men hva innebærer dette? Koranen tier – noen tolker dette til å bety burka, noen slør, noen mener at kvinnenes hår skal dekkes til, mens noen åpner for vanlige klær.

I noen tilfeller må altså tolkning av Koranen til, men dette skjer kun når teksten er uklar.

Koranen godtar slaveri (2,173; 2,220; 30,27), og det var offisielt akseptert inntil ca 1970-1980. I praksis forekommer det i muslimske land fortsatt. Og apropos slaveri, en mann kan under islam ha inntil fire koner.

Det blir feil å si at dette var vanlig på 600-tallet og at det gjaldt da, men ikke nå. Man kan faktisk si at kvinnene på 600-tallet fikk det bedre enn før med disse bestemmelsene, men å følge disse bestemmelsene i dag er barbarisk.

Man må huske at Koranen ifølge muslimer er Guds eget ord, og at den ikke skal fortolkes. Fortolker man Koranen fornekter man Gud. Det som Koranen foreskriver skal også gjelde i dag. Den som hevder noe annet er ikke muslim.

Videre, muslimer kan ikke spise svinekjøtt, de kan ikke spille om penger, bruk av rusmidler er forbudt, homofili er også forbudt (se 7,79 og 26,165). Islam har også forbud mot renter: «De som lever av renteutbytting skal stå frem lik en som Satan har slått med sin berøring» (2,276).

Ang. renter: På 80-tallet vokste islam i styrke, og sharia ble i større og større grad fulgt i flere land. En juridisk erklæring fra en muslimsk autoritet i Algerie i 1990 inneholdt følgende spørsmål/svar:

> I en årrekke har jeg satt penger i banken og mottatt renter, jeg er tidligere blitt rådet til å ta i mot rentene for å gi disse videre til veldedige organisasjoner. Dette synes jeg var å foretrekke fremfor å avstå fra renter og la banken beholde [dem]. Har jeg gjort rett? Jeg ønsker et så detaljert svar som mulig. Svar: All ære tilkommer Gud alene, fred være med profetens segl. Vær klar over, ærede spørger, at det enkle faktum at du har satt penger i banken har gjort deg til en overtreder av loven. Selv om du selv ikke har mottatt rente, går du ikke fri for ansvar. Å bruke en bank som [gir rente], innebærer i praksis at man er medskyldig i bankens utbytting ... Dette betyr urett, synd, ondskap ... [Renteinntektene bør gis tilbake til sine opprinnelige eiere] (Vogt, s. 235-6).

Hijab

Som vi har sett ovenfor inneholder ikke Koranen noe påbud om at kvinner skal benytte hijab, et skaut som dekker kvinners hår når de oppholder seg utenfor hjemmet. I dag er det allikevel vanlig i islamske land at kvinner påbys å benytte hijab; å benytte hijab skal være et uttrykk for sømmelighet. (Hijabens fysiske utforming varierer dog noe fra land til land.) Muslimske menn blir visstnok opphisset av kvinners hår, og for å hindre at kvinnene skal betraktes som løsaktige, blir de pålagt å skjule sitt hår. I Vesten benytter endel islamske kvinner hijab for å markere støtte til islam. Mange muslimer krever av sine døtre at de skal benytte hijab fra de er syv-åtte år gamle. Årsaken kan være en markering av støtte til islam, eller for å forhindre at disse syv-åtte år gamle jentene skal bli betraktet som løsaktige. (Muslimske jenter kan som nevnt giftes bort fra de er ni år gamle.)

Syn på ikke-muslimer, Muhammed som ideal

Muslimer respekterer til en viss grad i noen sammenhenger kristne og jøder, men ingen andre, andre har for muslimer omtrent samme status som dyr og kan f.eks. avlives uten moralske betenkeligheter.

Men kommer det en kamp mellom muslimer og andre må man ifølge 9,3-4-5:

> ...stille de vantro i utsikt en smertelig straff! Dog unntatt de av avgudsdyrkerne som dere har gjort avtale med, og som ikke har forbrutt seg på noen måte, eller ytet andre hjelp mot dere. Overhold avtalen overfor dem til fristen er ute ... Men, når de fredlyste måneder er til ende, så drep avgudsdyrkerne hvor dere finner dem – pågrip dem, beleir dem, legg bakhold for dem overalt!
>
> 8,40: Kjemp mot dem til det ikke lenger finnes forfølgelse, og all religion tilegnes Gud.

Muslimer skal ikke røre de som omvender seg, men alle som ikke omvender seg er altså fritt vilt.

Ordet islam betyr underkastelse, en muslim er en som underkaster seg Gud. Og med muslimers utgangspunkt er dette riktig. Man bør fullt og helt underkaste seg Gud – hvis Gud finnes. Andre religioner er ikke like konsekvente som islam her, og derfor er islam ikke bare en bedre religion, den er en konsekvent religion. Islam er en fullstendig konsekvent religion. Men dette synet – at islams grunnholdning er riktig – bygger på én forutsetning: at Gud finnes. Men siden det ikke finnes guder, faller hele teorien sammen. Altså: det er forståelig at religiøse blir muslimer, dersom man har som utgangspunkt at Gud finnes. Men dette utgangspunktet er selvsagt ulogisk.

Muslimer må ikke bare følge Koranen, Hadith og lovene, de må også betrakte Muhammed som det perfekte menneske, og må vurdere alt han gjorde som riktig. Basim Gholzan er redaktør for nettsiden islam.no og tidligere imam, og uttaler ifølge Fri tanke nr 4/03 dette:

> Når det forlanges at muslimer tar avstand fra profeten Muhammed, slik det har blitt krevd i sammenheng med profetens henrettelse av jøder i Medina, blir det vanskelig. *For tar jeg avstand fra profeten er jeg ikke lenger muslim* [uthevet her]. Forlanger man noe slikt vil alle grupperinger i islam – fra de mest ekstreme til de mest liberale – samles mot den ytre fienden...

Gholzan snakket om «profetens henrettelse av jøder i Medina [i 627]». Hva var det som skjedde? I et tilfelle hadde muslimer under ledelse av Muhammed utkjempet flere slag mot jødiske stammer. I noen tilfeller lot Muhammed de overlevende slippe fri etter at de hadde tapt slaget, men med Quarish-stammen skjedde følgende: Etter at jødene hadde vært beleiret i 24 dager overga de seg, og ba om å få lov til å forlate byen og å få lov til å ta med seg kun noen få personlige eiendeler. Først sa Muhammed Ja til dette, men så ombestemte han seg. Han bestemte at isteden skulle alle menn drepes, og kvinner og barn skulle fordeles som konkubiner og slaver for soldatene. (Å være konkubine innebærer at kvinnen skal være tilgjengelig for stadige voldtekter.) Pengene ble også fordelt – Muhammed selv tok en femtedel av byttet. Mennene, innpå 1000 fullstendig forsvarsløse personer, ble drept ved at de fikk strupen skåret over med sverd. Muhammed selv valgte seg en ung kvinne som konkubine, men først viste han henne de massakrerte likene av hennes slektninger.

Siden Muhammed i all sitt virke er et ideal for muslimer, ser vi i dag at muslimer praktiserer samme type handlinger som Muhammed gjorde her. Og intellektuelle muslimer kan ikke ta avstand fra dette.

Alle muslimer må se opp til, forsvare og forsøke å praktisere det samme som Muhammed gjorde: Siden han giftet seg med en pike på ni år, må dette være riktig, og dette er en akseptert ekteskapsalder for piker i muslimske land; siden han brukte løgn og bedrag for å spre islam må dette være riktig; siden han massakrerte jøder må dette være riktig, osv.

Jihad, hellig krig

Jihad er det arabiske ord for hellig krig. Dette betyr dels å kjempe med seg selv, å ta opp kampen mot sine egne dårlige egenskaper, men det betyr også krig for å spre islam (evt. forsvare islam). Det endelige mål er å erobre hele verden og underlegge alle den sanne tro. Islam alene har sannheten, det er intet håp om frelse utenfor islam. Muslimer er forpliktet til å legge under seg stadig flere landområder, enten ved å omvende folk til islam eller ved å eliminere de som ikke vil omvende seg. Khomeini sa det slik:

> ... Islam pålegger alle voksne menn, så sant de ikke er funksjonshemmet eller forhindret, å gjøre seg klar til å erobre [andre] land slik at islams lov skal bli adlydt i hvert eneste land i verden (etterord, Warraq 2003).

Den som dør i kamp for islam er sikret en plass i himmelen. Og der venter belønning av en type som primitive menn vil sette pris på: Koranen sier at «de gudfryktige har i vente seierens sted, haver og vingårder, høybarmede, jevngamle jomfruer... » (78,31...). Fra Hadith (2,562): «Den minste belønningen for Himmelens folk er 80 000 tjenere og 72 hustruer ...». (Den engelske teksten lyder slik: «The least [reward] for the people of Heaven is 80,000 servants and 72 wives, over which stands a dome of pearls, aquamarine and ruby.»)

Man kan dog også finne belegg for noe som tilsynelatende innebærer ikke-aggresjon overfor ikke-muslimer: «Kjemp for Guds sak mot de som bekjemper dere, men gjør dere ikke skyldig i aggresjon» (2,186). Men muslimer i dag ser på Vesten som aggressivt overfor muslimer, f.eks. i og med at folk fra Vesten har funnet olje og etablert virksomheter på «arabiske» områder.

Grunnen til at slike selvmotsigelser finnes i Koranen er som antydet overfor at da Muhammed var i opposisjon preket han fredelig sameksistens, men da han hadde oppnådd makt, var han ikke nådig mot sine fiender.

Forhold til Vesten og USA

Muslimer hater Vesten og spesielt USA. Hvorfor? Muslimer gjør det de mener er det rette – de følger Guds ord. Allikevel går det dem dårlig. Vesten forakter Guds ord, og allikevel går det den godt: troende muslimer er fattige, de vantro i Vesten er rike.

Siden muslimer tenker religiøst, må forklaringen være ... Satan. Vestens fremste representant er USA. USA er Satan. Og Satan må bekjempes. Satan kan vende folk bort fra Gud, Satan kan få folk til å miste sin gudstro for isteden å forsøke å nyte dette livet. Og å nyte livet på en rasjonell måte kommer som et resultat av Vestens rasjonelle ideer. Khomeiny sa det slik:

> Vi frykter ikke økonomiske sanksjoner eller militære angrep fra Vesten. Det vi frykter er Vestens universiteter (Pipes, s. 42).

Khomeiny hadde rett i sak, men han sa det feil. Det islamister bør frykte er Vestens verdier: individualisme, rasjonalitet, rasjonell egoisme, politisk frihet og markedsøkonomi – disse ideene medfører velstand og harmoni i det jordiske livet (som er det eneste vi har). Men i dag står Vestens universiteter ikke for dette, tvert imot. Vestens universiteter er i dag derfor islamisters og ethvert annet barbaris nærmeste allierte.

Et annet sitat viser nøyaktig det samme poeng som Khomeiny påpekte:

> It is not the American war machine that should be of the utmost concern to Muslims. What threatens the future of Islam, in fact its very survival, is American democracy.

Dette er budskapet i en ny bok, nettopp publisert av AlQaida. Tittelen er *The Future of Iraq and The Arabian Peninsula After The Fall of Baghdad*, og forfatteren er Yussuf al-Ayyeri, en av Osama bin Laden's nærmeste medarbeidere siden tidlig på 90-tallet. Boken er publisert av The Centre for Islamic Research and Studies, etablert av bin Laden i 1995. Al-Ayyeri påstår at historien er en «evig krig mellom tro og vantro».

Den eneste form for rett tro er islam, som er kulminasjonen av all religiøs tenkning. Derfor har muslimer kun ett mål: å omvende alle mennesker til å bli muslimer, og å utrydde alle spor av andre religioner, filosofier og ideologier.

Videre sier boken: Vantro har i Vesten fått de fleste til å glemme Gud, til å tro at mennesket selv styrer sin skjebne, og å tilbe verden. Det fremste symbolet på dyrkingen av verden og av mangel på gudstro er USA, den store Satan. Satan får mennesker til å elske denne verden, glemme den neste verden, og å glemme Jihad. Som en muslim sa det:

«Amerikanere ønsker å nyte livet. Vi ønsker å dø for Allah». Alle muslimer må, ifølge Al-Ayyeri, kjempe mot Satan, dvs. mot USA og Vesten.

Kan islam moderniseres?

Kristendommen var annerledes under middelalderen enn den er nå. Kristendommen ble modernisert etter opplysningstiden, og er nå annerledes enn den var for 1000 år siden. Enkelte hevder at islam er så ille i dag fordi den ikke har gått igjennom denne moderniseringsprosessen. Men kan islam moderniseres og bli til en noenlunde sivilisert religion? Slik jeg ser det, er dette umulig. Som nevnt er Bibelen skrevet av mennesker, mens Koranen er (ifølge muslimer) skrevet av Gud. En modernisering av kristendommen innebærer en omfortolkning av menneskers ord, og det skulle være mulig, og var mulig. Men en tilsvarende omfortolkning av Koranen skulle innbære at man ikke tar Guds egne ord på alvor. Og dette er nok umulig.

Ja, det vil nok finnes de som vil hevde at de er muslimer og som er tilhengere av en sivilisert utgave av islam. Men disse vil være like mye muslimer som de er kristne de som hverken tror på Jesu oppstandelse eller Guds eksistens, men som sier de er kristne. (Jo, slike finnes, men det er ikke mange av dem.)

Vestens vanlig syn på islam

Vestens første befatning med islam var i forbindelse med korstogene. Korstogene var ifølge Caplex

> en betegnelse på de kristne erobrings- og plyndringstoktene mot Palestina i middelalderen. Hensikten var å befri kristendommens hellige steder fra muslimene. Det første k. 1096-99 kom i stand på initiativ fra pave Urban 2. Jerusalem ble erobret og det ble opprettet fire korsfarerriker etter føydalt mønster. Det andre k. 1147- 49 på initiativ av Bernhard av Clairvaux og ledet av Konrad 3. av Tyskland og Ludvig 7. av Frankrike, led nederlag ved Damaskus. Det tredje k. 1189-92 ble ledet av den ty. keiser Fredrik Barbarossa, Filip 2. August av Frankrike og Rikard 1. Løvehjerte av England. Oppnådde et kompromiss med Saladin, sultan av Egypt, om rett til valfart. Det fjerde k. 1202-04 endte som et venetiansk erobringstokt mot handelskonkurrenten Bysants (Konstantinopel).

Dette er alt som står om korstog i Cappelens nettleksikon, og det er i samsvar med dagens dominerende syn. Dette synet er dog basert på et meget selektivt utvalg av fakta.

Korstogene var ifølge dagens dominerende syn altså en aggressiv krig fra primitive kristne/europeere mot opplyste muslimer/arabere. Korstogene fremstilles som en angrepskrig fra de kristne på de stakkars muslimene. Muslimene krever nå i dag en unnskyldning fra det kristne Vesten. Og det er vel en fare for at de vil få det.

Sannheten? Den er nok noe annerledes. Korstogene var et svar på arabiske/muslimske angrepskriger mot Europa. Muhammed var en meget dyktig krigsherre, og under og etter ham ble det arabiske interesseområde kraftig utvidet ved militær aggresjon. Damaskus ble erobret i 635, Jerusalem i 638, Armenia i 643, Tripolis i 642 og Kypros i 649. Før 710 hadde de kontroll over Nord-Afrika, og ikke lenge etter hadde de erobret Spania. Vatikanet ble angrepet i 878. I 715 hadde muslimene erobret et område som strakte seg fra Spania til India. I alle disse angrepskrigene fôr muslimene brutalt frem og kristne ble slaktet ned. (Slik brutalitet utføres dessverre av alle parter i alle kriger, så vi skal ikke lage noe stort poeng ut av dette her.)

Muslimene hadde rykket helt frem til Donau, men slaget ved Poitiers (732) var et betydelig nederlag for dem. Da hadde araberne okkupert deler av Italia, Spania og halve Frankrike. Men de kristne – serbere – led nederlag i Kosovo i 1389. Dette muliggjorde muslimsk ekspansjon på Balkan.

Det endelige nederlag for muslimene om kjernen av Europa kom så sent som på 1600-tallet. Wien ble forgjeves beleiret av tyrkerne, som var muslimer, i 1529 og 1683. Etter hvert ble muslimene svakere, og Napoleon hadde ingen problemer med å erobre Egypt i 1798.

Hvis man leser vanlige historiefremstillinger er det umulig å få øye på de store linjer, dette fordi forfatterne ikke legger vekt på ideer som den viktigste kraft i historien – vanlige historikere ser kun detaljer. Årsaken til dette finner man i den feilaktige metodologien de benytter, og dette er igjen forårsaket av de feilaktige filosofiske grunnideer de har; de legger for stor vekt på detaljer, og når man ikke ser de overordnede prinsipper går man seg vill i detaljene. På historiske kart ser man f.eks. et område beskrevet som det osmanske/ottomanske rike (omkring 1500-tallet), men at dette var islamsk nevnes som regel ikke.

(Et typisk resultat av denne holdningen ser vi i følgende sitat fra en artikkel om røyking signert willy b i Dagbladet 31. desember 2003: «Murad den grusomme regjerte i det ottomanske rike (hvor nå det måtte være) fra 1623 til 1640, og skal på den tida ha fått henrettet 25 000 røykere.» At det var et muslimsk styre som henrettet røykere er åpenbart ikke willy b klar over, og hans lesere blir heller ikke gjort kjent med dette.)

Som et svar på det islamske angrepet på Europa ble korstogene iverksatt. Formålet var å slå den muslimske invasjon tilbake fra Europa og også å befri de hellige kristne stedene i Israel – dette var naturlig siden Europa også var preget av religion. Opsal sier det slik:

> Korstogene er velkjent som det kristne Europas svar på utfordringen fra islam. Korstogene startet etter at Alexius I av Bysants i 1095 bad om hjelp fra det kristne Europa mot de muslimske seldsjukktyrkerne som hadde lagt de østlige provinsene av det bysantinske riket under seg og som truet hovedstaden (Opsal, s. 18).

Hvis korstogene ikke hadde blitt satt i verk, ville muligens hele Europa, og da også resten av verden, vært muslimsk. Så vi får takke Gud for korstogene.

Fra opplysningstiden

Religion, dvs. kristendommen, nøt ikke stor respekt i opplysningstiden. Det som var populært og moderne var å være deist; å være ateist var alt for radikalt, dette falt ingen inn. (Deismen sier at Gud skapte verden, men at han ikke på noe vis blander seg inn i det som skjer der. Heller ikke belønner eller straffer han folk etter døden for det liv de har levet. Deisme er altså uforenlig med kristendom.)

Tenkerne på denne tiden kjente kristendommen godt, og så med all rett ned på den, men så begynte de å få en viss kjennskap til islam, og denne virket på dem som en langt mer sofistikert og rasjonell religion enn kristendommen: i islam var det ingen gudemennesker (som Jesus var), her var det ingen mirakler, ingen ånder, intet presteskap. Et typisk eksempel på denne holdningen finner vi i følgende uttalelse som Henrik Wergeland visstnok kom med rett før han døde:

Den kristne religion setter jeg langt lavere enn tyrkernes og jødenes. Kan det tenkes noen mer absurd påstand enn at det skulle være nødvendig for vår frelse å ha en mellommann til å tale vår sak for guddommen? Dessuten: Den måten hvorpå Bibelen omtaler "verdens frelsers" unnfangelse, ved hjelp av "den hellige ånd", er i høyeste grad støtende for all sømmelighet og sunn fornuft. Og hva mer er: Den vesle planeten som vi bebor, er ikke den altfor liten og ubetydelig i det store univers til at man kan innbille seg at det er til oss den store Gud har sendt sin sønn til vår frelse? Når det gjelder religion holder jeg meg til tyrkernes katekismus [al-Birkawis sammendrag av den sunni-muslimske lære, utgitt på dansk i 1829] som jeg nettopp har lest på ny. Jeg synes den er svært god, og langt overlegen de dogmene som vår religion [kristendommen] bekjenner seg til. (sitatet, som er omstridt, er hentet fra Johanson, s. 217).

Gibbon og Voltaire omtalte til en viss grad islam på en positiv måte for å sette denne i kontrast til kristendommen (Warraq 1995, s. 21). I middelalderen, i den perioden kristendommen sto sterkt i Vesten, var synet på islam ganske negativt.

Etter hvert bredte det syn seg i Vesten at sivilisasjon, dvs. Vestens i betydelig grad rasjonelle sivilisasjon, var et onde, og man ønsket noe annet, noe mer «naturlig», og man hyllet den edle villmann. Rousseau var den viktigste av de tidlige tenkere som hevdet dette. Islam er en religion som ikke direkte forfektet livsnytelse, men hyller det rette liv i samsvar med Koranens leveregler, og Vestens intellektuelle så på dette som et gode, selvsagt uten at de selv ønsket å praktisere det, da måtte de jo gi avkall på de mange bekvemmeligheter som Vestens rasjonelle sivilisasjon hadde gitt dem.

Muhammed ble betraktet som en vis, sterk og klok leder, en oppfatning som var basert på islamsk propagandalitteratur. Etter hvert fikk man mer kjennskap til islam, men samtidig ble støtten til Vestens verdier svakere. Intellektuelle var ikke villige til å forsvare Vestens verdier, og de ønsket ikke å kritisere ikke-vestlige verdier. Fremstillingen av islam ble derfor mer og mer positiv, og fremstillingen av Vesten og dens verdier ble mer og mer negativ.

FN
Menneskerettighetene, som ble vedtatt av FN i 1948, inneholder en artikkel (nr 18) som sier at

> Enhver har rett til tanke-, samvittighets- og religionsfrihet. Denne rett omfatter frihet til å skifte religion eller tro, og frihet til enten alene eller sammen med andre, og offentlig eller privat, å gi uttrykk for sin religion eller tro gjennom undervisning, utøvelse, tilbedelse og ritualer.

Som nevnt har islam dødsstraff for frafall, og dette er i strid med denne bestemmelsen. Mange medlemsland i FN har altså en religion som har et prinsipp som er i strid med menneskerettighetenes artikkel 18. FN gjør ingen ting med dette. Hadde FN vært en seriøs organisasjon og ikke en prateklubb for korrupte bløffmakere og naive politikere, ville alle muslimske land vært sparket ut.

Rushdie-saken
To måneder etter at *Sataniske vers* av den britiske forfatteren Salman Rushdie ble publisert i 1988, erklærte Khomeiny at boken var blasfemisk og at Rushdie måtte henrettes. (Rushdie, som var født i India, hadde i denne boken skrevet noen scener som kunne oppfattes som en latterliggjøring av Muhammed.) Over hele Vesten ble bokhandler som solgte boken utsatt for bombeattentater, forleggere og oversettere ble utsatt for attentater, noen ble også drept.

Innflyttede muslimer i demonstrasjonstog i Vestens storbyer krevde *Sataniske vers* forbudt og Rushdie henrettet. Jeg så på TV fra demonstrasjonen i Oslo at det var motdemonstranter som sto på fortauet der toget gikk med plakater med teksten «Religion dreper», og disse motdemonstrantene ble fysisk angrepet av muslimer i toget. Også blant Vestens intellektuelle var det enkelte som ikke støttet Rushdie. Den store historikeren Hugh Trevor-Roper uttalte at «I would not shed a tear if some British Muslims ... should waylay [Rushdie] in a dark street and seek to improve [his manners]. If that thereafter should cause him thereafter to control his pen, society should benefit and literature would not suffer» (Warraq 1995, s. 9).

Andre som tok avstand fra Rushdie var selvsagt kristne og jødiske religiøse ledere. Vatikanets avis kritiserte Rushdie langt sterkere enn Khomeiny hadde gjort. En kardinal (Albert Decourtay i

Lyons) beskrev *Sataniske vers* som en fornærmelse mot all religion. Erkebiskopen av Canterbury uttalte at han forstod muslimenes reaksjon på boken (Warraq 1995, s. 29).

Rushdie-saken gikk ut på at en britisk statsborger skrev en blasfemisk bok, og Irans regjering dømte ham til døden. Det eneste anstendige som Vestens ledere kunne ha gjort var å kreve at Iran trakk dommen tilbake, og hvis Iran ikke imøtekom dette, burde Vesten gå til krig mot Iran. Regjeringers eneste legitime oppgave er å beskytte sine innbyggeres rettigheter. Ytringsfrihet er en slik rettighet. Og når regjeringen i Iran dømmer og planlegger å henrette en britisk statsborger, så er dette grunn til krig. Men Vestens ledere var for svake og hadde for liten respekt for Vestens verdier og for stor respekt for barbariske «kulturer» til å gjøre det rette.

Hvis Vestens ledere hadde kommet med reelle trusler om krig, hadde det ikke blitt krig og verdenshistorien fra 1990 og frem til i dag hadde sette helt annerledes ut. Det ville f.eks. ha vært langt færre terrorangrep mot Vesten. Men i vanlige miljøer er man ettergivende og respektfull overfor islam, og man ønsker ikke å skape et negativt bilde av islam, selv om fakta skulle tilsi dette.

Andre eksempler på Vestens svakhet overfor islam: Ingen politiske ledere i vestlige land har noen gang uttalt seg negativt om islam, snarere tvert imot: Napoleon, Bush sr., Clinton, Blair, Bush jr, sier alle som en at islam er en fredsreligion, og at de respekterer islam. Den nederlandske politikeren og akademikeren Pim Fortyn var sterkt negativ til islam, men han ble drept i et attentat i 2002. Drapsmannen var ikke muslim, men hans motiv var et ønske om å forsvare islam mot kritikk. Pressen, som stort sett er venstreorientert og derfor sympatisk innstilt overfor islam, fremstilte drapet som om Fortyn fikk det han fortjente.

President Bush jr. har beskrevet den nå pågående krigen som en krig mot terrorisme, han har ikke sagt hva det burde være: en krig mot fundamentalistisk islam. Andrew Young, som var USAs FN-ambassadør under Carter, beskrev Khomeiny som en helgen (Pipes, s. 89). I USA ble det for noen år siden laget en annonse som viste folk som lå bøyd som muslimer i bønn – men de tilbad en fotball. Reklamen var for Total Sports (Pipes, s. 166). Muslimer protesterte, og annonsen ble trukket. Burger King trakk etter protester en annonse hvor en person ved navn Rasheed sa han likte en hamburger med bacon. (Muslimer kan jo ikke spise svinekjøtt.) Det ble i USA laget en spillefilm om Muhammed. For å ikke tråkke noen på tærne ble en muslimsk organisasjon konsultert. Tror noen at Hollywood ville ha gjort det samme hvis de skulle lage en film om Jesus – ville de da ha spurt Paven om godkjennelse? Nei, selvsagt ikke.

USA i Saudi-Arabia: Barbiedukker ble nylig forbudt i Saudi-Arabia. Der er det altså akseptert å ha 18 koner, å gifte seg med ni år gamle pikebarn, å stene kvinner som er utro, å lemleste tyver, men å ha en Barbiedukke skal være forbudt. Amerikanske soldater er stasjonert i Saudi-Arabia, og de har ikke lov til å ha med seg Bibler eller kors. Så et halssmykke i form av et kors kan ikke amerikanske soldater ha på seg hvis de er stasjonert i Saudi-Arabia. Hvorfor? «Two religions shall not remain together in the peninsula of the Arabs» sier en Hadith (Warraq 1995, s. 217).

Israel

Dette – at to religioner ikke skal finnes der araberne holder til – er også årsaken til det som kalles «konflikten i Midt-Østen», dvs. de arabiske lands krig mot Israel. Araberne vil jage jødene på sjøen. De tolererer ikke at Israel eksisterer. Området er hellig muslimsk land, og det som har vært muslimsk, det skal forbli muslimsk. Husk at det i islam er dødsstraff for frafall. Så når et område har vært arabisk i lang tid – fra 637, da Jerusalem ble erobret, til 1948, da Israel ble opprettet av FN, så kan ikke islamsk kultur godta at det etableres et vestlig demokrati på hellig islamsk jord. Det er dette konflikten dreier seg om. Alle andre fremstillinger henger seg opp i detaljer, og da er konflikten umulig å forstå. Konflikten om Israel vil fortsette inntil Israel er utslettet, eller til islam er langt svakere enn den er i dag.

Muslimers svar på 11. september

Praktisk talt samtlige muslimer, ikke bare islamistene, men også vanlige muslimer, støttet terrorangrepet på USA 11. september 2001. Praktisk talt alle muslimske intellektuelle som har uttalt seg om dette, støttet angrepet. Ja, noen av dem har sagt at de er imot drap på uskyldige. Men man kan da spørre seg om de mener at de amerikanere som ble drept i terroraksjonen 11/9-2001 var uskyldige.

Som vi tidligere har sett er angrepene på Vesten religiøst begrunnet, de er ikke begrunnet av økonomiske sammenhenger. Vestens intellektuelle, ødelagt som de er av marxistisk vås (f.eks. at det er økonomiske forhold som bestemmer menneskers ideer og dermed deres handlinger), sier at fattigdom er årsaken til terrorismen. Dette er helt feil. Terroristene kommer fra rike familier og/eller områder, og de sier selv at religionen er årsaken til aksjonene. Dette er ikke noe påskudd, de tar religionen på alvor. De tror virkelig at de kjemper for Guds/Allahs sak, og at de som belønning vil komme til himmelen og bli betjent av 80 000 tjenere og 72 jomfruer. Ja, for å hindre fremtidig terror man må fjerne terrorismens årsak. Denne årsaken er ikke fattigdom, den er islam.

Media i dag
I det siste har det vært en rekke eksempler på medias løgnaktighet i forholdet til islam. I avisomtalene av følgende tilfeller kan man lett se et mønster:

*John Walker Lind, amerikaneren som kjempet for Taliban.
*Snikskytterne som drepte 15 mennesker i Washingtonområdet tidlig i 2003.
*Skobomberen Richard Reid, som smuglet sprengstoff i sine sko for å forsøke å sprenge et fly mens det var i lufta.
*Den amerikanske soldaten som drepte fire meddsoldater rett før krigen i Irak brøt ut våren 2003.
*Bombemannen Joe Padilla.
*Mannen som var involvert i en skyteepisode ved El-Al-skranken på flyplassen i Las Vegas (El-Al er det israelske flyselskapet).

Alle disse gjerningsmennene hadde konvertert til islam. Alle hadde skiftet navn fra John Walker Lindh, fra Richard Reid, fra Joe Padilla, til Syuleman Al-Lindh, Abdel Rahim, John Mumammed, o.l.

Og hva skriver avisene? De skriver avisene at «sko-bomberens motiv et mysterium» eller «skyting på flyplassen i Los Angels er sannsynligvis forårsaket av uenighet om billettpriser». Snikskytteren i Washington ble omtalt som veteran fra Gulf-krigen. At han hadde konvertert til islam og var med i Louis Farrakhans Nation of Islam ble ikke omtalt i avisene. Altså: avisene lyver for å fremstille islam og muslimer mindre negativt enn de fortjener.

La oss ta med enda et eksempel på Vestens unnfallenhet overfor islam. I California har delstatsforsamlingen nå innført et tre ukers kurs i islam for alle syvendeklassinger. Elevene må ta muslimske navn, planlegge en reise til Mekka, leke jihad (antagelig ikke den voldelige varianten), be til Allah «den medfølende», og de må rope «Pris Allah, skapelsens herre». Elevene oppfordres også til å kle seg i muslimske klær. Det oppfordres dog ikke til å stene jenter som ikke bærer hijab, antagelig heller ikke til å trakassere sine jødiske lærere eller leke at de er selvmordsbombere som sprenger sine medelever i småbiter. En lærebok om religioner, brukt i California, omtaler korrekt inkvisisjonen og heksejakt som typiske uttrykk for kristendommen, men sier intet om muslimenes tilsvarende aktiviteter. (Kilde: Ann Coulter: «It's The Winter Solstice, Charlie Brown!», September 24, 2003.)

Noen avsluttende punkter

Hvorfor konverterer så mange i Vesten? Fordi folk ikke lenger læres opp til å tenke, fordi de blir lært opp til å forakte Vestens verdier og fordi de observerer et moralsk forfall i Vesten. De ser ikke at grunnen til forfallet er at kulturen er i ferd med å forlate de verdier som Vesten bygger på. Den relativisme som er så utbredt i Vesten i dag er forferdelig, og enkelte tar avstand fra denne ved å hoppe på det regelsett som Koranen og islam tilbyr. Noen rasjonell løsning ser de ikke fordi deres tenkeevne er ødelagt av den kulturen som dominerer i Vesten i dag. Det eneste alternativ til dagens relativisme som folk kjenner til er religion, og siden kristendommen er diskreditert og siden islam er den mest konsekvente religionen, så konverterer mange til islam.

Hvorfor er Vesten så svak? USA har siden 1980 blitt utsatt for en rekke terrorangrep fra islamister. Inntil angrepet 11. september 2001 lot USA praktisk talt være å svare på disse angrepene. Hvorfor? Og når USA nå har gått til krig, så fører de den på en ynkelig måte: de slipper matpakker over Afghanistan, de kaller krigen for «Operation Iraqi Freedom», osv.

Hvorfor?

Hvorfor er Vesten så svak? Det er på grunn av den selvoppofrende etikken som dominerer i Vesten. Vesten våger ikke lenger kjempe for sine verdier. Så lenge altruismen dominerer, har vi ingen mulighet til å slå tilbake islamisters angrep på Vesten. Da vil vi i praksis legge oss flate for alle som vil krenke oss, og vi vil ikke være i stand til å forsvare oss.

Det USA (og alle andre land i Vesten) burde ha gjort er si at Vestens verdier; individualisme, fornuft, selvrealisering, politisk frihet, markedsøkonomi; er overlegne, at disse verdiene er det eneste grunnlaget for et sivilisert samfunn, at terroristene med støtte fra regjeringer i en rekke muslimske land har gått til angrep på dette og at vi har all rett til å forsvare oss. Enhver krig er selvfølgelig forferdelig, men den part som forsvarer seg må føre den så kraftig som mulig for å få avsluttet krigen så raskt som mulig. USAs krigføring i Afghanistan og Irak har vært alt for forsiktig, og dette vil føre til at disse områdene vil skape problemer for Vesten i en lengre tidsperiode enn det som hadde skjedd hvis krigen hadde vært ført på en effektiv måte.

Hvordan forholder vi oss til muslimer og til islamister? Vi har mange muslimer iblant oss, og de er for det meste fredelige, arbeidssomme, anstendige mennesker. Innimellom hører vi om, eller ser på TV, islamister, fanatiske militante muslimer. Det er disse som utfører terrorhandlinger.

Hvordan bør vi forholde oss til disse? Er begge grupper våre fiender, eller er det kun islamistene? At det finnes noen muslimer i blant oss er ikke problemløst. I dag [2001] er det mer enn elleve millioner muslimer i Vest-Europa* (Pipes, s. 42). De vil kreve demokratiske rettigheter: at det tas hensyn til dem på skoler og sykehus. F.eks. protesterte nylig muslimer i Oslo fordi en barneavdeling på et sykehus var dekorert med dyretegninger, og en av disse viste en gris. (Islam sier at grisen er et skittent dyr.) Muslimske jenter kan ikke dusje etter gymtimer på skolen. Personer fra muslimske lands ambassader går inn på filialer av Deichmanske bibliotek og fjerner litteratur de ikke liker.

Hvis det blir mange muslimer, så vil det også bli et betydelig antall islamister. Og disse er farlige. Hvis disse islamistene aksjonerer, f.eks. ved å utføre attentater, ved å kaste brannbomber mot bokhandler, ved flykapringer og kidnappinger, da vil muslimer flest slutte seg til disse. Hvis vi går åpent til angrep, om så kun med ord, på islamistene, så vil de moderate slutte seg til islamistene.

Dette så vi tydelig i Rushdiesaken, hvor praktisk talt alle muslimer i Norge støttet dødsdommen. Muslimer som var noenlunde fremtredende i norske media, f.eks. kommunestyremedlemmer for Ap, sa at de støttet dødsdommen, mens de som var litt mer utspekulerte sa at de ikke ville svare på spørsmål om dette.

Vi så det også i holdningen til det som skjedde i USA 11/9-01. Ingen fremtredende muslimer tok avstand fra denne terrorhandlingen. De sa at islam har forbud mot å drepe uskyldige, men hvor mye er

---

* I 2024 er antall muslimer i Europa beregnet til om lag 50 millioner.

dette utsagnet verdt? Er det virkelig slik at islam betrakter de som arbeidet i WTC som uskyldige?

Under en konferanse for ledere i muslimske land i oktober 2003 uttalte Malaysias statsminister Mahathir Mohammad at «Jews rule this world by proxy. They get others to fight and die for them». Publikum besto av 57 statsledere, og disse ga ham en stående applaus. Canadas statsminister Jean Chrétien ga Mahathir en vennlig håndtrykk etter talen. Siden dette er holdningen blant ledere i muslimske land og blant vestlige politikere, så lover ikke dette godt.

Forholdet mellom (fredelige) muslimer og (voldelige) islamister kan sammenlignes med forholdet mellom sosialdemokrater og kommunister. Begge hadde samme mål: et sosialistisk samfunn. Sosialdemokratene vil gjøre det via flertallsvalg, kommunistene vil gjøre det med revolusjon og vold.

Hvorfor er så mange muslimske innvandrere kriminelle? I de siste 20 år har det vært en betydelig innvandring til Europa: Tyskland, Frankrike, England, Danmark, Sverige og Norge har alle mottatt et stort antall innvandrere. Disse innvandrerne har kommer fra mange ulike områder: Afrika, Asia, de arabiske områder, og disse innvandrerne har ført med seg en sterk økning i kriminaliteten. Praktisk talt all denne økningen er det muslimer som står for. (De offentlige statistikker publiseres dog som regel på en slik måte at dette er umulig å oppdage.)

Det er svært viktig å kategorisere det som eksisterer på korrekte måter, dvs. ting som har essensielle likheter må klassifiseres sammen, og ting som har essensielle forskjeller må ikke klassifiseres sammen. Poenget her er at det er essensielle forskjeller mellom muslimske innvandrere og ikke-muslimske innvandrere, og hvis man klassifiserer disse sammen under begrepet «innvandrere» eller «fremmedkulturelle», blir det umulig å bli oppmerksom på denne forskjellen. Å klassifisere ting riktig er nødvendig for at man skal kunne forstå, og derved kunne handle riktig. I dag sier enkelte at innvandrere står for mesteparten av den økede kriminaliteten som har skjedd de siste tiår, men gruppen innvandrer er ikke en god klassifisering, den er for grovmasket siden den ikke sier noe om de forskjellige kulturelle bakgrunner som ulike innvandrere har.

Hadde myndighetene publisert statistikker som plasserte kriminelle etter religiøs bakgrunn, eller etter opprinnelsesland, ville man tydelig sett at muslimer er sterkt overrepresentert blant de kriminelle. Slike statistikker vil ikke i noe vestlig land bli publisert med det første, siden myndighetene er redde for å krenke en ikke-vestlig kultur. Dette er ikke i strid med det faktum at slike statistikker finnes, og det forekommer arbeidsulykker som innebærer at de havner i pressen. En notis i en svensk avis (Aftonbladet 13. mars 2000) viste at ca 20 % av alle innvandrere med bakgrunn fra muslimske land hadde vært involvert i kriminelle handlinger som de var blitt dømt for. Ut fra dette kan man slutte at omtrent halvparten av muslimske menn som har innvandret til Sverige er involvert i kriminalitet. Tilsvarende tall er også blitt publisert i Danmark.

Hvorfor er så mange muslimske innvandrere til Vesten kriminelle? De er oppfostret på en ideologi som sier at ikke-muslimer er mindreverdige, og en naturlig følge av dette er at muslimer ikke behøver å vise respekt overfor ikke-muslimer. Som vi har tidligere har påvist finnes det steder i Koranen som impliserer at krenkende handlinger overfor ikke-muslimer er legitime. Selvsagt vil intellektuelle muslimer benekte at dette er en korrekt anvendelse av Koranen, og de vil henvise til steder i Koranen som sier at man skal respektere også ikke-muslimer, og muligens mener de dette i fullt alvor. Men det vil alltid finnes mennesker som tar bruddstykker av en helhet for å legitimere egen kortsiktig tilfredsstillelse. Og når i tillegg denne helheten er irrasjonell, så har de intet valg, da må de plukke ut bruddstykker.

De forbrytelser som er verst av de som muslimer er innblandet i er selvsagt de som rammer kvinner. Tvangsekteskap, kvinnemishandling, omskjæring, voldtekter, drap, æresdrap, blir langt oftere begått av muslimer enn av ikke-muslimer. Hvorfor? Fordi islam som vi har sett har et sterkt negativt kvinnesyn.

Det er ikke bare i Europa at muslimer begår slike forbrytelser.

> I 1998 ble det rapportert flere hundre æresdrap i Pakistan, men det reelle tallet er sannsynligvis langt høyere. Disse drapene skjer ofte på basis av rykter om at kvinner har vanæret sin familie. Kvinner blir sjelden gitt mulighet til å forsvare seg mot slike påstander. Tradisjonelt sett er fundamentet for familiens ære basert på at kvinnene ivaretar sin ærbarhet. Det familiære æresbegrepet brukes til å legitimere ekstrem voldsbruk overfor kvinner som våger å kreve de rettigheter de er gitt av både lovverk og religion.» (Amnesty Nytt Nr 2 1999)

Ordet Pakistan betyr det «rene land», og ren betyr at det ikke finnes ikke-muslimske innslag.

Generelt er kvinner i muslimske land betraktet som annenrangs borgere.

> Kvinnen blir systematisk holdt bort fra den offentlige sfære i mange [muslimske] land, og har begrenset adgang til utdannelse og yrkesliv. Samtidig dominerer fremdeles primitive, patriarkalske forestillinger i flere land. Saudi-Arabia er et grelt eksempel – der kan ikke kvinnene kjøre bil alene. I andre land, som Jordan, de palestinske områdene og Irak, er såkalte "æresdrap" på kvinner ofte akseptert, i en viss grad til og med av rettsvesenet (Høigilt, s. 9).

Hva gjør vi?

Vi må forsøke å vinne tid, fordi jo mer våre ideer – Vestens ideer – blir spredt jo sterkere blir vi og jo svakere blir våre motstandere, og det er helt klart at muslimer er motstandere av velstand, frihet, likestilling mellom kjønnene, etc. Ideer styrer, og grunnen til at det i dag bærer av sted i feil retning er at i dag er det feilaktige ideer som dominerer. Vi må spre de rette ideene, Vestens fundamentale ideer. Innen metafysikk må vi si som sant er at det kun finnes én virkelighet, det er ikke noen annen virkelighet hvor Gud finnes. Gud/Allah finnes ikke. Videre, om mennesket må vi si at enhver er herre over sin skjebne, mennesket har fri vilje og kan og bør styre sitt liv. Et levende menneske er ikke som liket hos likvaskeren. Innen epistemologi må vi si at kun observasjon og fornuft gir kunnskap, åpenbaringer gir ikke kunnskap. Man må alltid tenke selv, og ikke basere seg på autoriteter, enten den er Bibelen, Toraen eller Koranen.

Innen etikk må vi forfekte individualisme og selvrealisering – rasjonell egoisme – og vi må bekjempe de utbredte idealene kollektivisme og selvoppofrelse. Individualisme og selvrealisering er etiske prinsipper som er i samsvar med menneskets natur, og de vil derfor ha positive konsekvenser. Kollektivisme og selvoppofrelse er i strid med menneskets natur, og de vil derfor ha negative konsekvenser. Innen politikken må vi forfekte individers rettigheter, dvs. frihet og kapitalisme, ikke ufrihet og tvang i form av f.eks. sosialisme, velferdsstat eller teokratisk diktatur.

Dette vil være en kamp mot alle former for irrasjonalitet, og alle religioner er eksplisitt irrasjonelle. Vi må bekjempe alle religioner med de rette ideene. Man hva gjør vi rent konkret i dagens politiske spørsmål?

Utenrikspolitisk: Islamistiske regimer må styrtes. Jeg tenker på f.eks. de i Iran og Saudi-Arabia. Vi må støtte de land som er i strid med muslimer: Russland mot Tsjetsjenia; India mot Pakistan; Israel mot PLO, Hamas, Hizbollah, Islamic Jihad.

Innenrikspolitisk: Vi må kreve av alle innvandrere at de skal undertegne en erklæring om at de vil følge norsk lov for å oppnå statsborgerskap. Kjente islamister må ikke slippe inn i landet. Dette er i fullt samsvar med prinsippet om fri innvandring fordi dette prinsippet selvsagt ikke omfatter kriminelle. Alle muslimske miljøer må overvåkes nøye. Alle som viser at de er islamister må rettsforfølges: islamisme er å betrakte som en kriminell konspirasjon. Det er rettighetskrenkende å fremsette reelle trusler, og når en islamist omtaler USA som Satan, etc. så kan dette være en reell trussel. Hva vil skje fremover? Dette spørsmålet er det vanskelig å svare på. Uansett kan man si at vi lever i en spennende og interessant tid. Og vi kan da minnes den gamle kinesiske forbannelsen «Måtte du leve i interessante tider».

Litteratur

Ansary, Tamim: *Destiny Disrupted: A History of the World Through Islamic Eyes*, Public Affaiars 2009

Arkoun, Mohammed: *Arabisk idéhistoria*, Alhambras 1993

Burton, Richard: *Personal Narrative of a Pilgrimage to Al-Madinah & Meccah*. 2 vols., Dover 1964

Coulter, Ann: *Treason*, Crown 2003

Grimberg, Carl: *Verdenshistorien. Bind 7*, Bokklubben 1985

Hellestveit, Cecilie: «Islam og demokrati», Babylon No 1 2003

Høigilt, Jacob: «Det avgjørende demokratiet», Babylon No 1 2003

Hjärpe, Jan: *Islam*, Almqvist & Wicksell 1992

Johanson, Ronnie (red.): *Opprør. Religionskritikk i norsk lyrikk*, Humanist forlag 1999

Kepel, Gilles: *Jihad: The Trail of Political Islam*, Harvard University Press 2002

Muhammed: *Koranen*, Universitetsforlaget 1989

Opsal, Jan: *Lydighetens vei,* Universitetsforlaget 1994
Patai, Raphael: *The Arab Mind,* Schribner's 1983
Pipes, Daniel: *Militant Islam Reaches America,* Norton 2003
Rashid, Ahmed: *Afghanistan & taliban,* Dansk Gyldendal 2002
Vikør, Knut S.: «Språket og det heilage: arabisk og islam», Språknytt 3–4/2003
Vogt, Kari: *Islams hus,* Cappelen 1995
Warraq, Ibn: *Hvorfor jeg ikke er muslim,* Humanist forlag 2003
Warraq, Ibn: *Why I am not a Muslim,* Prometheus 1995
Warraq, Ibn (ed): *The Quest for the Historical Muhammad,* Prometheus 2000

Feilsitering fra Koranen

Publisert på Det Liberale Folkepartiets nettside 22. november 2015

I kjølvannet etter hvert eneste terrorangrep utført av militante muslimer med begrunnelser de har hentet fra islam, dukker det opp kommentarer og innlegg fra muslimer og islamapologeter som hevder at slike handlinger er i strid med islam. De begrunner ofte dette ved å henvise til Koranen. En av de som nylig har gjort dette er Trond Ali Lindstad, som i Aftenposten 19/11-15 bla. skriver følgende under tittelen «Terror og galskap i Paris[*]»: «I islam er menneskeliv hellig. Koranen lærer oss dette, at om du dreper et uskyldig menneske, er det som å drepe hele menneskeheten. (Koranen 5:32)». Alle som følger med i debatten om sammenhengen mellom islam og terror har sett henvisningen til dette Koran-verset utallige ganger.

Det Lindstad påstår her er blitt sagt utallige ganger av en rekke ulike personer, og dette forekommer så ofte at det ikke er nødvendig å belegge dette med kilder.

Men hva er det som virkelig står i Koranen 5:32? Her er mer fra 5:32 slik det er gjengitt på et engelsk nettsted:

> For this reason did We prescribe to the children of Israel that whoever slays a soul, unless it be for manslaughter or for mischief in the land, it is as though he slew all men .....

Her er en annen oversettelse:

> On that account: We ordained for the Children of Israel that if any one slew a person - unless it be for murder or for spreading mischief in the land - it would be as if he slew the whole people ....

Koranen, som ifølge Islam er guds egne ord diktert til Muhammed, sier ikke det Lindstad hevder at den sier, det Koranen her sier er at dersom

---

[*] 13/11-15 ble Paris rammet av en rekke terrorangrep. Angrepsmålene var kaféer, restauranter, konsertlokaler og et fotballstadion. 130 mennesker ble drept. Terroristgruppen Islamsk Stat tok på seg ansvaret for angrepet.

man dreper noen, og det ikke er som straff for drap eller for å ta de som sprer ugagn, så er det som å drepe hele menneskeheten.

Koranen inneholder i 5:32 altså ikke noe forbud mot å drepe de som sprer ugagn. Og hvem er de som sprer ugagn? Det kan vel være alle som oppfører seg i strid med sharia, dvs. de som drikker alkohol, de som er homofile, de kvinner som går med korte skjørt, de som fester og har det moro, etc. Og det er jo slike mennesker som er blitt drept i utallige terroraksjoner utført av muslimer de siste årene.

Hvorvidt Lindstad og de andre som gjengir dette sitatet feil, ikke kjenner til hva Koranen sier, om de lyver, eller om de mener at forbeholdet – at drapsforbudet ikke gjelder de som begår ugagn – er uvesentlig, skal jeg ikke spekulere om.

(Innlegget over ble i en noe kortere form sendt til Aftenposten. Det ble raskt refusert. Aftenposten valgte altså å la Lindstads usannhet stå ukorrigert.)

Lenker

http://quod.lib.umich.edu/cgi/k/koran/koran-idx?type=DIV0&byte=158021

http://quranindex.ga/English-Quran-with-commentaries-(Yusuf-Ali).pdf

Islamofobi vs. islamofili

Publisert i tidsskriftet Liberal november 2013

I de siste årene har Vesten vært utsatt for en rekke terrorangrep utført av militante muslimer. Mest spektakulært var angrepet på USA 11. september 2001, et angrep som resulterte i at ca 3000 mennesker ble drept, men både i årene før og helt frem til i dag er det utført lignende angrep, både av grupper og enkeltpersoner.

Slike angrep skjedde også i Madrid 2004, i Beslan 2004, på Bali 2002, i Bombay 2008, i London 2005, i Boston 2013. Vi må også ta med drapet på en engelsk soldat i London våren 2013, drapene på 13 amerikanske soldater utført av en muslimsk offiser, Nidal Malik Hasan, på Fort Hood, Texas i 2009, og angrepet på et Statoil-anlegg (eid også av BP og Sontrach) i In Amenas i januar 2013 hvor 40 mennesker ble drept (i tillegg til ca 30 terrorister). Det foreløpig siste store angrepet skjedde i Nairobi i september 2013, hvor et kjøpesenter ble angrepet: alle muslimske kunder fikk forlate stedet, mens de som ble igjen ble drept – inkludert kvinner, gamle og små barn. Antall drepte ser ut til å være ca 100, mens ca 200 ble skadet.

Noen slike angrep er også blitt stoppet før de ble gjennomført, eller gjerningsmannen var så klønete at kun han selv ble skadet eller drept: Exeter, England 2008, Stockholm 2010.

I alle disse tilfellene brukte terroristene islam som begrunnelse. F.eks. uttalte en av mennene som drepte den engelske soldaten våren 2013 at han var et mål fordi den engelske hæren har forsøkt å bekjempe islamistiske regimer i f.eks. Afghanistan. Videre sa han: «So what if we want to live by the Sharia in Muslim lands? .... Through [many passages in the] Koran we must fight them as they fight us» (sitert fra Wikipedia).

Tilsvarende ropte offiseren som drepte 13 soldater på Fort Hood «Allah Akbar» mens han skjøt, og tidligere hadde han en rekke ganger forfektet en bokstavtro tolkning av islam. Wikipedia forteller: «Once, while presenting what was supposed to be a medical lecture to other psychiatrists, Hasan talked about Islam, and said that, according to the Koran, non-believers would be sent to hell, decapitated, set on fire, and have burning oil poured down their throats. ... Hasan's lecture also justified suicide bombings.»

Osama bin Laden, lederen av al-Qaida, som sto for angrepene 11. september, erklærte i en fatwa krig mot USA og dets allierte i 1996, og en fornyelse av denne fatwaen fra 1998 inneholder følgende begrunnelse for krigen: «three facts that are known to everyone» gjør at krig mot USA er nødvendig: 1) USA «occupies the lands of Islam in the holiest of places» (her siktes det til USAs allianse med Saudi-Arabia, hvor islams hellige steder befinner seg, 2) «the crusader-Zionist alliance» har forårsaket stor skade på Iraks folk (her siktes det til FNs blokade av Irak etter Iraks angrep på Kuwait i 1991) og 3) USAs mål er «to serve the Jews' petty state and divert attention from its occupation of Jerusalem and murder of Muslims there».

Fatwaen avsluttes slik: «The ruling to kill the Americans and their allies -- civilians and military -- is an individual duty for every Muslim who can do it in any country in which it is possible to do it.... [E]very Muslim who believes in God and wishes to be rewarded to comply with God's order to kill the Americans and plunder their money wherever and whenever they find it.» (heritage, link nedenfor).

Hva sier Koranen?
Terroristene hevder altså at deres handlinger er en plikt for muslimer og er forankret i islam. Her er noen sitater fra Koranen som kan brukes som begrunnelse for slike handlinger (gjengitt på engelsk da den norske oversettelsen ikke lenger er å finne på islam.no):

> Prophet, make war on the unbelievers and the hypocrites, and deal sternly with them. Hell shall be their home, evil their fate. (66.9)

La oss minne om at Koranen ifølge islam ikke er en bok skrevet av mennesker inspirert av Allah, Koranen er Allahs egne ord, diktert av Allah til profeten Muhammed, som sørget for at direktivene ble skrevet ned. Allah snakker altså arabisk, så en oversettelse kan da aldri være helt korrekt (det er derfor alle muslimer må lære arabisk, de må lese Koranen slik Allah dikterte den). Utsagnet over er derfor en direkte oppfordring til profeten om å krige mot de vantro, å behandle dem strengt, og å fortelle at de (de vantro) fortjener å bli utsatt for ondskap og at de egentlig hører hjemme i Helvetet. Dette sitatet er ikke det eneste som har et slikt innhold. Her er noen flere.

> O Prophet! Strive hard against the unbelievers and the Hypocrites, and be firm against them. Their abode is Hell, - an evil refuge indeed. (9:73, 66:9)
>
> Therefore listen not to the Unbelievers, but strive against them with the utmost strenuousness. (25:52)
>
> And who does more wrong than he who invents a lie against Allah or rejects the Truth when it reaches him? Is there not a home in Hell for those who reject Faith? And those who strive in Our (cause), - We will certainly guide them to our Paths: For verily Allah is with those who do right. (29:68-69)
>
> Fighting is prescribed for you, and ye dislike it. But it is possible that ye dislike a thing which is good for you, and that ye love a thing which is bad for you. But Allah knoweth, and ye know not. (2:216)
>
> And slay them wherever ye catch them.... (2:191)
>
> The unbelievers are like beasts which, call out to them as one may, can hear nothing but a shout and a cry. Deaf, dumb, and blind, they understand nothing. (2:172).
>
> Theirs shall be a woeful punishment. (2:175).
>
> Let the believers not make friends with infidels... (3:28).
>
> Believers, do not make friends with any but your own people. They will spare no pains to corrupt you. They desire nothing but your ruin. Their hatred is evident from what they utter with their mouths, but greater is the hatred which their breasts conceal. (3:118).

Believers, if you yield to the infidels they will drag you back to unbelief and you will return headlong to perdition. . . .We will put terror into the hearts of the unbelievers. . . . The Fire shall be their home. (3:149-51).

(Nummereringen kan variere noe mellom ulike utgaver av Koranen.)

Det burde være klart at muslimer ikke bare kan finne dekning for terror mot vantro i Allahs egne ord, der finner man også direkte oppfordringer til terror.

Andre kritikkverdige forhold

Men det er ikke bare terror som gjør at mange har et negativt syn på islam. Kunstnere som har laget verker som har vært kritiske til islam er blitt drept (Theo van Gogh) eller truet og utsatt for attentater (Lars Hedegaard, Lars Vilks). Den islamkritiske politikeren Pim Fortyn ble drept fordi han var kritisk til islam (drapsmannen var dog ikke muslim). En annen nederlandsk islamkritisk politiker, Geert Wilders, lever under konstant politibeskyttelse fordi han er utsatt for trusler fra muslimer. En annen nederlandsk politiker, Ayan Hirsi Ali, ble utsatt for trusler og fikk beskyttelse, men mistet denne beskyttelsen da det viste seg at hun som flyktning fra et muslimsk land hadde gitt gale opplysninger i sin søknad om opphold i Nederland. Hun måtte da reise til USA. En meget aktiv og meget dyktig kvinnelig norsk islamkritiker er blitt overfalt i sitt hjem. Salman Rushdie ble dødsdømt av det tyranniske regimet i Iran etter at han ga ut romanen *Sataniske vers*, og hans norske forlegger ble utsatt for et attentat. Noen av bokens oversettere i andre land ble drept. En håndfull karikaturtegninger ble publisert først i en dansk avis, og dette førte til omfattende opptøyer rettet mot Danmark i flere muslimske land; ambassader ble brent og flere mennesker ble drept. Senere ble disse tegningene gjengitt i flere norske aviser, og dette førte til lignende aksjoner mot Norge.

Det er mer: Islam innebærer omfattende kvinneundertrykkelse, og andre former for ufrihet: dødsstraff for frafall fra islam, dødsstraff for homofili, etc. Mange muslimske kvinner blir pålagt/tvunget å bruke hijab, burka eller niqab (men noen velger opplagt å gjøre dette frivillig), selv om dette egentlig ikke er hjemlet i Islam. I islams fyrtårn Iran blir svært mange mennesker henrettet på barbariske måter for lovbrudd som ikke burde vært forbrytelser i det hele tatt. Vi kan også sitere denne overskriften fra Dagbladet.no 13. september 2013 «Barnebrud (8) døde av indre blødninger etter å ha blitt tvunget til sex på bryllupsnatta. Krever lovendringer i Jemen.» I islam kan jenter gifte seg – eller kanskje det er bedre å si giftes bort – når de er ni år gamle. Og en mann kan ha opptil fire hustruer, og han kan lett skille seg fra dem.

Eller følgende: «The punishment was death by stoning. The crime? Having a mobile phone. Two months ago, a young mother of two was stoned to death by her relatives on the order of a tribal court in Pakistan. Her crime: possession of a mobile phone.» (independent, link nedenfor).

Vi har også en rekke eksempler på hærverk og opptøyer i en rekke byer i Europa utført av hovedsakelig muslimer, i flere byer finnes det områder som muslimer regner som sine og hvor politiet ikke våger seg inn i, i England finnes det et nettverk av sharia-domstoler. Vi har også slike ting som «moralpolitiet» på Grønland i Oslo, som trakasserer personer som oppfører seg på andre måter enn islam tillater: homofile blir banket opp, jenter som går i korte skjørt blir trakassert, etc.

Videre kan vi nevne at ledere av muslimske menigheter i Vesten har forsvart eller ikke tatt avstand fra elementer i sharia som dødsstraff for homofili, dødsstraff for frafall fra islam, etc. F.eks. har talsmann for Islamsk råd i Norge, Zahir Mukhtar, uttrykt forståelse for drapet på van Gogh. Et annet eksempel. «-Jeg velger å ikke svare på om det er rett eller galt å drepe homofile, det er min rett som menneske», sa den fremtredende imamen Qazi Husain Ahmed til en fullsatt sal i Helga Engs hus på Blindern på et møte arrangert av Muslimsk studentersamfunn i 2010. Organisasjonen som arrangerte møtet, altså en studentforening på Blindern, ville ikke ta avstand fra imamens uttalelser. Det finnes også eksempler på at imamer som utad fremstår som moderate viser at de har helt andre holdninger når de tror de snakker uten å bli hørt av media; BBC har foretatt flere intervjuer med skjult kamera som viser dette.

Man kan også nevne at muslimer demonstrerer mot slike ting som karikaturtegninger som de hevder krenker Muhammed, eller mot Salman Rushdies bok, men de demonstrerer ikke mot vold og terror begått i islam navn. I blant forsøker enkelte moderate muslimer å arrangere demonstrasjoner som skal ta avstand fra terror, men disse får svært lav deltagelse.

(Mange muslimer ser allikevel ut til å fungere som moderne, siviliserte mennesker. Jeg sier altså ikke at alle muslimer støtter terror eller andre former for ufrihet som en bokstavtro tolkning av islam innebærer.)

Islamofobi

Med bakgrunn i dette er en rekke mennesker blitt sterkt kritiske til islam. Men de fleste intellektuelle i Vesten i dag mener allikevel at det ikke er noe holdbart grunnlag for en slik negativ holdning til islam, de mener at terror og vold ikke er begrunnet i islam, de mener at vold og terror skyldes fattigdom, Vestens påståtte utbytting, dårlig behandling av muslimer, etc. Det er til og med laget et ord for å beskrive denne ifølge dem altså fullstendig irrasjonelle og ubegrunnede frykten for islam: «islamofobi».

Dette ordet får frykt for islam til å høres ut som en sykdom, ja, en form for galskap; ordet innebærer at det egentlig ikke finnes noen god grunn til å være kritisk til islam. Det finnes faktisk en historisk presedens; kommunismen er en menneskefiendtlig ideologi som innebærer undertrykkelse, fattigdom og massemord, men allikevel forsøkte venstresiden med stort hell å få gjort ordet «anti-kommunist» til å betegne en primitiv, bakstreversk og uopplyst person.

Enkelte har til og med hevdet at islamofobi er et langt større problem inn islam. Venstreleder Trine Skei Grande sier følgende i en kronikk i Aftenposten 14/5-11:

> Islamofobi er i ferd med å bli en stueren form for rasisme, og ikke la noen fortelle deg at dette er religionskritikk ...
> Islamofobi handler om kunnskapsløshet, fordommer og skremselspropaganda, og om å fremstille muslimer som fremmede og farlige ... islamofobi er et samfunnsproblem. Islam er det ikke.

Islamofobi er et mye brukt ord. Den islamske organisasjonen Organisation of the Islamic Conference har opprettet et «Islamophobia Observatory» som registrerer eksempler på islamofobi, og FNs generalsekretær Kofi Annan, som i ledet i 2004 en konferanse med tittelen «Confronting Islamophobia» som fordømte islamofobi, uttalte at «Når verden er nødt til å finne på et nytt begrep for å definere stadig økende fordommer, er det en trist og bekymrende utvikling. Det er det som er tilfellet med islamofobi» (Wikipedia).

Nå kan man si at islamofobi kun betegner usaklig kritikk av islam, og at seriøs kritikk ikke omfattes av betegnelsen «islamofobi» Men enhver som har fulgt med i en vanlig debatt, uansett tema, vil si at de aller flest innleggene er useriøse og usaklige. Det vil også være uenighet om hvilke innlegg som er seriøse og hvilke som er useriøse. Å be om at kun seriøse innlegg om islam skal kunne aksepteres i det offentlige rom, og å kreve at useriøse debattanter skal stenges ute fra debatten, er i realiteten å be om at debatten skal stoppes.

Ettergivenhet

I Vesten i dag er det stor grad av ytringsfrihet, og alle typer meninger kommer til uttrykk og alle holdninger og ideologier kritiseres helt fritt. Kritikken av islam slipper til i alle fora, men er sterkt begrenset og dempet i forhold til kritikk av alle andre ideologier. Dessuten er det noen som velger å ikke kritisere islam av frykt: den norske tegneren Finn Graff, som meget frimodig lager karikaturer av alt og alle og som med stor iver og en god blyant krenker alt og alle, inkludert å tegne israelske politikere som kommandanter i nazi-leire, sier at han ikke på noe vis vil gjøre noe som vil provosere muslimer. Han lager derfor ikke tegninger som kan oppfattes slik at de krenker muslimer eller islam. (document, link nedenfor).

Denne uttalelsen fra Finn Graff, som kom i NRK i januar 2006, har ikke fått noe oppmerksomhet i den vanlige pressen.

Det finnes et meget stort antall eksempler på ettergivenhet overfor islam, og de finnes i alle kategorier:

Oppsetningen av en Mozart-opera i Tyskland ble stoppet: «On September 26, 2006, the Deutsche Oper Berlin announced the cancellation of four performances of Mozart´s opera *Idomeno, re di Creta*, planned for November 2006, citing concerns that the production's depictions of the severed head of the Islamic prophet Muhammad raised an "incalculable security risk". "To avoid endangering its audience and employees, the management has decided against repeating *Idomeneo* in November 2006"» (Wikipedia).

Leketøyprodusenten Lego trakk etter protester tilbake en modell av Jabbas palass (fra Star Wars-universet) fordi det visstnok lignet på Hagia Sofia-moskeen.

Tidligere statsminister i England for Labour, katolikken Tony Blair, sier at han leser både Bibelen og Koranen hver eneste dag. Koranen er, sier han, «immensly instructive».

Den konservative borgermester i London, Boris Johnson, kommenterte drapet på en soldat i London i 2013 ved å si at selv om drapsmennene ropte «Allah Akbar» og siterte Koranen, hadde drapet ingen ting med islam å gjøre. Statsminister Cameron, også konservativ, uttalte at «this was an attack on Britain – and our Britisk way of life. It was also a betrayal of islam. There is nothing in islam that justfes this truly dreadful act.»

President Obama uttalte til FNs hovedforsamling, etter at en på alle vis billig filmsnutt, *Innocence of Muslims* (2012), publisert på youtube, hadde krenket islam ved å vise Muhammed (det er i islam et forbud mot å avbilde Muhammed), at «The future must not belong to those who slander the prophet of islam». Obama sa ingen ting om filmer som visstnok har krenket andre religiøse ikoner, f.eks. Jesus: *Life of Brian* (1979), *The Last Temptation of Christ* (1988), eller skuespillet *The Book of Mormon* (2011).

President Obamas forgjenger, George W. Bush, uttalte følgende: «The face of terror is not the true faith of Islam. That's not what Islam is all about. Islam is peace. These terrorists don't represent peace. They represent evil and war.»

Tidligere president Bill Clinton sammenlignet trykkingen av Muhammed-karikaturene med jødehat.

Et par lokallag av Sosialistisk Venstrepartis ungdomsorganisasjon anmeldte avisen Magazinet til politiet og til Pressens faglige utvalg fordi denne avisen trykte Muhammedkariakturene, åpenbart fordi de mente at trykkingen av slike karikaturtegninger var et uttrykk for rasisme.

Den norske kirke var i februar 2006 med i en delegasjon som reiste til Midtøsten for å beklage publiseringen av Muhammedtegningene. Delegasjonen reiste da til land som undertrykker kristne, til og med til land som har dødsstraff for konvertering fra islam til kristendom, og hvor man kan komme i fengsel for å eie en bibel eller å nevne ordet Jesus – delegasjonen reiste altså for å beklage at det var publisert noen tegninger i Norge. (aftenposten, link nedenfor).

Selv om offiseren som drepte 13 soldater på Fort Hood var muslim og ropte «Allah Akbar» mens han skjøt omkring seg, ble hendelsen klassifisert som «vold på arbeidsplassen» og ikke som et terrorangrep. Mange lurte på hvordan det kunne skje at en offiser som attpå til var psykiater plutselig kunne drepe et stort antall kolleger. At islam kunne være forklaringen var en idé som svært få var villige til å ta til seg, til tross for at offiseren hadde kommet med den type uttalelser vi har henvist til ovenfor.

At en amerikansk ambassade (Benghaszi) ble stormet av en mobb på årsdagen for angrepene på USA 11. september 2001, og hvor ambassadøren ble drept, ble først ikke satt i sammenheng med islam: «Initially, it was suggested that the Benghazi attack emerged from a similar spontaneous protest [mot filmen *Innocence of Muslims*]. Subsequent investigations ... determined that there was no such protest and that the attack was premeditated and was launched without warning by Islamist militants» (Wikipedia).

I en episode av den engelske TV-serien *Spooks* var skurken en muslimsk selvmordsbomber. Dette førte til så mye protester at i senere episoder av denne og andre serier og filmer var skurkene abortmotstandere, nynazister, kristne, nasjonalister, dyrevernere, jøder/Mossad, nordkoreanere (?), etc. I spillefilmen boken *The Sum of All Fears* var terroristene islamister, men når det i 2002 ble laget en film basert på boken var terroristene blitt nynazister. Hollywood byttet altså ut bokens skurker med noen som det var mer politisk korrekt å fremstille som terrorister. Tegnefilmserien *South Park*, som med liv og lyst krenker og sparker i alle retninger, hadde planer om å ta Muhammed med i en episode, men etter trusler fra al-Qaida ble dette droppet.

Ridley Scotts spillefilm om korstogene, *Kingdom of Heaven* (2005), legger vekt på å fremstille de kristne som barbarer, mens muslimene konsekvent ble fremstilt som fredelige, opplyste og siviliserte. En replikk i filmen er slik: «To kill an infidel is not murder. It is the path to heaven.» Filmen er innspilt samme år som en gruppe muslimske terrorister på basis av denne maksimen drepte mer enn 50 personer og skadet 700, men i filmen er det en kristen som sier dette.

Etter at en engelske soldaten var blitt drept på åpen gate i London våren 2013 ble drapsmennene stående på åstedet og de snakket til folk som samlet seg omkring dem. De forklarte hvorfor de hadde gjort det de hadde gjort, og dette gjorde de selv om de ble filmet. Filmopptaket viser at de begrunnet drapet ved å henvise til islam. Opptakene ble publisert på nett av en rekke aviser, men i mange tilfeller var deler av henvisningen til islam klippet bort.

Når et svensk parti publiserte Muhammedtegningene på sin hjemmeside grep myndighetene gjennom UD og sikkerhetspolitiet inn og stengte siden, en handling som var godkjent av utenriksministeren. Men dette var å gå for langt, og senere måtte utenriksministeren gå av pga. dette.

Når TV sendte reportasjer om Muhammed-tegningene valgte både TV2 og NRK ikke å vise dem, tegningene var sladdet.

Den islamkritiske politikeren Geert Wilders er blitt nektet innreise til England: «Geert Wilders, the rightwing Dutch politician accused of Islamophobia, was today refused entry to the UK after arriving at Heathrow airport in London.» Begrunnelsen: «The Home Office ... said Wilders's presence in the UK "would pose a genuine, present and significantly serious threat to one of the fundamental interests of society"» (the guardian, link nedenfor).

Verdens mest berømte ateist, Richard Dawkins, forfatter av en rekke viktige bøker, bla. *The God Delusion* (2006), legger ikke fingrene imellom når han kritiserer kristendommen. Han sier blant annet at guden i Det gamle testamentet er «hideous», «a monster», etc. Men når han i et intervju på al Jazeera rettet mot arabiske seere ble spurt om hva han mente om Koranes gud så benyttet han ikke anledningen til å preke ateisme til en milliard muslimer, han svarte bare: «Well, um, the God of the Koran I don't know so much about».

Det finnes mange eksempler på at muslimer har demonstrert til støtte for ulike former for jihad, demonstrantene bære plakater med eksplisitt støtte til terror og angrep på Vesten: «Kill the Unbelievers», «Death to those who insult islam», etc. I noen tilfeller dukker det opp motdemonstranter som vil forsvare Vestens demokrati, men når politiet griper inn så er det motdemonstrantene, de som demonstrere mot sharia og for demokrati, som politiet arresterer.

I Norge var det publiseringen av Muhammedtegningene i den lille kristne avisen Magazinet som førte til mest oppmerksomhet. Før Magazinet publiserte dem var de publisert i bla. Aftenposten og Dagbladet. Til tross for dette sa utenriksminister Støre gjentatte ganger at tegningene ikke var publisert i noen toneangivende aviser – noe som altså er en bevisst feilinformasjon, eller: en ren løgn – og statsminister Stoltenberg uttalte til VG at Magazinets redaktør måtte bære deler av ansvaret for at den norske ambassaden i Damaskus var ble brent ned. Stoltenberg minnet også på at vi hadde en blasfemiparagraf i det norske lovverket.

Det er også slik at svært ofte blir kritikk av islam fremstilt som rasisme, slik Venstres leder Trine Skei Grande gjør i sitatet over, men dette er en helt vanvittig innvending. Islam er en (politisk) ideologi, en som er sterkt imot alle former for individuell frihet. Å hevde at det skulle være rasisme å kritisere den er bare for dumt; «rase» er en biologisk kategori, og å trekke frem dette når man kritiserer en politisk ideologi hører ingen steds hjemme.

Som kjent blir alle andre ideologier utsatt for kritikk: kristendom, kommunisme, fascisme, sosialisme, liberalisme, ateisme, osv. En del av kritikken er usaklig og bommer helt eller delvis. Mye av kritikken krenker tilhengerne av disse ideologene. Det er dog ingen som hevder at slik kritikk bør dempes eller være forbudt. Men mht. til islam så blir nærmest all kritikk stemplet som usaklig og som uttrykk for fordommer, ja, de stemples med det ord som i dag kan stoppe alle diskusjoner og som uten videre avfeier kritikeren som en man ikke behøver å lytte til: «rasisme»

Da biskop Ole Christian Kvarme i 2008 forsøkte å stoppe en vielse av et homofilt par ble han møtt av en mur av fordømmelse. Blant de som gikk ut var daværende justisminister Knut Storberget, som bla. uttalte at «biskopens holdninger gir grobunn for hatvold». Men når muslimen Mahdi Has san Mouhoumed, som i 2009 ble tildelt en pris som «Årets forbilde», mener at homofili burde vært forbudt fordi det står i Koranen, blir det ingen reaksjoner. SVeren Stein Petter Løkken sier til og med at «i Tynset SV [som er det lokallag Mouhoumed hører til] synes vi det er uproblematisk at Mahdi er prinsipielt mot homofili». (document, link nedenfor).

Når striden om Muhammedkarikaturene raste på sitt mest intense uttalte «sentrale medlemmer og ledere i Islamsk råd i Norge, Norges kristne råd og Den norske kirke [at de] ... tar avstand fra publiseringen av karikaturtegninger av profeten Muhammed, så vel som fra de voldelige reaksjonene tegningene har ført til.... » (Selbekk, s 126) Her blir altså publisering av karikaturer sett på som like alvorlig som vold og drap og hærverk og drapstrusler og ildspåsettelse.

Denne lange rekken med eksempler kan lett gjøres mye lenger: vi kunne tatt med Pave Benedikts unnskyldning overfor den muslimske verden etter at han i et foredrag hadde sitert en islamkritisk passus fra middelalderen; vi kunne tatt med episoden hvor både presidenten og høye offiserer kritiserte en amerikaner som ønsket å brenne noen eksemplarer av Koranen, noe han opplagt har rett til i et fritt samfunn, osv. osv., men vi stopper her; poenget er klart. Flere slike eksempler på ettergivenhet overfor islam er å finne nærmest daglig i avisene og i Douglas Murrays bok *Islamophilia*.

    Noen velger å ikke kritisere islam av frykt for angrep og attentater, mens andre gjør det av respekt for islam. Men dersom man ikke våger å kritisere islam av frykt for å bli utsatt for vold så gjør myndighetene ikke jobben sin. Myndighetens viktigste oppgave er å beskytte innbyggernes frihet, og dette inkluderer å beskytte deres ytringsfrihet, noe som igjen inkluderer retten til å kritisere islam. Det er myndighetenes oppgave å beskytte de som kritiserer islam, og å sørge for at de som truer disse kritikerne ikke blir i stand til å gjøre noen skade. Men vi ser av eksemplene over at myndighetene dels ikke gjør denne jobben, snarere tvert imot, og at de reellt sett støtter de muslimene som fremsetter trusler: av eksemplene over kan vi kort nevne de som involverer statsminister Stoltenberg, utenriksminister Støre, statsminister Cameron, og presidentene Obama og Bush.

La oss for å vise en kontrast ta med et sitat fra Winston Churchill:

> How dreadful are the curses which Mohamedanism lays on its votaries ...Individual Moslems may show splendid qualities, ... [but] the influence of the religion paralyses the social development of those who follow it. No stronger retrograde force exist in the world. (uttalt i 1900, sitert fra Addison, s. 15).

Islamofili?
Poenget med denne artikkelen er ikke å hevde at islam ikke blir utsatt for kritikk, eller at kritikken ikke slipper til i de store fora. Islam blir kritisert, og kritikk slipper til overalt. Men kritikken er langt mildere enn den burde være. En rekke fremtredende personer – akademikere, forfattere, journalister, politikere – kritiserer ikke islam, og svært mange av disse benekter endog at det er en sammenheng mellom den terror og undertrykkelse som skjer i islams navn og islam. Videre hevder de – som Venstres leder Trine Skei Grande i sitatet gjengitt over – at kritikk av islam ikke er annet enn primitiv rasisme og at kritikk av og motstand mot islam er et langt større problem enn islam.

Det er dette siste som man kan betegne som islamofili. Og den er et kolossalt problem fordi det innebærer at man ikke er villig til identifisere hva som er Vestens største fiende i dag.

Alle land hvor islam står sterkt er svært ufrie, de er fattige og de er preget av sterk undertrykkelse og vold fra statens side. De er også preget av den borgerkrig som har foregått med varierende intensitet mellom shia og sunni siden Muhammeds død.

Dersom islam står sterkt vil slik ufrihet og slik vold nødvendigvis bli resultatet. Det er om ikke så sterke så i hvert fall intense krefter i alle land i Vesten som ønsker å innføre sharia i Vesten, eller i første omgang, å gradvis fjerne fra det offentlige rom elementer som er i strid med islam.

La oss ta med ett eksempel på dette: ytringsfrihet. Ingen sier at de er imot ytringsfrihet, men de sier at den må brukes med forsiktighet, den må brukes klokt, og at ytringsfriheten ikke innebærer noen rett til å krenke islam eller profeten. Dette er feil. Ytringfriheten innebærer retten til å gi uttrykk for akkurat de meningene man måtte ønske. Det innebærer retten til å publisere karikaturtegninger, til å publisere filmer som *Innocence of Muslims,* og retten til å brenne Koranen. Men vi ser at de fremste politikere i Vesten ikke slutter seg til dette. Og grunnen er ettergivenhet overfor islam, samtidig som de benekter at terror og vold utført av islamister som begrunnelse egentlig er forårsaket av islam.

Frihet!

Islam bør kunne kritiseres på samme måte som alle andre ideologier kritiseres. Å beskylde kritikere av islam for å være rasister eller for å være syke eller primitive eller gale – slik betegnelsen islamofobi innebærer – er en avsporing av debatten; å bruke denne betegnelsen er usaklig angrep av aller nedrigste stort, og anstendige mennesker holder seg for gode for dette.

Og mht. til de trusler som settes frem fra islamister mot de som kritiserer islam bør myndighetene og politiet beskytte de som blir truet og om nødvendig isolere de som fremsetter truslene. Å gjøre som politiet i London har gjort, å la de som fremsetter reelle trusler mot Vesten være i fred, men å arrestere motdemonstrantene som forsvarer Vesten og demokratiet, er helt uholdbart. Tilsvarende i Nederland: å isolere Geert Wilders samtidig som de som truer ham går fri, er langt unna hvordan en legitim stat oppfører seg.

Islam som politisk ideologi er uforenlig med et sivilisert og fritt samfunn, og de muslimer som ønsker å innføre sharia er motstandere av frihet og sivilisasjon. De skal ha all rett til å gi uttrykk for sine meninger, men miljøer hvor slike meninger finnes må overvåkes, og planer om voldelige aksjoner må stanses før de blir satt i verk.

Man kan ikke bekjempe et angrep dersom man ikke er villig til å identifiserer den ideologien som driver angriperne: å ikke ville identifisere islam som ideologien som driver og motiverer terrorister og de som vil drepe forfattere som Rushdie, regissører som van Gogh, tegnere som Vilks og Hedegaard, politikere som Pim Fortyun, da er man fullstendig avvæpnet. Et klarere eksempel på hva altruisme – et etisk ideal som hevder at selvoppofrelse er den fremste dyd – betyr i praksis er det vel vanskelig å finne.

Har vi selv skyld i angrepene?
Enkelte muslimske terrorister begrunner sine angrep med at Vesten har krenket dem gjennom militære aksjoner; ved at vestlige oljeselskaper tar olje fra muslimske land; ved å støtte ikke-islamistiske regimer i den muslimske verden; gjennom støtte til Israel (som ifølge mange muslimer ikke har noen rett til å eksistere siden det befinner seg på muslimsk land). Dette kommer klart til uttrykk både i bin Ladens krigserklæring, sitert ovenfor, og i uttalelsen fra mannen som drepte soldaten i London: «So what if we want to live by the Sharia in Muslim lands? Why does that mean you must follow us and chase us and call us extremists and kill us?»

Kort til dette: ingen har noen rett til å undertrykke andre mennesker, og siden sharia innebærer omfattende og grov undertrykkelse så har man ingen rett til å innføre sharia; og dette gjelder selv om et flertall i landets befolkning skulle ønske dette. Det er heller ikke slik at land tilhører befolkningen; det er ikke slik at en befolkning har en rett til et landområde. (Individer og frivillige sammenslutninger av individer kan eie landeiendommer, men det finnes ingen rett for folk til å «eie» land: Slagord som «Norge for nordmenn» og «kun muslimer skal kunne oppholde seg på muslimsk land» et ugyldige.) Muslimer har derfor ingen rett til å nekte ikke-muslimer å ferdes visse steder i Saudi-Arabia (det er forbudt for ikke-muslimer å besøke Mekka og Medina), og de har heller ingen rett til å overta det området hvor Israel ligger, dvs. eliminere staten Israel og innføre et islamistisk diktatur i området, selv om området i en lang periode var muslimsk. Rettigheter tilhører kun individer, og det eneste individer har rett til er frihet.

Ang. oljen så tilhører den ikke regimene i de landene hvor den ligger, den tilhører heller ikke befolkningen som bor i områdene, den tilhører – ifølge John Lockes rettighetsteori – de som har funnet den og som har lagt ned arbeid i å utvinne den. Oljen tilhører derfor de oljeselskapene som først drev leting og utvinning. Hvis noen lokale regimer da eksproprierte disse oljekildene så hadde de ingen rett til dette, og det er da bare å forvente at disse regimene vil møte motstand fra vestlige myndigheter – som jo er til for å beskytte sine borgeres eiendom. (At vestlige regjeringer i praksis på mange måter har gjort en svært dårlig jobb på dette området er opplagt; at de støtter undertrykkende regimer i disse landene er ille: sjahens regime i i Iran var forferdelig, dagens regime i Saudi-Arabia er forferdelig, etc.) Men vestlige lands innblanding i arabiske/muslimske land gir ikke noen saklig begrunnelse for islamisters krig eller terror mot Vesten.

Det terroristene vil er å innføre sharia, de vil innføre islamistisk diktatur, og de bekjemper Vesten fordi Vesten motarbeider dem i dette, og fordi Vesten er et eksempel på hvor godt det kan gå dersom man velger å basere en sivilisasjon på et fullstendig ikke-religiøst grunnlag. Vesten på sitt beste er et eksempel på at islam er en gal ideologi og at oppskriften på et fritt og velstående samfunn er rasjonalitet og individuell frihet.

Islamofobi vs. islamofili

La meg definere islamofili slik: islamofili er en holdning som innebærer at man sterkt undervurderer islam som årsak til voldshandlinger og undertrykkelse som enkelte muslimer begår i islams navn, og at man aktivt unngår å koble slike handlinger til islam og heller legger vekt på andre forklaringsmodeller som f.eks. fattigdom, fremmedgjøring, rettferdig harme, svar på undertrykkelse og urettferdighet, etc.

Jeg vil hevde at det er all grunn til å frykte islam, både på grunn av dens teori, på grunn av dens historie, og på grunn av den undertrykkelse og den type voldshandlinger som en del muslimer begår. Å være sterkt kritisk til islam er bare et aspekt av å være tilhenger av frihet og sivilisasjon, og å være kritisk til alle frihetsfiendtlige ideologier.

Det som kalles islamofobi er ikke noe problem så lenge den kommer til uttrykk i argumentasjon, opplysning, faktafremlegging, informasjon, karikaturer, latterliggjøring, sketsjer, filmer, etc. Dersom den kommer til uttrykk i vold så er det selvsagt forkastelig; ikke fordi kritikk av islam er forkastelig, men fordi all initiering av tvang er forkastelig.

Det som er problemet er altså den svært utbredte islamofilien, og jeg har gitt mange eksempler på dette i denne artikkelen. Fredelig motstand mot og kritikk av islam – som de islamofile kaller «islamofobi» – er bare en naturlig reaksjon på en sterkt frihetsfiendtlig og sterkt undertrykkende ideologi som i stadig større grad gjør seg gjeldende i Vesten.

Litteratur og lenker

Addison, Paul: *Churchill, the Unexpected Hero*, Oxford University Press 2005
Murray, Douglas: *Islamophilia*, emBooks 2013
Selbekk, Vebjørn: *Truet av islamister*, Genesis 2006

http://www.heritage.org/research/projects/enemy-detention/al-qaeda-declarations

http://www.independent.co.uk/news/world/politics/special-report-the-punishment-was-death-by-stoning-the-crime-having-a-mobile-phone-8846585.html

http://www.document.no/2006/01/finn_graff_tor_ikke_tegne_prof/

http://www.aftenposten.no/nyheter/uriks/Delegasjon-drar-til-Midtosten-6519086.html#.Uk-_TWT26AE

http://www.theguardian.com/world/2009/feb/12/far-right-dutch-mp-ban-islam

http://www.document.no/2010/02/homofili_og_doble_standarder/

Terror og psykiatri i Norge

Publisert på gullstandard.no 12. juli 2021

Det er ikke bare verdensmetropoler som New York, London, Paris og Madrid som er blitt rammet av terrorangrep de siste årene, også Norge og Oslo har vært rammet av til dels grusomme terrorangrep. De fleste norske angrepene har vært små, men et av dem, det som rammet Oslo/Utøya i 2011, var blant de største og mest grusomme terrorangrep verden har sett.

På ettermiddagen fredag 22. juli 2011 gjennomførte Anders Behring Breivik to angrep – først forsøkte han å sprenge regjeringskvartalet i Oslo, og deretter angrep han ungdommer på AUFs sommerleir på Utøya. Sprengningen av regjeringskvartalet lykkedes ikke, selv om åtte personer mistet livet i dette angrepet. På Utøya drepte han kaldt og metodisk cirka 70 ungdommer. Mange ble også skadet for livet. Breiviks mål var å ødelegge en kommende generasjon av arbeiderpartipolitikere, og motivasjonen var Arbeiderpartiets ettergivenhet overfor islam.

Med fullt overlegg drepte Breivik forsvarsløse ungdommer som oppholdt seg på en liten øy de ikke kunne rømme fra. Dette er uttrykk for en kynisme og en råskap som man sjelden ser maken til, og dersom norsk lovgivning hadde åpnet for det ville vi gått inn for dødsstraff for Breivik.

Andre terrorangrep i Norge

Men Breivik er ikke den eneste som har utført terrorangrep i Norge. Hans angrep var det klart største, mens en rekke andre angrep har hatt langt færre ofre. Men det som bestemmer hvorvidt noe er et terrorangrep er ikke antall ofre.

Hva er terror? Terror er angrep med formål å drepe eller skade mennesker (eller å ødelegge store materielle verdier) utført av små grupper mot mer eller mindre tilfeldige mål med hensikt å spre frykt for å oppnå et politisk mål*. Terrorangrep er altså ideologisk motivert. Det store antall angrep vi har sett i Vesten de siste årene er da klart å klassifisere som terrorangrep. Den motiverende ideologien i de aller fleste angrepene er islam. (Breiviks motivasjon var motstand mot islam).

Eksempler på terrorangrep er å styrte fly inn i bygninger, å sprenge en bombe på en togstasjon eller blant publikum på et arrangement, å kjøre en bil på fortauet for å ramme fotgjengere, å veive om seg med en kniv eller en øks for å skade eller drepe personer som tilfeldigvis befinner seg i nærheten, å sette fyr på biler – alt dette er angrep som er ment å ramme tilfeldige sivile, og alle disse er altså terrorangrep (såfremt de er ideologisk motivert).

18. januar 2019 ble en ung kvinne stukket med en kniv i ryggen mens hun besøkte en Kiwi-butikk i Oslo (hun overlevde). PST klassifiserte dette som et terrorangrep. Gjerningsmannen ble arrestert, og document.no forteller:

> Russeren som er terrorsiktet etter knivstikking i en Kiwi-butikk i Oslo, sa i avhør at han ville drepe flest mulig. Forsvareren hans mener han er syk. Russeren (20) kommer fra den islam-dominerte delrepublikken Basjkortostan, vest for Uralfjellene. Han har selv sagt i avhør at han har utført terror. Ola Lunde, som er russerens oppnevnte forsvarer, tror ikke på klientens terror-erklæring. Han mener 20-åringen var strafferettslig utilregnelig da han stakk kvinnen (25) i ryggen. I så fall havner han i helsevesenet og ikke i fengsel. Advokaten har ikke møtt klienten ennå, og heller ikke lest forklaringen hans.

VG skrev dette om denne saken noen dager etter angrepet:

> [PST] vil ha rettspsykiatrisk undersøkelse ... Hva mener PST om siktedes helsesituasjon? Vi har ingen forutsetninger for å vurdere hans helse på et faglig grunnlag, men vi kommer til å be om en prejudisiell observasjon, svarer [politiadvokat]

---

* *Oxford English Dictionary bekrefter denne betydningen av «terrorisme». Under «terrorist» gir OED følgende definisjon: «a person who uses or favours violent and intimidating methods of coercing a government or community». Sitat fra utgave nr 9 av The Concise Oxford Dictionary, 1998.

Bakken Staff. Det betyr at sakkyndige skal gjennomføre en rettspsykiatrisk undersøkelse av 20-åringen. ...

Etter fengslingsmøtet opplyser politiadvokat Anne Karoline Bakken Staff i PST at den formelle siktelsen mot 20-åringen er etter straffelovens terrorparagraf 131. PST mener han har begått en terrorhandling med mål om å skape alvorlig frykt i befolkningen ... Han har ikke sagt noe om hvorfor han kom hit, bortsett fra at han er muslim og at han er sint på europeere, fordi vi har det så godt. Det går litt på religion, å være en kristen er synd, mener han, sier [mannens forsvarer Ola] Lunde. Forsvareren mener 20-åringen trenger hjelp. – Han er en forvirret ung mann som har disse tankene, og han har behov for behandling. Foreløpig er han der at han sier han vil fortsette med disse aksjonene om han løslates. ...» (link nedenfor).

Nedenfor gjengir vi noen kortere omtaler om enkelte andre terrorangrep i Norge.

[Bussjåfør drept av passasjer i februar 2003.] Det kunne endt med katastrofe. Bussen kunne med letthet kjørt utfor stupet like ved. Men til tross for knivstikket, klarte sjåføren å stanse bussen, ... sjåførene er svært opprørt over det som skjedde og vil hedre sin drepte kollega med å bære sørgebind. ... Drapsmannen var asylsøker fra Etiopia. Dømt til tvungent psykisk helsevern. (NRK).

Tre drept etter busskapring i Sogn og Fjordane ... Bevæpnet med kniv gikk passasjeren til angrep på medpassasjerene på Valdresekspressen. ... Gjerningsmannen er 30 år gammel, og asylsøker fra Sør-Sudan. (VG 4/11-13).

Kjent skyldig i flykapring og drap. Den tiltalte i Kato Air-saken ... er kjent skyldig i flykapring og drapsforsøk. Lagretten brukte mindre enn tre kvarter på å komme fram til kjennelsen torsdag formiddag. Den 34 år gamle asylsøkeren fra Algerie angrep de to pilotene med øks mens de satt i cockpiten. Flyet var under innflyvning til Bodø. (NRK 23/6-05).

3. august 2004:. En norsk-somalier går amok på trikk 17 utenfor Bislett stadion i Oslo. ... [En 23 år gammel mann] blir drept. Fem andre blir forsøkt drept med en såkalt Rambo-kniv. Gjerningsmannen stikker av fra stedet i en bil, men blir tatt dagen etter. Han får diagnosen paranoid schizofreni, og blir dømt til tvunget psykisk helsevern. (TV2).

En 20 år gammel pakistaner knivstakk [NN] ... til døde. [Mannen] ble drept mens han var på jobb på Coop Byggmax i Vadsø 14. juli i fjor. En 20 år gammel mann er dømt til overføring til tvungent psykisk helsevern etter knivdrapet... i Vadsø i sommer. Dommen falt i Øst-Finnmark tingrett mandag, melder NRK. Dommen er i tråd med aktors påstand. Den dømte, en 20 år gammel pakistaner med midlertidig opphold i Norge, var psykotisk da drapet ble begått. (document).

Midt i oktober 2021 ble Kongsberg utsatt for en grusom terrorhandling. Fem tilfeldige personer ble drept med kniv. Gjerningsmannen var en middelaldrende norskfødt dansk statsborger som hadde konvertert til islam. Før denne grusomme handlingen hadde han i flere år oppført seg truende overfor personer i sitt nærmiljø, og han hadde i en lang periode vært under psykiatrisk behandling. I ettertid dekket både politiet og pressen over viktige fakta i saken. En ekspert uttalte følgende om saken: «Deler av metodene som gjerningsmannen brukte, var som hentet ut av dreieboka til IS om hvordan man vil angripe myke mål med lav kostnad.» I november 2021 løp en mann rundt med kniv på Bislett-området i Oslo og truet forbipasserende mens han ropte «Allahu akbar». Mannen ble heldigvis drept av politiet før han rakk å skade noen. Mannen var opprinnelig fra Tsjetsjenia og hadde utført lignende knivangrep i Oslo tidligere. Da ble han dømt til tvunget psykisk helsevern. Det var under en kort velferdspermisjon at han løp rundt på Bislett med kniv og truet forbipasserende. I etterkant dekket både politiet og pressen over viktige fakta i saken. Natten til 25. juni 2022 ble to personer drept og 23 skadet i et terrorangrep i Oslo sentrum. Angrepet skjedde mot et samlingssted for homofile, og gjerningsmannen var en ekstrem islamist. (Som kjent er homofili forbudt i islam.) Gjerningsmannen ble dømt til 30 års forvaring, og det var aldri snakk om at han hadde noen form for psykiske lidelser, men både politiet og pressen neddempet terroristens ideologiske orientering.*

Psykiatrien

Som man ser fra sitatene over ser det ut til at psykiatrien blir involvert i de aller fleste av disse sakene.

Før Breivik ble stilt for retten gjennomgikk han en psykiatrisk evaluering. Den konkluderte med at han var gal. Dette uttrykket brukes ikke i psykiatrien og vi gjengir derfor også følgende fra Wikipedia, hvor den formelle diagnosen er å finne:

> Rettspsykiaterne Synne Sørheim og Torgeir Husby ble oppnevnt av Oslo tingrett som sakkyndige. Deres rapport på 243 sider ble overlevert retten 29. november 2011. Den gav Breivik diagnosen paranoid schizofreni og hevdet at Breivik var psykotisk på gjernings- og observasjonstidspunktet og dermed strafferettslig utilregnelig...

Men dette var ikke godt nok for myndighetene, og «Den 8. desember 2011 fremmet to bistandsadvokater krav om en ny psykiatrisk utredning». Hva ble så resultatet av denne evalueringen? Wikipedia forteller:

> Oslo tingrett valgte den 13. januar 2012 å oppnevne psykiaterne Agnar Aspaas og Terje Tørrissen som sakkyndige. ... Den nye sakkyndigrapporten på 310 sider ble overlevert til Oslo tingrett den 10. april 2012 ...De sakkyndige uttalte at samarbeidet med Breivik hadde vært bra. Rapporten konkluderte med at Breivik ikke led av paranoid schizofreni, og at observanden ikke var «psykotisk, bevisstløs eller psykisk utviklingshemmet i høy grad på tiden for de påklagede handlinger.» Den erklærer at «observanden har ikke alvorlig psykisk lidelse med betydelig svekket evne til realistisk vurdering av sitt forhold til omverdenen, og han handlet ikke under en sterk bevissthetsforstyrrelse på tiden for de påklagede handlinger.

---

* Disse tre sakene skjedde etter at den første versjonen av denne artikkelen ble publisert. De to første er mer utførlig omtalt i artikler som er å finne på gullstandard.no.

Observanden er ikke lettere psykisk utviklingshemmet», og at «observanden var ikke psykotisk på tiden for undersøkelsene». Den konkluderte med at Breivik er strafferettslig tilregnelig ...

Så, den første evalueringen sa at Breivik var psykotisk og strafferettslig utilregnelig, mens den nye evalueringen sa det motsatte.

Manshaus

Philip Manshaus´ attentatforsøk i en moské i Bærum (august 2019) var opplagt en terrorhandling. Heldigvis ble ingen drept i forsøket, og heldigvis ble også Manshaus overmannet av to staute karer som befant seg i moskeen og som fikk stanset ham før han fikk avfyrt noen drepende skudd. Før terrorhandlingen, eller terrorforsøket, hadde Manshaus allikevel dessverre klart å drepe sin adoptivsøster; Manshaus likte ikke at utlendinger kom til Norge, og siden søsteren var fjernadoptert mente han at hun burde drepes.

Men var Manshaus ved sine fulle fem? Var han psykotisk? Han ble undersøkt av psykiatere, og som en overskrift i Aftenposten sa det: «Rettspsykiaterne finner ikke fnugg av psykotisk tenkning hos Manshaus». Fra artikkelen:

> Det er ikke ofte vi finner tre rettspsykiatrisk sakkyndige som er så sikre i sine konklusjoner som i denne saken.
> Psykologspesialist Anne Lill Ørbeck og psykiaterne Rita Lyngved og Helge Haugerud har hatt 11 samtaler med Philip Manshaus på Ila fengsel. Det er langt flere samtaler enn det som er vanlig ved en rettspsykiatrisk undersøkelse. Sammenholdt med andre opplysninger i saken har de sakkyndige derfor hatt et omfattende materiale å forholde seg til da de skulle konkludere om tiltaltes mentale helse. Konklusjonene er krystallklare. Det finnes ingen tegn til psykose – Philip Manshaus er strafferettslig tilregnelig. Det er ingen åpenbare personlighetsforstyrrelser (link nedenfor).

Så: Manshaus var ikke rammet av noen psykose (og heller altså ikke Breivik ifølge den andre undersøkelsen). Kan det være slik at det er bare muslimske terrorister som er psykotiske i gjerningsøyeblikket eller lider av personlighetsforstyrrelser, og at anti-islamske terrorister aldri er psykotiske?

Hamsun

Vi tar en avstikker innom en gammel, men viktig, sak. Som kjent var Knut Hamsun sympatisk innstilt til nasjonalsosialismen og til Hitler. Under krigen og okkupasjonen var han nokså klart på okkupasjonsmaktens side. Da Hitler døde skrev han endog en kort hyllest:

> Jeg er ikke verdig til at tale høirøstet om Adolf Hitler, og til nogen sentimental Rørelse indbyder hans Liv og Gjerning ikke. Han var en Kriger, en Kriger for Menneskeheden og en Forkynder av Evangeliet om Ret for alle Nasjoner. Han var en reformatorisk Skikkelse av høieste Rang....

Hamsuns politiske sympatier var da åpenbart meget pinlige for norske myndigheter: Landets største dikter var landsforræder. Etter krigen ble han stilt for retten, men rettssaken, og det den egentlig handlet om, var meget komplisert og vi vil ikke gå inn på dette her. (Den som er interessert kan lese Torkild Hansens meget interessant bok om saken.) Men det som er blitt stående er en konklusjon etter rettssaken om at Hamsun led av «varig svekkede sjelsevner». Det som er blitt stående som budskapet fra rettsprosessen mot Hamsun er altså at han sympatiserte med nasjonalsosialistene fordi han ikke helt var ved sine fulle fem.

Det som skjedde her var at ledende personer innen statsapparatet satte noe som så ut som en psykiatrisk diagnose på en person som de ikke våget eller ønsket å dømme for en alvorlig forbrytelse, landssvik. (Vi vil nevne at uttrykket «varig svekkede sjelsevner» ikke er en medisinsk/psykiatrisk diagnose, det er en «rettspsykiatrisk betegnelse»). Med andre ord: Hamsun ble ikke dømt for landssvik; en slik dom ville vært pinlig for Norge. Hans sympati for nasjonalsosialismen ble forklart med at han var noe redusert i sin mentale kapasitet. Myndighetene brukte altså psykiatrien for å unngå å gjøre noe som det ville være politisk vanskelig å gjennomføre. (At Hamsun ikke led av noen redusert mental kapasitet kan man få bekreftet ved å lese hans siste bok, *På gjengrodde stier*, som kom ut i 1949.)

Terrorangrep i Norge

Hvis vi ser på de terrorangrepene som er utført av muslimer i Norge de siste årene, ser vi at de aller fleste gjerningsmennene i de sakene vi har sitert om over er blitt klassifisert som psykotiske eller er blitt dømt til psykiatrisk behandling.

Det kan altså se ut som om myndighetene av politiske grunner bruker psykiatriske diagnoser for å unngå at en rettssak kommer opp, for å unngå en uønsket dom, eller for å få et ønsket resultatet av en rettssak.

Man ville ikke ha noen landssviksak mot Hamsun og han ble erklært å lide av varig svekkede sjelsevner. Man ville ha en vanlig rettssak mot Breivik, og når psykiaterne kom til at han var gal så ble det oppnevnt nye psykiatere som kom til en annen og politisk sett mer passende konklusjon. Manshaus ble umiddelbart erklært som ikke psykotisk. Når det gjelder terrorangrep utført av muslimer vil man ikke ta den politiske belastning det er å stille dem for en vanlig rettssak så de blir da også klassifisert som gale. («Gal» er et folkelig uttrykk som ikke hører hjemme hverken i psykiatrien eller i rettsapparatet; der brukes uttrykk som «varig svekkede sjelsevner» eller «paranoid schizofreni» eller «psykose».)

Altså: Når anti-muslimske terrorister stilles for retten ignoreres eventuelle psykiatriske diagnoser, og all vekt legges på ideologien. Når muslimske terrorister havner i rettsapparatet kan det se ut som om det er det stikk motsatte som skjer: Da forsøker myndighetene å gjemme bort den ideologiske begrunnelsen terroristene selv benytter, og også eventuelle tilståelser, og all vekt legges på en psykiatrisk diagnose. Og som kjent: psykiatriske diagnoser er meget enkle å finne hos hvem som helst hvis man leter og ønsker å finne en slik.

Er dette en rettsstat verdig? Nei. Dette er politisk manipulasjon av rettsprosesser, de utføres med en politisk agenda, og denne agendaen er å forsøke å ignorere eller å nedvurdere den faren som militant islam er. Ja, ved at terroristene blir erklært som sinnsyke blir den ideologiske begrunnelsen de selv benytter erklært totalt irrelevant og uviktig. Man kan si at de norske myndighetene her gjør en innsats for å redusere eller eliminere den betydningen islam har som begrunnelse for terrorisme, en begrunnelse som terroristene selv som regel sier at de har.

La oss helt til slutt si at vi ikke påstår at dette er en konspirasjon utført av et skjult maktapparat. Det er ikke slik at noen personer må snakke sammen og bli enige om hva som skal skje. Det som skjer er bare et uttrykk for de holdninger og meninger og standpunkter og politiske synspunkter som finnes blant de personer som har høye posisjoner i det politiske maktapparat, et maktapparat som inkluderer rettsapparatet, akademia, pressen, byråkratiet, og psykiatrien. Og det de gjør i disse sakene er altså å forsøke å eliminere islam som en utløsende motivasjon for muslimske terrorister.

Lenker
https://www.vg.no/nyheter/innenriks/i/xRozyG/pst-ingen-holdepunkter-for-at-knivangriper-20-samarbeidet-med-noen

https://www.vg.no/nyheter/innenriks/i/5VavVz/knivofferets-bror-stakk-henne-med-to-hender-rundt-kniven?utm_content=row-15&utm_source=vgfront

Kiwi-terroristens forsvarer: – Min magefølelse sier meg at han er syk

https://www.vg.no/nyheter/innenriks/i/pzb8G/tre-drept-etter-busskapring-i-sogn-og-fjordane

https://www.nrk.no/nordland/kjent-skyldig-i-flykapring-og-drapsforsok-1.97298

https://www.tv2.no/a/9843379/

Tvungent psykisk helsevern for 20 år gammel pakistaner som knivstakk Håvard Pedersen til døde

https://www.nrk.no/ho/sjaforene-hedrer-drept-kollega-1.33091

http://www.sakkyndig.com/psykologi/artvit/boland2006.pdf

Manshaus:
https://www.aftenposten.no/meninger/kommentar/i/WbVEEj/rettspsykiaterne-finner-ikke-fnugg-av-psykotisk-tenkning-hos-manshaus

Immanuel Kants innflydelse

En utvidet versjon av et foredrag holdt i FSO 28. oktober 1997

Det Objektivistiske synet er at det er fundamentale filosofiske ideer som styrer historien. Gode ideer har gode resultater, og dårlige ideer har negative resultater. Dagens tilstand er forårsaket av dårlige ideer, og den moderne formuleringen av disse dårlige ideene stammer fra én mann: Immanuel Kant.

Kant preger alt intellektuelt liv idag. For Objektivister er derfor Kant hovedfienden, og Ayn Rand har beskrevet ham som historiens ondeste menneske («the most evil man in mankind´s history»). Historiens ondeste menneske. Dette er en meget sterk påstand.

Men kan det være grunnlag for en slik påstand? Kant gjorde aldri noen fortred. Han levde hele sitt liv som akademiker i sin hjemby Köningsberg. Han skrev sine bøker, han ga sine forelesninger. Han regnes som tilhenger av demokrati, frihandel, rettsstat. Han var ikke diktator, han var ikke morder, tyv eller overfallsmann. Hvordan kan man beskrive ham – og ikke sosialistdiktatorer som Hitler, Stalin, Mao eller Pol Pot som historiens ondeste menneske?

Dersom man undertrykker eller i verste fall dreper en annen, fredelig person, så er man ond. Men den som lærer opp folk til å adlyde f.eks. Hitler når han befaler folk å undertrykke eller å ta livet av andre mennesker, den som gjør det nærmest umulig for folk flest å stå imot en slik ordre, den som har gjort det nærmest umulig å argumentere mot Hitler – må ikke han også være ond? Selvsagt er han det. For å ta eksempler fra vårt århundre: gangstere som Hitler, Stalin, Mao, Pol Pot er i vårt århundre ikke forblitt gangstere, de er blitt politiske ledere med titalls millioner av mennesker under seg. Gangstere har eksistert til alle tider, men i vårt århundre er de blitt ikke-kontroversielle politiske ledere med diplomatiske forbindelser med demokratier, med representasjon i FN – hvordan har dette kunnet skje?

Disse har begått massemord, ikke bare med støtte i store deler av sine respektive befolkninger, men også – utrolig nok – med støtte fra intellektuelle i andre land. Hvordan har dette kunnet skje?

Det som ifølge Objektivismen styrer verdens utvikling er altså filosofi: fundamentale filosofiske ideer som er akseptert i befolkningen i et land bestemmer den politiske utvikling i landet. De var de filosofiske grunnideene som var akseptert av befolkningene i Tyskland og Russland som muliggjorde at Hitler og Stalin fikk makt og kunne foreta massemord.

Hvem var ansvarlig for disse grunnideene? Hvem ga disse ideene en form og en begrunnelse som var slik at de ble akseptert? Hvem la grunnlaget for at Hitler og Stalin kunne utrydde millioner av mennesker? Det var Immanuel Kant.

For her og nå å knytte Kant til nazismen: Adolf Eichmann (som organiserte transporten av jøder til konsentrasjonsleirene) erklærte under rettssaken i Israel – han flyktet fra Tyskland til Sør-Amerika etter krigen, og ble kidnappet av israelske agenter i Argentina i 1960 – at han var kantianer, og at han, når han sendte jøder til Auschwitz, kun gjorde sin plikt. Det er altså en direkte sammenheng mellom Kant og nazismen.

Eichmann gjorde sin plikt. La oss definere plikt: en plikt er den moralske nødvendighet å utføre visse handlinger uten annen begrunnelse enn å adlyde en høyere autoritet, uten hensyn til noe personlig mål, motiv, ønske eller interesse. (Dette er Ayn Rands definisjon.) Denne definisjonen er i fullt samsvar med den vanlige bruk av ordet plikt i sammenhenger som verneplikt, borgerplikt, skatteplikt. (Men man må ikke forveksle plikt med forpliktelse – en forpliktelse er noe man frivillig påtar seg: man er forpliktet til å overholde en avtale man har inngått.)

Nå håper jeg at dere ser hvor vi vil hen. Stalin og Hitler var selvsagt onde – men den som skapte det kulturelle og filosofiske klima som gjorde at disse kom til makten og kunne regjere over millioner av mennesker – han var også ond. I det følgende skal jeg begrunne dette.

Jeg skal først fremstille visse hovedpunkter ved Kants filosofi så plausibelt jeg kan – og deretter skal jeg kritisere den, og påvise at den er årsaken til vårt århundres elendighet, ikke bare sosialismens massemord, men også vår tids umoral, hedonisme, holdningsløshet, kynisme, osv.

Personen Immanuel Kant

Noen ord om personen Kant (1724-1804) – dette er relevant for temaet, som er Kants filosofi. Han var et ordensmenneske – han stod opp hver morgen klokken fem, tjeneren hadde fått streng beskjed om å få ham opp uansett hvor søvnig han skulle være. Han gikk sine turer til faste tider, og folk kunne stille klokken etter ham. (Eneste gang han ikke gikk tur til fast tid var mens han leste Rousseaus *Emile*.) «Hvis en saks eller pennekniv hadde forskjøvet seg aldri så lite på skrivebordet så den pekte i en annen retning enn vanlig, eller om en stol var blitt flyttet til et annet sted i værelset, ble han rastløs og ute av humør» (Weichsedel: *Filosofenes verden*, s. 202). Han bodde hele sitt liv i Königsberg (nå Kaliningrad), et dynamisk senter med et rikt kommersielt og intellektuelt liv, men han var lommekjent i flere storbyer, blant annet London. Hvordan? Han studerte kart. (Det er tydelig at det han var opptatt av var modeller, ikke virkeligheten.)

En gang mens han var meget gammel ble han besøkt av sin lege. Kant var da meget syk og hadde store smerter nå han beveget seg, men når legen kom, reiste han seg opp – han mente at man hadde plikt til å reise seg opp nå legen kom (Jones: *History of Western Philosophy* Bind 4, s. 80). Her illustreres et for Kant viktig etisk prinsipp, som jeg kommer tilbake til.

I 1794 fikk Kant beskjed fra kong Fredrik Wilhelm II om at hans (Kants) synspunkter om kristendommen undergravet kongens landsfaderlige hensikter, og han ble bedt om ikke å uttale seg om emnet. Kant lovte som «Deres Majestets mest tro undersått» å avholde seg fra å uttale seg om religion i forelesninger eller skrifter – det var jo en plikt å adlyde kongen.

Han ble historiens mest innflydelsesrike kunst-teoretiker, men han var overhodet ikke interessert i kunst. Han hadde intet forhold til bildende kunst, det eneste maleri i hans leilighet var et portrett av Rousseau, som han var en stor beundrer av.

I *Critique of Pure Reason* (heretter CPR) utelater han eksempler, selv om dette vil gjøre det lettere å forstå hans teoretiske modell – eksempler er unødvendige for den seriøse student, sier han (Kemp Smith, CPR, s. 13). Det sies at CPR inneholder kun ett eksempel, men jeg tror dette er feil. Det korrekte antall eksempler er visstnok tre. CPR er forøvrig meget vanskelig tilgjengelig, den er skrevet i typisk kansellistil med lange og innviklede setninger. Noen av dem strekker seg over flere boksider.

Metafysikk

Så over til en meget kort fremstilling av Kants filosofi. Hvordan kan vi vite at virkeligheten er slik den ser ut for oss? Her er et vanlig eksempel som ofte benyttes for å illustrere dette: tenk deg av vi har på oss et par briller med blått glass. Da vil alt se blått ut. Ikke fordi det er blått, men fordi vi bærer disse blå brillene. (Dette eksemplet er selvsagt ikke Kants eget – han likte ikke eksempler – men brukes av flere, f.eks. Bertrand Russell i *A History of Western Philosophy*, for å forklare Kants syn.).

Det kan således hende, mener Kant, at vårt sanseapparat er slik at vi får en ukorrekt gjengivelse av det som er omkring oss. Det kan hende at sanseapparatet forvrenger det som er omkring oss og gir et «farvet» bilde av virkeligheten. Vi kan derfor aldri vite hvordan virkeligheten egentlig er, vi kan bare vite hvordan virkeligheten ser ut for oss. Vi kan ikke kjenne «Ding an sich», vi kan kun kjenne «Ding für mich». Vår «anskuelse er liksom blind» (Bjelke/Dege: *Den europeiske filosofi*, Universitetsforlaget 1970, s. 122).

Kants metafysikk er derfor tom: vi kan ikke vite noe om virkeligheten. Noen ganger sier han at virkeligheten forårsaker våre sanseinntrykk, andre ganger sier han det motsatte. Han er ikke konsekvent her. Men hans syn er at vi kan ikke vite noe om virkeligheten slik den virkelig er, vi kan bare vite hvordan virkeligheten ser ut for oss.

Epistemologi

Den verden som virkelig eksisterer kaller Kant den nomenuelle verden. Den verden vi opplever kalles den fenomenuelle verden.

Videre finnes det ifølge Kant kunnskap som ikke springer ut fra erfaring: et vanlig eksempel er å si at en kule kan ikke være både svart over det hele og hvit over det hele. Empiriske undersøkelser er ikke nødvendige for å konstatere at utsagn av denne typen er sanne – de er sanne a priori – før erfaringen. Å benekte dem fører til en direkte selvmotsigelse.

En annen type sanne utsagn er av denne typen: katter føder levde unger, ender legger egg. Hvis det hadde vært motsatt ville det ikke vært noen selvmotsigelse. Utsagn av denne typen er sanne, men det kunne vært annerledes – disse utsagnene finner vi ut om er sanne eler ikke ved empiriske undersøkelser. Disse utsagnene, sier Kant, er sanne a posteriori – etter erfaringen.

Kants epistemologi har også en inndeling av sanne utsagn i syntetiske og analytiske: Hvis jeg sier at «en ungkar er en ugift mann», og «en ungkar har to armer», er begge utsagnene sanne, men det er to ulike typer sannhet. Det første utsagnet er sant fordi man kan avgjøre dette kun ved å se på de ordene som inngår i utsagnet: siden en ungkar er definert som en ugift mann, er dette utsagnet det samme som: en ugift mann er en ugift mann. Et slikt utsagn er det Kant kaller analytisk. Men det andre utsagnet: en ugift mann har to armer – for å konstatere om dette utsagnet er sant, må vi se på (det vi opplever som) virkeligheten. Slike utsagn sier Kant er syntetiske.

Kant har nå fire mulige kategorier for sanne utsagn: alle kombinasjoner av apriori og aposteriori, syntetisk og analytisk.

Poeng her: Logikk er analytisk a priori – og logikk sier derfor ikke noe om virkeligheten. Så logikk har ikke lenger noe med empirisk sannhet (overensstemmelse med virkeligheten) å gjøre. Men det finnes allikevel ifølge Kant, og i motsetning til Hume, sikker, universell, nødvendig viten om (det vi opplever som) virkeligheten: f.eks. Newtons lover. Skeptikeren Hume, som Kant ønsket å gjendrive, hadde benektet dette. Men grunnen til at det finnes sikker, nødvendig universell viten, er ikke fordi virkeligheten er lovmessig, det er fordi vår bevissthet inneholder endel strukturer eller mekanismer (kategorier) som ordner våre sanseinntrykk slik at virkeligheten ser lovmessig ut for oss. Det vi opplever som virkeligheten er noe som ordner seg etter hvordan vår bevissthet er innrettet. Jones oppsummerer dette slik: «...the principle of causality is necessary true, but the source of its necessity is in the structure of our minds» (Jones, Bind 4, s. 48).

Tidligere hadde oppfatningen vært at vår kunnskap og våre oppfatninger er basert på en uavhengig virkelighet. Nå, etter Kant, blir oppfatningen slik: (det vi opplever som) virkeligheten innretter seg etter oss. Kants egne ord (oversatt til engelsk): «Hitherto it has been assumed that all our knowledge must conform to objects ... But this has ended in failure.... We ...may therefore have more success ... if we suppose that objects must conform to knowledge» (CPR, s. 22). Før: kunnskap tilpasses objektene, nå: objektene tilpasses kunnskapen. Kant kaller selv dette for en kopernikansk revolusjon: Før Kopernikus var oppfatningen at solen beveget seg omkring jorden, etter Kopernikus var synet det motsatte: Jorden beveger seg omkring solen. Det Kant gjorde var å snu opp-ned på den tidligere oppfatningen om sammenhengen mellom kunnskap og virkelighet.

Fornuften kan bare gi kunnskap om den fenomenuelle verden, det vi opplever. Fornuften er derfor «begrenset». For virkelig å ha kunnskap om de viktige ting – f.eks. etikk – må vi bruke andre erkjennelseformer. Kant sier: «I have found it necessary to deny knowledge and make room for faith» (CPR, s. 29).

Kants Fornuft er dog ikke den samme som den aristoteliske fornuft*. (Det aristoteliske syn på fornuften er at fornuften er evnen mennesket har til å systematisere det som blir observert.) Kant mente at han – med fornuften – hadde bevist både at universet har en begynnelse i tid, og at det er uendelig i tid. Dette er en selvmotsigelse og selvmotsigelser kan ikke forekomme, og Kant tolker dette dit hen at det er fornuften det er noe i veien med, ikke hans anvendelse av den. Kant sier blant annet av denne grunn at fornuften må kritiseres (Kants filosofi omtales gjerne som den kritiske filosofi, og tre av hans hovedverker heter *Kritikk av*....) Fornuften inneholder ifølge Kant Ideer, og en slik Ide er «a concept of Reason whose object can be met with nowhere in experience» (Caygill: *A Kant Dictionary*, s. 236, fra Kants *Logic*). Altså Fornuften inneholder forestillinger som ikke er basert på observasjon. Dette har blant annet medført resonnementer av følgende type: siden så mange tror på Gud (gjennom historien, i ulike kulturer), må Gud finnes – selv om Guds eksistens hverken kan observeres eller utledes av det som observeres, dvs. ikke kan begrunnes rasjonelt. Om Guds eksistens sier Kant selv at «det er en absolutt nødvendighet å overbevise seg om at Gud eksisterer, men å bevise det er ikke så nødvendig» (*Dictionary*, s. 215). At «Gud, frihet [fri vilje] og udødelighet» finnes er ifølge Kant sannheter, men disse sannhetene kan ikke begrunnes med fornuften.

Siden man ikke kan ha kunnskap om den egentlige virkelighet, den nomenuelle verden, blir objektivitet umulig (objektivitet forutsetter et uavhengig objekt, og er en vurdering av dette som er tro mot objektet). Men Kant selv åpner ikke direkte for individuell subjektiv-

---

* Det som tidligere ble kalt «fornuft» blir av Kant (oversatt til engelsk) kalt «understanding». Det Kant kaller «Fornuft» er en evne til å erkjenne det som er bortenfor virkeligheten, det transcendente.

isme, han sier at alle mennesker har samme type sanseapparat, og derfor blir det slik at alle mennesker har samme opplevelse av virkeligheten. Objektivitet erstattes derfor av inter-subjektivitet. Og dette er ikke annet enn enighet.

Etikk

Noen ord om Kants etikk: han sier at man ikke kan vite noe om konsekvenser av handlinger: Hvis jeg gir 100 kr til en tigger, og han så kjøper en pistol og dreper noen – da vil enkelte hevde at jeg til en viss grad er medskyldig. Men min *intensjon* var ikke å medvirke til et drap – jeg bør derfor ikke være medskyldig, moralsk sett. Kriteriet for vurdering av moralske handlinger er ifølge Kant derfor ikke konsekvensene av handlingen, men *intensjonen* bak handlingen. Dette kalles selvsagt en intensjonsetikk – eller en sinnelagsetikk. Kant sier at den gode vilje «er det høyeste av alle goder og forutsetningen for alle andre goder» (Jones, Bind 4, s. 71). Om konsekvenser? Kant avviser «å kalle vår vilje for god fordi dens handlinger har de og de konsekvenser ... følgene av handlinger er tilfeldige. Vi kan ikke ha herredømme over disse, og kan derfor heller ikke gjøres moralsk ansvarlig» (Bjelke/Dege, s. 129).

Man skulle tro at man når man skal utarbeide en etikk så begynner man med å se på virkeligheten, ved å observere eksempler, og så se på hvilke handlinger som medførte ønskede/gode konsekvenser. Ikke Kant. Han mener at dette vil ødelegger all moral som sådan: «Nor could anything be more fatal to morality than that we should wish to derive it from examples» (*Fundamental Principles of the Metaphysic of Morals*, Prometheus Books 1987, s. 36).

Videre: «A good will is good not because of what it performs or effects, not by its aptness for the attainment of some proposed end, but simply by virtue of the volition, that is, as a good in itself...» (FMM, s. 18). «Thus, the moral worth of an action does not lie in the effect expected from it...» (FMM, s. 26). Man skal praktisere den rette moralen «without any end or advantage to be gained by it...» (fra FMM, sitert i The Objectivist, s. 1093).

Tidligere var det ikke uvanlig å hevde at man skulle praktisere den rette moralen for å bli lykkelig. Kants syn er et annet: «The more a cultivated reason applies itself with deliberate purpose to the enjoyment of life and happiness, so much the more does the man fail of true satisfaction» (FMM, s. 20). Så lykke, eller gode konsekvenser, er ifølge Kant irrelevant for etiske normer. Og om å ta lykke som mål for etikken sier Kant: «the principle of private happiness ... is the most objectionable, ... because it undermines and destroys its sublimity» (FMM, s. 72). Han sier også «If eudaimonism [lykke] is adopted as the principle ... the consequence is the quiet death of all morality» (*Metaphysical Elements of Ethics*, Great Books, s. 366). Lykke og moral har altså følge Kant intet med hverandre å gjøre.

Hva kan da en etikk bestå av? Kant forsøker å finne en regel, en maxime, som setter kriterier for rett og galt. Kant har antagelig observert mennesker som har det gøy – overfladiske mennesker som fester og drikker og nyter livet – det er opplagt for Kant at denslags handlinger ikke kan være moralske. Disse menneskene er etter Kants syn lykkelige, men de er ikke moralske. Heller ikke er de moralske de som hjelper de svake fordi det gir dem prestisje, posisjon, ære.

Det kantianske syn er altså at det ikke er moralsk å gjøre sitt beste for selv å leve lykkelig. La oss ta med enda et sitat som bekrefter denne fremstillingen av Kant: «Egenkjærligheten er riktignok ikke alltid kriminell, ifølge Kant, men den er kilden til alt ondt» (Comte-Sponville: *Liten avhandling om store dyder*, Gyldendal 1997, s. 58.) Hva er det da som er moralsk? Kant gir følgende eksempel: tenk deg en filantrop som på grunn av egen sorg o.l. mister alle ønsker om å hjelpe andre – men han fortsetter allikevel fordi det er hans plikt: «Then first has his action true moral worth» (FMM, s. 23). Å hjelpe andre i stor grad – selv ikke dette har moralsk verdi for Kant. Det som har verdi er å gjøre sin plikt fordi det er ens plikt. Akkurat den samme handlingen utført med ønske om gode konsekvenser som begrunnelse er ikke moralsk. Kants eksempel igjen: en ærlig handelsmann (f.eks. en som ikke lurer sine kunder på vekten og som gir tilbake riktige vekslepenger) er ikke moralsk hvis hans ærlighet er egoistisk begrunnet: hans forretning tjener jo på at han er ærlig, og derfor er slike handlinger ikke moralske.

Ifølge Kant er en manns hustru, hans tjenere og hans barn eid på omtrent samme måte som man eier objekter. Hvis noen av disse rømmer må de bli tilbakelevert til eieren hvis han krever det, dette uten hensyn til årsaken til at de rømte. Kant er med på at eieren ikke har lov til å behandle disse menneskene som objekter man kan forbruke, men uansett hvordan eieren har behandlet dem mener Kant at de skal returneres hvis de rømmer. Dersom eieren har behandlet sin kone, sine tjenere eller sine barn på en dårlig måte kan han kritiseres for dette. Kvinner og tjenere er på et nivå – de «lack civil personality...» – som innebærer at de ikke kan ha stemmerett eller ta del i hvordan staten styres. Homoseksualitet er en synd som man ikke skal snakke om (det er en «unmentionable vice»), og det er så forkastelig at det er ingen ting som kan hindre dette i å bli fullstendig fordømt. Å donere et organ, for eksempel å selge en tann eller sitt hår, er også meget kritikkverdig – det er «ways of partially murdering oneself» (sitatene er fra Kants *The Metaphysics of Morals*, oversatt av Gregor).

Det som er moralsk ifølge Kant er å gjøre sin plikt, fordi det er ens plikt. Man skal gjøre sin plikt av respekt for den moralske loven, ikke fordi man har et ønske om å oppnå konsekvensene av handlingen, men fordi det er ens plikt. Det er altså ikke slik at goder er plikter. Det er slik at det som er plikter – utledet uavhengig av konsekvenser – det skal man gjøre, uansett konsekvenser. Om det har gode konsekvenser eller ikke, det er fullstendig irrelevant.

Hva består så den moralske loven i? Den er formulert i det kategoriske imperativ (at den er kategorisk betyr at man alltid skal følge den, helt og fullt uten unntak) og sier: Man skal handle slik at begrunnelsen for handlingen skal kunne bli gjort om til en allmengyldig lov.

Såvidt jeg kan se er dette det eneste kriterium Kant setter opp for rette handlinger: De skal være universaliserbare. Kants syn er at dersom man universaliserer regelen bak en handling, og den så vil føre til sammenbrudd av sivilisasjonen, da skal man ikke gjøre den. Man skal derfor ikke lyve, fordi hvis alle lyver gå alt til helvetet. Man skal ikke bryte avtaler, fordi hvis alle gjør dette, så må alt til helvetet. (Man kan her si at Kant motsier sitt prinsipp om at konsekvenser av handlinger er irrelevante for deres moralsk status.)

Positive resultater for noen – den som handler, andre mennesker, staten – er for Kant irrelevante som begrunnelse for moralske handlinger. Konsekvenser er irrelevante. Det eneste kriterium for moralske handlinger er at regelen bak dem er universaliserbar. Dette er selvsagt en uholdbar regel – også f.eks. Jones mener dette: han gir som eksempel at alle mulig underlige oppfordringer er universaliserbare: «nå du kjøper en ny bok skal du skrive navnet ditt i den» (Jones, Bind 4, s. 77). Dette er universaliserbart, det er derfor moralsk – og derved en plikt – ifølge Kant.

Universaliserbarhet er altså ifølge Kant det eneste kriterium for rett og galt. Dette medfører at man aldri kan lyve, aldri kan stjele, aldri kan bryte avtaler, osv. Dette viser igjen at for Kant er konsekvenser fullstendig irrelevante.

Kant har følgende eksempel: hvis man føler seg ulykkelig fordi ens liv er ødelagt og man så ønsker å begå selvmord – man skal allikevel ikke gjøre det. Siden regelen om dette ikke kan gjøres universell, er selvmord alltid galt (FMM, s. 50), og dette gjelder uansett hvor håpløst ens liv er.

Man skal aldri lyve, sier Kant. Heller ikke til barnemorderen som kommer og spør: «Er det noen barn her?» Da må barnevakten svare: annen etasje, tredje dør til venstre. Samme poeng hos Comte-Sponville: Kant «kommer til at sannferdighet er en absolutt plikt under alle omstendigheter (selv om – det er dette eksemplet han [Kant] bruker – noen mordere spør om vennen din, som de er på jakt etter har søkt tilflukt hjemme hos deg) og uansett konsekvenser. Det er bedre å svikte forsiktigheten enn å svikte sin plikt, selv om det gjelder å redde en uskyldig eller seg selv». (*Liten avhandling...*, s. 41-42). (Det finnes dog steder hvor Kant er noe mer forsiktig i sine uttalelser.) At vi har plikt til å fortelle sannheten uavhengig av konsekvenser er et meget utbredt syn idag.

Vil denne etikken medføre et lykkelig liv? Det er i praksis umulig å si hva lykke er, og hvordan den oppnås, så at denne oppskriften ikke sier noe om hvordan man oppnå et lykkelig liv, det er et irrelevant poeng for Kant: «...happiness is not an ideal...» (FMM, s. 46). Det er tydelig at for Kant er konsekvenser av en handling fullstendig irrelevant for handlingens moralske verdi.

Man kan altså være fullstendig moralsk og ikke bli lykkelig i sitt jordiske liv. Man kan også være sterkt umoralsk og allikevel være lykkelig i sitt jordiske liv. Dette kan ikke være hele sannheten, mente Kant – verden kan ikke være slik innrettet!

Husk nå Kants todeling av verden. Også mennesket er da todelt; det består av en nomenuell del og en fenomenuell del. Vi kan ikke vite hva som skjer med den nomenuelle delen, kun med den fenomenuelle delen. Og denne er ikke viktig. Det som da skjer med den fenomenuelle delen, den vi opplever, det er ikke viktig i det hele tatt.

Men moral må belønnes. (Men man skal ikke være moralsk fordi man får en belønning, et ønske om belønning gjør at handlingen mister sin moralske verdi.) Derfor må det være et liv etter døden, og noen må gjøre regnskap slik at man får belønning/straff alt etter om hvorvidt man har levet et moralsk liv eller ikke. Denne regnskapsføreren er Gud – dette er Kants «bevis» for Guds eksistens. Dette kalles forøvrig det moralske argument for Guds eksistens.

Dette er selvsagt ikke et rasjonelt argument, men er kun basert på tro – men Kant har i sin epistemologi sagt at fornuften er begrenset og han har åpnet for tro som vei til kunnskap.

Kant sier allikevel at man bør være lykkelig: «Our own happiness is an end that all men have, but this end cannot without contradiction be regarded as a duty» (*Metaphysical Elements of Morals*, GB, s. 369). «Duty» er alt som er moralsk. Men siden alt som er moralsk er plikter, er lykke ikke noe mål for etikken – igjen sier Kant at lykke og moral ikke har noe med hverandre å gjøre.

Hva er da formålet? Ikke å søke lykken; hvis dette hadde vært menneskets mål, ville ikke Gud ha gitt oss Fornuften – da kunne vi levd som dyr. Dyr er lykkelige – for å bli lykkelig er det nok med instinkter. Men vår tenkeevne – som skiller oss fra dyrene – gjør at mennesket må søke noe mer, sier Kant, og dette er moralsk renhet. Lykke er ikke målet, moralsk renhet er målet. Kants egne ord: «...there is much in the world far more important than life. To observe morality is far more important» (Kant: *Lectures on Ethics*, Hackett 1963, s. 152). Sagt på en annen måte: tenkning skal ikke tjene livet – livet skal tjene tenkningen/dvs. tenkningens resultater: plikteetikken. Det som er viktig er ikke hva vi gjør i naturen, men hva naturen gjør i oss!

Arne Næss har karakterisert Kants etikk på følgende treffende måte: «det største menneske kan eie, er en begeistring over å gjøre pliktene, selv om de volder ulyst i gjerningsøyeblikket, og selv om alle naturlige tilbøyeligheter stritter imot». Og Kant praktiserte dette selv: dere husker at han til tross for store smerter reiste seg for sin lege. Men dette sier også noe om hva Kant anså som plikter: å følge en konvensjon som godt kunne ha vært annerledes, er en plikt. La meg ta med enda et eksempel som viser hvilken vekt Kant legger på formaliteter: Ifølge Kant er barn født utenfor ekteskap «outside the protection of the law» ... og kan ødelegges (dvs. drepes) av moren som om det var en gjenstand (Caygill, s. 285). Altså, hvis foreldrene har gjennomgått en bestemt seremoni (bryllup), så har barnet vanlige rettigheter. Men hvis foreldrene ikke har vært igjennom denne seremonien, da er barnet fullstendig uten rettigheter.

Vi avslutter denne seksjonen med følgende kjente sitat fra Kant, et sitat som sier at Kant ikke trodde at mange ville klare å følge hans morallære: «Out of the crooked timber of humanity, no straight thing was ever made». (*Idea for a Universal History with a Cosmopolitan Purpose*). Kant sier at siden mennesker ikke kan følge hans moralteori så er det noe galt med menneskene.

Om politikk

Den vanlige oppfatningen i dag er at Kant hadde de meninger som var overalt i hans tid: han hevdes å være tilhenger av frihandel, rettsstat, demokrati. Men dette er feil. Han var kollektivist, og mente at enhvers plass skal være bestemt av helheten. Han hevdet at man kan bruke tvang overfor befolkningen hvis det er åpenbart at den tar feil i sin motstand mot loven: «... hvis det bare er *mulig* at et folk gir loven sitt bifall, er det en plikt å anse denne loven for å være rettferdig, selv om folket for tiden tankemessig befinner seg i en slik situasjon eller inntar slike holdninger at det antagelig ville nekte å gi sitt bifall dersom det ble spurt til råds» (sitert i Comte-Sponville, s. 81).

Kant støtter Rousseaus syn på allmennviljen (som ikke er noe annet en et påskudd diktatorer kan benytte for å tvinge igjennom sine synspunkter), og han snakker aldri om ukrenkelige individuelle rettigheter. Han mener at «the sovereign» har rett til å beskatte folk for å finansiere hjelp til de fattige, til barnehjem, og til kirken (*Science of Right*, GB, s. 443). Han sier at «It is a duty to obey the law of the existing legislative power...» (*Science of Right,* GB, s. 439). Videre sier han at «Resistance on the part of the people to the supreme legislative power of the state is in no case legitimate ... there is no right to ... rebellion belonging to the people» ... «...and least of all, when the supreme power is embodied in an individual monarch, is there any justification, under the pretext of abuse of power, to seize his person or taking his life ... It is the duty of the people to bear any abuse of the supreme power, even then though it should be considered to be unbearable» (*Science of Right*, GB, s. 440).

Dette ble sagt etter revolusjonene i USA, England og Frankrike, hvor befolkninger med all rett hadde gjort opprør mot eneveldige kongedømmer, og etter at tenkere som John Locke hadde formulert teorier om individers rettigheter som begrunner slike opprør. Kant om krig: «War ... has something sublime about it ... On the other hand, a prolonged peace favours the predominance of a mere commercial spirit, and with it a debasing self-interest, cowardice, and effeminacy [bløtaktighet], and tends to degrade the character of the nation» *(Critique of Aesthetic Spirit,* GB, s. 504).

Disse synspunktene er dog ikke viktige for hans innflydelse. Innflydelsen er basert på de grunnleggende ideene, og innflydelsen ville vært den samme selv om han på disse politiske punktene hadde stått for de motsatte standpunkter. (Men disse standpunktene viser hva slags menneske han var, og de er i fullstendig overensstemmelse med hans etiske syn.)

Om kunst
Kant er ansvarlig for at det skrot vi idag kan se utstilt i gallerier og museer – non-figurativ eller modernistisk kunst – av de fleste idag blir betraktet som kunst. Jeg vil ikke bruke mer tid på dette punktet.

Kants innflytelse
Kant et overalt idag, ikke bare blant alle akademikere, men også blant folk flest, selv blant personer som er så kunnskapsløse om filosofi at de ikke engang kan stave hans navn. Disse vanlige holdningene, som altså stammer fra Kant, er omtrent som følger: «vi kan ikke kjenne verden slik den er, kun slik den ser ut for oss. Det finnes ingen objektivitet, kun inter-subjektivitet – det er kanskje sant for deg, men ikke for meg. Logikk har intet med virkeligheten å gjøre, følelser er viktigere enn fornuft, alt som er moralsk er plikter (vi må utføre verneplikt, vi har skatteplikt, vi må gjøre vår borgerplikt), det som er moralsk er å ville yte til fordel for noe utenfor oss selv uten noen som helst form for belønning; egoisme er utenfor moralen – det er amoralsk. Moral har intet med goder med levemåter og livsførsel – å gjøre, kun intensjon (vilje, ønske, ikke handling) er viktig. Og alt en kunstner sier er kunst, er kunst».

Noen få eksempler som illustrere dette: Lars Bjørke i Morgenbladet feb 1991: «Kun det subjektive fører til realisme .... Alle besvergelser til videnskap eller [fornuft] fører mennesket bort fra seg selv.... man bør stole på sine egne følelser... man bør dyrke subjektiviteten».

Om fornuftens begrensning i en brosjyre utgitt i 1997 av Biblioteksentralen: «Fornuften har sine begrensninger. Overdreven tiltro til fornuften har ført til de verste katastrofer: Titanics forlis, til diverse mislykka u-hjelps-prosjekter, selv raseteoriene som lå bak Hitler...». (Torgeir Haugen i en brosjyre om Tor Åe Bringsværd). Dette sprøytet er – utrolig nok – skrevet og distribuert i fullt alvor.

Møtebeskrivelse i en brosjyre fra Polyteknisk Forening: «Kan vi overlate utviklingen til markedskreftene, eller trenger vi mekanismer som sikrer at det tas moralske og etiske hensyn?» Underforstått: handlinger på markedet – dvs. å skape goder for seg selv ved produksjon og handel – er utenfor moralen.

Overalt i Freidrich von Hayeks verker finner vi utsagn av typen «Reason is insufficient».

Og alle mennesker hevder at intensjonen bak sosialismen var god, og at Mao og Stalin var moralske idealer selv om deres politikk hadde enkelte uheldige konsekvenser (massemord på millioner av mennesker betraktes som uviktig fordi intensjonen var god). Selv fremtredende konservative intellektuelle hevdet at sosialismen var «inspirert av gode intensjoner» (denne formuleringen er Hayeks); de konservatives innvending er kun at sosialismen er ineffektiv. Hva da med sosialismens konsekvenser: nød, elendighet, undertrykkelse, massemord? I flere tiår var slike ting betraktet som irrelevante for en moralsk vurdering av sosialismen og dens tilhengere. Alle delte jo Kants syn om at «følgene av handlinger er tilfeldige. Vi kan ikke ha herredømme over disse, og kan derfor heller ikke gjøres moralsk ansvarlig» (dette sitatet fra Bjelke/Dege er også gjengitt ovenfor).

Også innen videnskapen har Kants ideer stor innflytelse. De som aksepterer Kants metafysikk og epistemologi vil ha det syn at vi ikke kan kjenne virkeligheten slik den egentlig er, det vil si at vi ikke kan få (stadig mer) kunnskap om de objekter som virkeligheten består av, og om disse objektenes egenskaper. Vi nevner kort kun to eksempler. Det regnes som ekte videnskap bare å finne statistiske oversikter over ulike datamengder; og altså at det ikke er nødvendig å finne de virkelige egenskapene til de objektene som studeres og årsakssammenhengene som måtte finnes mellom dem. Et annet eksempel er at de som arbeider innenfor visse grener av fysikken iblant legger liten vekt på hva deres formler og operatorer egentlig refererer til; det kan hende de sier at de er tilfreds dersom beregningene formlene brukes til gir resultater som stemmer. (Vi nevner også kort en opplagt absurd implikasjon av kantianske ideer: enkelte fysikere vil hevde at enkelte mikropartikler ikke har identitet, dvs. at de ikke har masse, posisjon og hastighet før de er observert; de mener altså at det er observasjonen som gir partikkelen identitet.)

Caygill sier følgende: «The Influence of Kant's philosophy has been, and continues to be, so profound and so widespread as to have become imperceptible» (*A Kant Dictionary*, s. 1) «Imperceptible» betyr her at Kants ideer er overalt, og derfor er nærmest umulig å observere – det finnes jo intet å kontrastere dem med. Dette impliserer at kun kantianisme betraktes som filosofi, og dermed at ikke-kantianisme ikke betraktes som filosofi. Dette kan selvsagt by på store problemer for en ikke-kantiansk filosofi, om en slik skulle dukke opp.

Noen vurderinger av Kant filosofi

Moses Mendelsohn (1729-1786) hevdet at «Kant ødela alt». Den tyske dikteren Johann Gottfrid von Herder (1744-1803) sa at CPR er kun «hjernespinn», og at den «forderver unge sinn». Hegels opplagte konsekvens av Kant: Hvis vi ikke kan vite noe om den nomenuelle verden, da er den ikke der. Dette fører igjen til kollektiv subjektivisme. W.T. Stace beskriver Kant syn på denne måten: «morality must carry on a continual warfare against the satisfaction of oneself, and one ought [Stace siterer her Schiller]: "to do with aversion what duty requires"». (*Hegel*, Dover 1955, s. 400). Elias Canetti (f.1905, Nobelprisvinner i litteratur 1981): «Kant er et hode uten verden». Dette er nok mer treffende enn Canetti selv forstod.

Synet på fornuft etter Kant ble at «reason is a false, secondary power by which we multiply distinctions – the distinctions that reason makes are artificial, imposed». (Jones, Bind 4, s.102).

Wittgenstein: analytiske utsagn (bla. logikk) sier ingenting om virkeligheten. Jones om plikt: «Kant's argument ...would justify the acts of Germans who exterminated Jews for the sole reason that they had been ordered to do so» (Jones, Bind 4, s. 77). Mortimer Adler i *Ten Philosophical Mistakes*: «How anyone in the 20th century can take Kant's transcendental philosophy seriously is baffling, even though it may always remain admirable in certain respects as an extraordinarily elaborate and ingenious intellectual invention» (Collier Books 1987, s.98).

La oss også ta med Friedrich Schillers to vittige kupletter om Kants etikk:

> Scruples of Conscience: Friends, what a pleasure to serve you! But I do so from fond inclination. Thus no virtue is mine, and I feel deeply aggrieved.
>
> Solution of the Problem: What can I do about this? I must teach myself to abhor you, and, with disgust in my heart, serve you as duty commands.

Kritikk av Kant

Som nevnt er det altså kommet sterkt negative karakteristikker av Kant (ikke alle er ment slik), og de er kommet før/uavhengig av Objektivismen. Men kun Objektivismen har en riktig kritikk av Kant, og kun Objektivismen setter opp et korrekt alternativ. Jeg skal heretter komme med innvendinger mot Kant, og mitt utgangspunkt er Objektivismen.

Filosofi bør ha som oppgave å forstå virkeligheten og å gi mennesker veiledning om hvordan man bør leve. Dette er Ayn Rands utgangspunkt. Hva var Kants utgangspunkt? Jones, Bind 4, s. 65: Kant ønsket «to justify, in the face of Humean scepticism, the claims of science ... and to justify traditional religious and moral insights against the scientific view of the world...». Altså Kants misjon var å påvise at Humes skeptisisme var feil, og han ønsket å begrunne tradisjonell religiøs moral.

For å oppnå dette gå Kant til et totalangrep på rasjonalitet og moral som sådan – og for de aller fleste er det et ødeleggende angrep. I en tid hvor fornuften vinner stadige seire (videnskapen sto aldri sterkere enn da), prøver Kant å gjenreise tro og religion!

Men det er noe som er riktig hos Kant: bevisstheten har en natur (men jeg vil innvende til Kants poeng her at den allikevel er gyldig). Før var synet at bevisstheten er nøytral. Og Kant har rett i at innen etikken skal man ikke lage særregler for seg selv, dvs. etikken skal forfekte generelle prinsipper som skal gjelde for alle mennesker – det er dette som hos Kant er universaliserbarhet. Men dette er kun et nødvendig, ikke et tilstrekkelig kriterium. Kant tar et nødvendig kriterium og gjør det om til et tilstrekkelig kriterium.

Epistemologi

Kants påstand er at sansene er som blå briller som forvrenger våe observasjoner. Men en forvrengning er alltid en forvrengning av det som er riktig. Skal vi snakke om en forvrengning, betyr det at vi må ha noe korrekt å sammenligne med. Men hva kan en sanseerfaring sammenlignes med? Det virker som om Kant vil sammenligne med observasjoner uavhengig av sansning. Men dette er selvsagt umulig. Blå briller forvrenger sanseopplevelsen. Men sanseopplevelsen er det grunnleggende, og det er meningsløst å snakke om at denne er en forvrengning – sanseopplevelsen er det vi MÅ ta utgangspunkt i. Det finnes intet annet startpunkt. Det er uholdbart å snakke om ukorrekte sanseopplevelser. (Man kan vurdere en sanseopplevelse på en feilaktig måte, men sanseopplevelsen bare er, og kan ikke være feil.)

Vi har endel sanseorganer – disse er istand til å registrere signaler fra det som er omkring oss – øyet registrerer elektromagnetiske bølger med bølgelengder mellom ca 400 og 800 nm, øret registrerer lydbølger mellom 20 og 20000 Hz, osv. Med utgangspunkt i denne informasjonen får vi kunnskap om hvordan verden er, og det er intet grunnlag for å snakke om forvrengning. Det er mulig at andre arter med andre typer sanseapparater ser virkeligheten på en annen måte, men de ser den samme virkeligheten.

Det er også feil å snakke om kunnskap før erfaringen. All kunnskap kommer etter erfaring. Et typisk eksempel på det kantianske synet om at mennesket har kunnskap før erfaringen er påstanden om at en kule kan ikke samtidig være svart over det hele og hvit over det hele. Hvordan vet vi hva en kule er før vi har observert den? Hvordan vet vi hva «over der hele» betyr før vi har observert dette? Hvordan vet vi hva svart og hvit er før vi har observert disse fargene? Det vet vi ikke, og vi kan ikke vite det. Derfor: All kunnskap kommer etter erfaring.

Ifølge Kant er noen utsagn analytiske og noen er syntetiske. Det er intet grunnlag for denne inndelingen dersom man har en korrekt begrepsteori. Kant bygger på den oppfatning at det som er inneholdt i et begrep kun er det som er inneholdt i definisjonen: En ungkar er en ugift mann. Dersom man sier at en ungkar har to armer, så tilfører man noe nytt som ikke er i begrepets definisjon, sier man at en ungkar er en ugift mann så gjentar man definisjonen. Men Ayn Rands begrepsteori sier at et begrep inneholder alt vi vet om referenten: En ungkar er et menneske som har evnen til rasjonell tenkning, en kropp, evnen til åe, to ben og to armer, trenger oksygen, osv. Derfor blir det ingen forskjell på analytiske og syntetiske utsagn. Inndelingen er unødvendig. Dette medfører blant annet det syn at fornuft/logikk er anvendelig på virkeligheten.

Fornuften er den evne mennesket har til å identifisere og integrere det materialet det mottar via sansene. Metoden som benyttes er logikk. Fornuften er eneste vei til abstrakt kunnskap, og den er ikke begrenset. Det er vanlig å hevde at man må benytte ikke-rasjonelle erkjennelsesformer der hvor fornuften tier. Men fornuften tier aldri: der hvor det ikke er noe bevismateriale som fornuften kan basere seg på, der er det ingen ting. Hvis det ikke finnes noe bevismateriale som tyder på at NN ranet en bank i går, kan vi i utgangspunktet rasjonelt sett ikke si annet enn at vi ikke vet om han har gjort det eller ikke. Dersom man etter en grundig etterforskning ikke finner noe bevis som tyder på at NN har ranet banken må man komme til den konklusjon at han ikke har gjort det. Tilsvarende med Guds eksistens: Det finnes intet bevismateriale om tyder på at Gud eksisterer, dette til tross for iherdige forsøk over en lang tidsperiode for å finne slike bevis – derfor er det slik at det eneste vi rasjonelt sett kan si er at Gud ikke eksisterer. Tro og andre ikke-rasjonelle erkjennelsesformer benyttes når det oppstår en konflikt mellom et ønske og den rasjonelle begrunnelsen for ønsket. Den som allikevel vil beholde sitt ønske til tross for manglende rasjonell begrunnelse, velger å henvise til tro, følelser, etc. for å gi sin ønsketenkning en slags legitimitet. Ikke-rasjonelle erkjennelsesformer er altså intet annet enn noe man benytter for å legitimere ønsketenkning.

Kant sier at fornuften er begrenset og hevder at man må benytte tro. Men tro – på samme måte som intuisjon, tradisjonelt forstått – er intet annet enn følelser. Kant åpnet for at man kan styre sitt liv basert på følelser. Det Objektivistiske synet er at «emotions are not tools of cognition», følelser gir en ikke uten videre kunnskap om virkeligheten. Det er vanlig i dag å betrakte følelser som det primære, som noe som bare er der. Men følelser er resultat av tidligere tenkning (og ofte er følelser resultat av de verdier man aksepterte som barn, og som man ble utsatt for fra alle mulige kanter: lærere, foreldre, aviser, TV-programmer, osv). Og denne tenkningen kan være feil/ond. Det er således galt åa utgangspunkt i at følelser gir korrekte vurderinger. F.eks. følte nazister tilfredshet når jøder ble sendt til Auschwitz.

Noen ord om inter-subjektivitet: Kant mente at alle mennesker hadde samme type bevissthet, slik at inter-subjektivitet gjelder alle mennesker. Men med Kants utgangspunkt ble det senere lett for nazister å si at jøder har en annen type bevissthet enn ariere, og derfor kunne de hevde at Einsteins relativitetsteori var «jødisk fysikk». Dagens rasister hevder at hvite ser verden på en måte, svarte ser verden på en annen måte. Det som er sant for hvite behøver derfor ikke være sant for svarte. Tilsvarende har feminister påstått at det som er sant for menn ikke behøver å være sant for kvinner. Også tilsvarende har marxister sagt at det som er sant for borgerskapet ikke behøver å være sant for arbeiderklassen. Dette argumentet – om man kan kalle det det – ble spesielt brukt av marxistiske økonomer som ikke kunne gjendrive liberalistiske økonomers argumenter: det var nok å påvise de liberalistiske økonomenes borgerlige bakgrunn og ingen ytterligere motargumenter var nødvendige.

Denne polylogismen er en uunngåelig følge av Kant. Marx og nazismen er borte idag*, isteden har vi fått feminisme og spesielt multikulturalisme, som hevder at vi ikke kan ta avstand fra andre kulturers primitive og menneskefiendtlige verdier (kvinne-diskriminering, omskjæring, lemlestelse som straffemetode) selv om disse verdiene ikke kan forsvares på en rasjonell måte: å være rasjonell er jo å være «eurosentrisk».

Det Objektivistiske synet er at det kun er sansene og fornuften som gir kunnskap om virkeligheten, og at dette gjelder alle mennesker til alle tider, og derfor må alle handlinger ha en rasjonell begrunnelse. Handlinger som ikke kan forsvares rasjonelt, må unngås. Dette bringer forøvrig oss over til etikken.

Etikk

Mennesket trenger veiledning for sine handlinger. Objektivismen sier at menneskets liv som menneske er den standard som verdier bør måles etter. Den som ønsker å leve må skape (rasjonelle) verdier, og den som skaper verdiene må selv kunne nyte godt av det som er skapt – egoisme er derfor det eneste riktige moralske prinsipp. Videre: Livsførsel er moral – din livsførsel er et uttrykk for din moral.

---

* Tyve år etter at dette foredraget ble holdt må man kunne si at denne observasjonen var for optimistisk.

Man bør være ærlig, men det er selvsagt riktig å lyve for å beskytte seg mot dem som urettmessig forsøker å tilrane seg ens verdier. Man bør altså si til Kants barnemorder at det ikke er noen barn her. Dette er fullt ut moralsk.

Det Kant gjør er intet annet enn helt og fullt å fjerne verdier fra etikken. Han sier at det eneste som er moralsk er å gjøre sin plikt fordi det er ens plikt. Ikke fordi man på egne eller andres vegne oppnår noe (oppnår verdier), men fordi man gjør sin plikt. Man skal ikke gjøre noe fordi man således vil oppnå noen belønning – da mister handlingen sin moralske verdi. Han fjerner altså all motivasjon fra etikken – man skal ikke gjøre noe fordi en selv eller andre oppnå noe fordelaktig, hvis noe slikt kommer med i begrunnelsen for en handling, mister handlingen sin moralske verdi.

Ifølge Kant har moral ikke noe med lykke å gjøre, moral har ikke noe med liv å gjøre, moral har ikke noe med ønsker å gjøre – moral er å gjøre sin plikt. Intet mer. Intet mindre. Før Kant hadde etikken et formål, en fordel for noe/noen: vanligst var det syn at handlinger skulle tjene en selv, eller at handlinger skulle tjene andre mennesker, dvs. egoisme og altruisme (dette var ikke de to eneste synspunktene, men de er de to viktigste). Men Kant er imot verdier som sådan. Siden Kants moral ikke er til for å oppnå fordeler for noen, har han fjernet verdier fra etikken. Kant er altså ikke altruist, han er nihilist. Dette fører til to ting.

1) Folk ønsker å være moralske. De vil derfor – til en viss grad – på grunn av Kants dominans følge Kants regler, de vil gjøre sin plikt. Derfor vil folk adlyde, følge ordre, avtjene verneplikt, betale skatt, fylle ut og sende inn skjemaer, skrive stiler om u-land eller miljøvern, stå i helsekø, gi andre elektriske støt hvis en autoritet ber dem om det (Milgrams kjente eksperiment), og sende jøder til Auschwitz, osv. og derved føle seg moralske. (Som nevnt: Kants plikt-prinsipp «would justify the acts of any German who exterminated Jews for the sole reason that they had been ordered to do so» (Jones, Bind 4, s. 77)).

2) Men folk ønsker også lykke. Men hva består lykke i – og hvordan oppnå man den? Dette er – rasjonelt forstått – et spørsmål som hører filosofien til. Men Kants filosofi kan ikke gi noen oppskrift på hvordan man blir lykkelig. Dette betyr at folk i dette viktige spørsmålet egentlig

ikke kan få noen veiledning fra en kantiansk filosof, annet enn følgende: gjør som du føler for. Kant åpner for følelser (han sier tro) og dette kan ikke bety annet enn at folk må ha moralsk rett til å følge sine følelser, dvs. sine innfall.

Da gjør folk det de selv kommer frem til: og siden de ikke er særlig gode tenkere – igjen på grunn av Kants filosofi har de ikke fått noen opplæring i å tenke rasjonelt, fornuften er jo uviktig (Kant sier begrenset) – gjør de som de selv ønsker uten noen rasjonell begrunnelse: de blir kyniske, korttenkte, prinsippløse, holdningsløse, kortsiktige – «vi vil ha det gøy her og nå glem morgendagen» – kort sagt en oppførsel beskrevet av de to ordene irrasjonalitet og hedonisme.

Er det ikke nettopp slik vi ser det omkring oss i dag? En merkelig blanding av ønsket om «instant gratification» i festing, fyll, rus, sex, primitiv musikk, osv., koblet sammen en flukt inn i nyreligion og new age, som ikke er annet enn mystisisme (idag er ordet metafysikk nærmest synonymt med mystisisme – og grunnen er selvsagt at den nomenuelle verden ifølge Kant er utilgjengelig; kunnskap om den selvstendig eksisterende verden – metafysikk – er derfor ren spekulasjon). Dette skjer samtidig med at man er svært opptatt av de store spørsmål – man må gjøre sin plikt i forhold til miljøvern, drivhuseffekten, regnskogene, de ressurssvake, solidaritet med u-land, global utjamning. Men disse ting skal selvsagt ikke blandes inn i ens livsførsel. «Moral har jo intet med livsførsel å gjøre» (for å gjengi et fullstendig kantiansk sitat fra en av dagens kjente kunstnere). Det eneste fellestrekk er at ingen av disse forestillingene – plikt, hedonisme – har noen rasjonell begrunnelse.

Filosofi er det fag som BURDE studere grunnleggende egenskaper ved virkeligheten, ved mennesket og ved menneskets forholdt til virkeligheten, og som på basis av dette gir råd om hvordan mennesket bør leve. Det skulle nå ikke være vanskelig å se at Kant har ødelagt filosofi som fag: Virkeligheten er utilgjengelig, mennesket skaper sin egen virkelighet, filosofene gir ikke råd om hvordan man lever et godt liv. Filosofien (dvs.vanlig akademisk filosofi) er død – kun opptatt av helt irrelevante problemstillinger (ekstreme eksempler er fangens dilemma, trolley problem). Og alle filosofer vet dette. (En studiekamerat av meg – ikke Objektivist – beskrev etter mellomfag filosofi på Blindern filosofi som «dill-dall».)

Siden filosofi er det viktigste av alle fag, er dette en meget vanskelig situasjon vi er i. Både for verden, som i dag farer av sted kun basert på kortsiktige innfall: mennesker styrer sine liv på denne måten, politikere styrer sine land på denne måten. Men det at filosofi er betraktet som et fullstendig unyttig, unødvendig og nærmest latterlig fag, gjør det meget vanskelig å bli hørt for en rasjonell filosofi, en som virkelig har svar og som kan gi råd om hvordan mennesker bør leve – og som kan redde verden. Dagens tilstand gjør det vanskelig, nærmest umulig, å komme til orde og bli tatt på alvor.

Var Kant ond?

Jeg mener at jeg innenfor den rammen jeg har hatt har begrunnet at Kants filosofi er menneskefiendtlig, og har forårsaket dagens negative tilstand. Men betyr dette at Kant selv var ond?

La oss begynne med å se på hva ondskap er. Hva er ondskap? Handlinger og/eller ideer som har sterkt negative konsekvenser, målt etter en rasjonell verdistandard, er onde. Personer som begår onde handlinger, eller forfekter onde ideer, er onde. Dette betyr ikke at alt som forårsaker negative konsekvenser er ondt – ondskap forutsetter visse dimensjoner over de negative konsekvensene. En lommetyv f.eks. er ikke ond, og Peter Keating er heller ikke ond. Men både Ellsworth Toohey og James Taggart er onde. Ondskap kommer også i grader: Kant er mer ond enn Hitler.

Ifølge Ayn Rand er ondskap en nødvendig følge av «evasion» (et ord som ikke har noen god norsk oversettelse, men som kan beskrives som «å gå utenom, å unnlate å ta hensyn til relevante fakta»). Å la være å se, forstå, tenke rasjonelt – eller å late som om man ikke ser eller forstår, er ondskap, fundamentalt sett. Dette synet er i samsvar med Sokrates' syn: å vite det rette er å gjøre det rette. Med andre ord: den som gjør onde ting er den som ikke ser resultatene, eller «evader» resultatene, av handlingene, eller som unnlater å ta viktige og nødvendige ting med i betraktning. Eksempel: en som bruker narkotika (i betydelig grad) «evader» det som er opplagt: at dette vil ødelegge hans liv. En som bruker narkotika «evader» den kunnskap som finnes om hvor skadelig narkotika er. En tyv «evader» de negative konsekvensene handlingen har for ham selv; han kan bli tatt av politiet, han lever på andre menneskers arbeid, han blir ute av stand til å styre sitt liv – han må følge sine innfall, han må leve fra hånd til munn, han kan ikke planlegge sitt liv på lang sikt, han blir et offer for andre mennesker. (Her gir jeg en egoistisk begrunnelse: å være kriminell er ødeleggende for en selv. Det er selvsagt også skadelig/ødeleggende for ofrene.)

La oss se på Hitler og Kant. Hvem «evadet» mest? Hitler var politiker i et intellektuelt miljø formet av Kant, og av filosofer som bygget på ham: Fichte, Hegel, Nietzsche. Og husk at politikk er følgen av filosofiske ideer som er akseptert i store deler av befolkningen.

Hva stod disse tenkerne for? Kant forfektet selvoppofrelse, plikt, og hevdet moral og lykke ikke har noe med hverandre å gjøre.

Den sterkt Kant-influerte Fichte hevdet at «individet har ikke noen virkelig eksistens siden det ikke har noen egenverdi, men må og bør reduseres til intet, mens rasen alene er det som må betraktes som virkelig eksisterende ... det finnes kun en dyd – å glemme sin egen **personlighet, og kun en synd – å gjøre seg selv til gjenstand for sine tanker**» (Fichte i *Die Grundzüge des Gegenwärtigen Zeitalters*. s. 41).

Hegel hevdet at det enkelte menneske ikke er selvstendig eksisterende, men en del av helheten; at rettferdighet og makt er sammenfallende; at frihet er å adlyde staten og at staten er det som virkelig eksisterer; at staten er til for sin egen skyld og at staten er realiseringen av det moralske liv (Karl Popper: *Det øppna samhallet och dets fiender* band 2, s. 39). Videre hevdet han at det enkelte menneske må ofre sitt liv dersom staten krever det; og at den tyske (prøyssiske) stat er den fremste av alle; at noen utvalgte individer gjennom historien (Alexander, Cesar, Napoleon) er agenter for verdensånden og at krig er et nødvendig resultat av verdensåndens utvikling. (Og Marx var en primitiv, materialistisk vri på Hegel.)

Nietzsche dyrket overmennesket og foraktet den svake, undermennesket. Han dyrket erobring, seier, viljen til makt.

Hitler kom altså til dekket bord. Hitler var ond, men hva med dem som dekket bordet? Kant var den viktigste av disse. Og om «evasion» – Kant «evadet» hele virkeligheten. Han «evadet» langt mer enn Hitler gjorde. «Evasion» alene er ikke ondskap, men når en stor filosof lager et filosofisk system som i så stor grad er preget av «evasion» at det på alle viktige punkter forfekter verdier som er ødeleggende for menneskers lykke, da «dekker han bordet» slik at en gangster som Hitler kan bli diktator i en betydelig kulturnasjon midt i hjertet av det siviliserte Europa. Og da kan han ikke karakteriseres som annet enn ond.

Men må ikke Kant ha ønsket dagens elendighet for å bli karakterisert som ond? Stalin og Hitler var onde – de ønsket massemord på klassefiender og jøder. Men ønsket Kant det som er blitt resultat av hans filosofi?

Ønsket Hitler å være ond? Betraktet han seg selv som ond? Nei – han så seg selv som en som utryddet skadedyr som ødela tysk kultur. Ønsket Stalin å være ond? Betraktet han seg selv som ond? Nei, han utryddet klassefiender. Ønsket inkvisisjonens folk, som torturerte kjettere, å være onde? Nei, de hjalp folk å komme til himmelen. Ønsket om å være ond er her fullstendig irrelevant.

Sammenlign med et lite barn som leker med en ladet pistol. Så kommer det borti avtrekkeren, skuddet går av og kulen dreper noen. Et sterkt negativt resultat, men ingen vil si at barnet var en ond person. Var Kant i denne stillingen? Kan Kant sammenlignes med et barn som leker med en ladet pistol? Eller kan Kant sammenlignes med en våpenekspert som lager et masseutryddelsesvåpen – og så lar barn få leke med det?

De som sier at dersom Kant skal vurderes som ond må man ha ønsket å være ond, de tar faktisk et kantiansk utgangspunkt. Den som sier dette legger vekt på intensjonen som basis for å foreta en moralsk vurdering av en person. Men vi er ikke kantianere. Det som avgjør Kants ondskap er hva konsekvensene ble og hva han burde han visst. Begge disse poengene må taes med i vurderingen.

Kant var filosof. Filosofers arbeidsområde er ideer. Og da er det filosofens ansvar å kjenne til ideer og deres betydning og virkning. Kants ideer ødelegger. Det var Kants oppgave å kjenne til dette. Nå hans ideer har fått disse effektene, sår Kant ansvarlig for dette.

La meg avslutte med et sitat fra Heinrich Heine (1797-1856) om Kant:

> Strange contrast between the external life of a man and his destroying, world-crushing thoughts. In very truth, if the citizens of Köningsberg had dreamed of the real menings of his thoughts, they would have experienced at his sight, a greater horror than they would on beholding an executioner, who only kill men. (sitert i John Ridpaths forelesning om Kant, TJS, 1991).

Dette var Heines vurdering av Kant. Vå er tilsvarende (selv om vi ville sagt morder der hvor Heine sier bøddel). Kants filosofi dreper en rasjonell forståelse av fornuften, og derved en rasjonell forståelse av etikk, og derved alt som er godt. Kants filosofi ødelegger mulighetene for å leve et godt og lykkelig liv.

Derfor er det full dekning for Ayn Rands påstand: Immanuel Kant er historiens ondeste menneske.

Litteratur

Adler, Mortimer: *Ten philosophical mistakes*, Collier Books 1987
Beiser, Frederic C.: *Enlightenment, Revolution and Romanticism: The Genesis of Modern German Political Thought 1780-1800*, Harvard University Press 1992
Bjelke/Dege: *Den europeiske filosofi*, Universitetsforlaget 1970
Comte-Sponville, Andre: *Liten avhandling om store dyder*, Gyldendal 1997
Caygill, Howard: *A Kant Dictionary*, Blackwell 1995
Fichte, J.G.: *Die Grundzüge des Gegenwärtigen Zeitalters*, Verlag Felix Meiner 1956
Kant, Immanuel: *Fundamental Principles of Metaphysics of Morals*, Prometheus 1987
Kant, Immanuel: *Perpetual Peace and Other Essays*, Hackett 1983
Kant, Immanuel: *Critique of Pure Reason* (trans Kemp Smith), Macmillan 1983
Kant, Immanuel: *Lectures on Ethics*, Hackett 1963
Kant, Immanuel: *Morallov og frihet*, Gyldendal 1997
Kant, Immanuel: Utdrag fra flere verker, Great Books 1952
Kuehn, Manfred: *Kant: A Biography*, Cambridge University Press 2001
Jones, W.T.: *A History of Western Philosophy, Second edition*, HBJ 1975
Næss, Arne: *Filosofiens historie*, bind 2, Universitetsforlaget 1976
Popper, Karl: *Det øppna samhallet och dets fiender* band 2, Akademilitteratur 1981
Rand, Ayn: «Brief Summary», The Objectivist September 1972
Ridpath, John: «Interpreting Kant´s Political Philosophy», forelesning 1991
Russell, Bertrand: *A History of Western Philosophy*, Counterpoint 1984

Stace, W.T: *Hegel*, Dover 1955
Thompson, Garrett: *On Kant*, Wadsworth 2000
Weichsedel, William: *Filosofenes verden*, Aventura 1995

Schopenhauer

Utdrag fra et foredrag holdt i FSO 5. mai 2022

Arthur Schopenhauer (1788-1860) bygget videre på Kant og tok Kants ideer helt ut til sin logiske konklusjon.

I 1818 utga Schopenhauer boken *The World as Will and Representation*, og i 1844 kom en ny utgave av boken i to bind, der bind én er en redigert versjon av originalutgaven fra 1818, og bind to inneholder utdypende kommentarer til idéene i bind én. Boken er oversatt fra tysk til engelsk av E. F. J. Payne, og den engelske utgaven av bind én inneholder en introduksjon av Payne, der han kommenterer Schopenhauer:

> Schopenhauer himself has stated that his philosophy is the natural continuation and completion of the Kantian [system] ....

Schopenhauer fullfører altså Kant. I *Schopenhauer: A Very Short Introduction* (2002) skriver Christopher Janaway, professor i filosofi ved University of Southampton og en autoritet på Schopenhauer, følgende:

> ... Schopenhauer ... constructed a system which embraces metaphysics, epistemology, philosophy of mind, aesthetics, ethics, and the meaning of life. But as a complete system his philosophy has had few adherents, and he never founded a school of thought. ... Schopenhauer was a true atheist, who fundamentally questioned the value of human existence. Existence for Schopenhauer is a purposeless, painful striving, driven by an unconscious force that we cannot control. Release from this existence comes from losing one's individuality in aesthetic experience, in compassion for the world, and in self-denial.

Janaway påpeker at Schopenhauers filosofi har få tilhengere; det finnes nærmest ingen schopenhauerianere. Men det finnes noen. En av dem er Bernardo Kastrup, som i *Decoding Schopenhauer's Metaphysics: The Key to Understanding How It Solves the Hard Problem of Consciousness and the Paradoxes of Quantum Mechanics* (2020) ifølge bokens vaskeseddel påstår at Schopenhauers metafysikk løser et stort problem i moderne fysikk:

> First proposed more than 200 years ago, Schopenhauer's extraordinarily prescient metaphysics – if understood along the lines thoroughly elucidated and substantiated in this volume – offers powerful answers not only to the paradoxes of quantum mechanics, but also to modern philosophical dilemmas such as the hard problem of consciousness – which plagues mainstream physicalism – ... This invaluable treasure of the Western philosophical canon has eluded us so far because Schopenhauer's argument has been consistently misunderstood and misrepresented, even ... at the hands of presumed experts.

Schopenhauers metafysikk sier at det finnes en «vilje», en metafysisk kraft, som er det eneste som eksisterer. Alt det vi *tror* eksisterer er bare manifestasjoner av denne viljen.

Videre fra *Decoding Schopenhauer's Metaphysics*:

> Only the unitary, universal will is ultimately real, individual subjects being just something the will *does*. Individuals are experiential *actions* or *behaviours* of the will (s. 60).

Ifølge Schopenhauer og Kastrup er vår eksistens altså kun uttrykk for denne viljen som finnes overalt.

Mer fra *Decoding Schopenhauer's Metaphysics*:

> What counts as alters of the will? We know that human beings do. Animals do too ... (s. 63). The carving out of the inanimate universe into separate "things" has no metaphysical basis ... (s. 65).

Kastrup sier altså at hvis vi tror at vi ser stener, hus, trær, biler, osv., så har dette intet metafysisk grunnlag, disse tingene eksisterer ikke som selvstendige objekter: «... ultimately, there are no separate inanimate objects such as rivers, magnets or pieces of iron» (s. 65). «... there aren't even individual inanimate objects outside mere representations of the intellect to begin with» (s. 67).

De tingene vi tror har selvstendig eksistens har egentlig ikke det, ifølge Kastrup.

Schopenhauer selv (på s. 9 i bind 2 av *The World as Will…*)

> …the assumption that things exist as such, even outside and independently of our consciousness, is really absurd.

Schopenhauer sier altså at det er helt absurd å tro at ting som hus, stener, trær, osv. eksisterer som selvstendige objekter.

Det Schopenhauer omtaler som «vilje» er en kraft som bestemmer alt; vi kan prøve å kjempe imot, men vi vil ikke lykkes. Dette synet er noe utbredt: Her fra en artikkel fra Tidsskrift for Norsk psykologforening:

> 'Et lykkelig liv er umulig; det beste et menneske kan oppnå, er et heroisk liv.' Arthur Schopenhauer er pessimismens og meningsløsheten store filosof. Men psykoterapeuter og andre kan finne klok inspirasjon hos ham.

Mennesket kan altså få et heroisk liv dersom det prøver å kjempe mot «viljen», men det er umulig å lykkes.

Her er noen flere sitater fra Schopenhauer:

> Life swings like a pendulum backward and forward between pain and boredom.

> What people commonly call fate is mostly their own stupidity.

> Common people certainly look like men. I have never seen any creatures that resembled men so closely.

> The person who writes for fools is always sure of a large audience.

Videre fra s. 144 i *The World as Will and Representation*:

> … all things in the world are the objectivity of one and the same will, and consequently identical according to their inner nature ….

Schopenhauer sier altså at alt vi ser rundt omkring i verden, ting som vi tror er forskjellige, er egentlig helt like, fundamentalt sett.

Fra s. 138 i *The World as Will and Representation* (uthevelser her):

> *Motives do not determine* man's character, but only the phenomenon or appearance of that character, that is, *the deeds and actions, the external form of the course of his life*, not its inner significance and content. These *proceed from the character which is the immediate phenomenon of the will*, and is therefore groundless. That one man is wicked and another good *does not depend on motives and external influences such as teaching and preaching; and in this sense the thing is absolutely inexplicable.* But whether a wicked man shows his wickedness in petty injustices, cowardly tricks, and low villainy, practiced by him in the narrow sphere of his surroundings, or as a conqueror oppresses nations, throws a world into misery and distress, and sheds the blood of millions, this is the outward form of his phenomenon or appearance, that which is inessential to it, and it depends on the circumstances in which fate has placed him, on the surroundings, on external influences, on motives. *But his decision on these motives can never be explained from them; it proceeds from the will, whose phenomenon this man is.*

Kort sagt sier Schopenhauer at personers valg og handlinger kun er uttrykk for «viljen», de er ikke selvstendige valg.

Schopenhauer har allikevel en bred plass i filosofihistorien, og her er noe fra omtalen av ham i bind fire av *A History of Western Philosophy: Kant and the Nineteenth Century* (1975), av filosofihistorikeren William Thomas Jones (1910 – 1998):

> Schopenhauer believes that animals are incapable of reasoning and that this latter faculty does distinguish men from them. This distinction is nothing to man's credit for reason is very much a secondary power and more of a liability than an asset.
>
> Reason has some use... The complex economic and social relationships on modern civilization would be impossible without it. These gains are more than offset by the damage that

reasoning does to us, for with reason, doubt, error, care and sorrow enter into human life.

Reason is as practically incompetent and as morally bad as it is cognitively inadequate.

A man is blind and his struggles are pointless.

Until we attain what we want we are unhappy, as soon as we get it we are bored.

It might be thought that the logical solution would be suicide, but this is not true. To commit suicide is not to defeat the will, it is to allow the will to triumph over us.

He [Schopenhauer] has a far stronger affinity with the mystical mind than with the strictly philosophical or theological mind.

Fra s. 326 i bind én av *The World as Will and Representation* (uthevelser her):

> ... *optimism* ... seems to me to be not merely an absurd, but also really *wicked*, way of thinking, a bitter mockery of the unspeakable sufferings of mankind.

Ifølge Schopenhauer er det altså *ondskapsfullt* å være optimist, dette fordi det er så mye lidelse i verden.

Schopenhauer hadde ikke så mye pent å si om sine filosofikolleger. Her er noe fra *Parerga and Paralipomena* (1851):

> Fichte, Schelling, and Hegel are in my opinion not philosophers; for they lack the first requirement of a philosopher, namely a seriousness and honesty of inquiry. They are merely sophists who wanted to appear to be rather than to be something. They sought not truth, but their own interest and advancement in the world. Appointments from governments, fees and royalties from students and publishers, and, as a means to this end, the greatest possible show and sensation in their sham philosophy—such were the guiding stars and inspiring genii of those disciples of wisdom. And so they have

not passed the entrance examination and cannot be admitted into the venerable company of thinkers for the human race. Nevertheless they have excelled in one thing, in the art of beguiling the public and of passing themselves off for what they are not; and this undoubtedly requires talent, yet not philosophical.

Schopenhauer er svært negativ og kritisk til Hegel; Hegel mener at grunnlaget for verdens eksistens er at den skal munne ut i hans filosofi. Et par utdrag fra bind to av *The World as Will and Representation* viser mer om Schopenhauers syn på Hegel:

> Hegel, installed from above, by the powers that be, as the certified Great Philosopher, was a flat-headed, insipid, nauseating, illiterate charlatan, who reached the pinnacle of audacity in scribbling together and dishing up the craziest mystifying nonsense. This nonsense has been noisily proclaimed as immortal wisdom by mercenary followers and readily accepted as such by all fools, who thus joined into as perfect a chorus of admiration as had ever been heard before. The extensive field of spiritual influence with which Hegel was furnished by those in power has enabled him to achieve the intellectual corruption of a whole generation.
>
> … Hegel, a repulsive, mindless charlatan, an unparalleled scribbler of nonsense …

Til tross for dette ligger Schopenhauers begrepsteori nær det vi vil si er en rasjonell begrepsteori, dvs. at de er dannet ut i fra observasjon av ting som ligner hverandre. (Dette har vi omtalt i boken første del.) Her er noen sitater fra *The World as Will and Representation*:

> I have declared reason to be the faculty of concepts. It is this quite special class of general non-perceptible representations symbolized and fixed only by words that distinguishes a man from the animal and gives him the mastery of earth.
>
> With me perception is throughout the source of all knowledge.

Schopenhauer sier altså at all kunnskap begynner med observasjon.

> Animals have understanding without the faculty of reason and consequently they have knowledge of perception but not abstract knowledge ... They lack concepts, in other words abstract representations.
>
> So important an instrument of intelligence as the concept obviously cannot be identical with the word, that mere sound....

Her sier Schopenhauer at det er en fundamental forskjell mellom ord og begreper, et synspunkt som enkelt filosofer i vår tid ikke vil være enige i.

> The concept does not preserve what is felt, rather it preserves what is essential thereof in an entirely altered form yet there is an adequate representative of those results.
>
> Concepts form a sequence of hierarchy from the most special to the most universal.
>
> We should be able to analyse this once more even in the event of there being extractions and so on until we reach down to the knowledge of perception and consequently refer to concrete things.
>
> Whereas almost everyone is capable of comparing concepts with concepts, to compare concepts with perception is a gift of the select few.

Det Schopenhauer snakker om her sist er rasjonalisme*. Å bare forholde seg kun til teori er enkelt, det er noe hvem som helst kan gjøre. Å koble teori med virkeligheten, å forankre abstraksjoner i virkeligheten, er noe kun de færreste – «the select few» – klarer.

---

* Som vi har beskrevet tidligere i boken er rasjonalisme å tenke logisk, men uten virkelighetskontakt, uten forankring i virkeligheten.

> All great minds always thought in the presence of perception
> and in their thinking kept their gaze steadily on it.

Schopenhauer sier altså at alle store tenkere har virkelighetskontakt.

Noen oppsummerende punkter

Schopenhauer videreførte Kant, men han var ikke alltid enig med Kant. Schopenhauer treffer godt i sin kritikk av hvordan kantianismen førte til at begrepet «fornuft» ble omdefinert:

> Our professors of philosophy have thought fit to do away with the name, which had hitherto been given to that faculty of thinking, and pondering by means of reflection, and conceptions, which distinguishes man from animals ... [and] decided that this faculty should henceforth be called *Understanding* instead of *Reason* ... The fact was, they wanted Reason´s place and name for a faculty of their own creation and fabrication, or to speak more correctly and honestly, for a completely fictitious faculty ... a faculty for direct, metaphysical knowledge: that is to say, one which transcends all possible experience, is able to grasp the world of things in themselves and their relations, and is therefore, before all, consciousness of God: that is, it knows God the Lord immediately .... (Safranski, s. 158-9).

Det Schhopenhauer sier her er at filosofiprofessorene ønsket å overta det prestisjefylte ordet «fornuft» og å benytte det om en ny egenskap de fant på, en egenskap Schopenhauer sier er en oppdiktet evne («fictitious faculty») med hvilken man visstnok skal ha direkte kontakt med det transcendente, det som er bortenfor virkeligheten. Schopenhauer mener åpenbart at den opprinnelige forståelsen av «fornuft» – det å kombinere begreper i logiske resonnementer – er den korrekte. Dette forklarer følgende sitat som ofte tillegges Kant:

> All our knowledge begins with the senses, proceeds then to the understanding, and ends with reason. There is nothing higher than reason.

Det Kant her kaller «understanding» er det som tidligere ble kalt fornuft, og det Kant her kaller fornuft er evnen til å erkjenne det transcendente, det som altså er bortenfor virkeligheten.

Schopenhauer skriver godt. Tyske filosofer, kanskje især Kant, er kjent for å skrive svært innviklet og komplisert, men Schopenhauer skriver veldig godt*.

Schopenhauer er en av de første filosofer som overhodet ikke tok med religion som begrunnelse for sine standpunkter.

Schopenhauer sier at livet er lidelse, og det beste man kan håpe på er ikke lykke, men å leve et heroisk liv, å kjempe for noe man er dømt til å tape. Allikevel, Schopenhauer var en playboy som var glad i piker, vin, og sang. Det var altså ingen sammenheng mellom Schopenhauers filosofi og Schopenhauers eget liv.

Schopenhauers virkelighetskontakt er liten. Han har mye rett om begreper og han sier noe riktig om kunst (som jeg ikke har sagt noe om her), men hans metafysikk er helt virkelighetsfjern.

Schopenhauers filosofi sier, essensielt sett, at mennesket er et stakkarslig vesen dømt til nederlag, at fornuften er mer skadelig enn nyttig, og at det beste man kan gjøre er å akseptere at livet består av ulykke eller kjedsomhet.

Litteratur

Janaway, Christopher: *Schopenhauer: A Very Short Introduction*, Oxford University Press 2002

Jones, W.T.: *A History of Western Philosophy*, Harcourt, Brace, Jovanovich 1975

Kastrup, Bernardo: *Decoding Schopenhauer's Metaphysics: The Key to Understanding How It Solves the Hard Problem of Consciousness and the Paradoxes of Quantum Mechanics*, Iff Books 2020

Safranski, Rudiger: *Schopenhauer and the wild years of philosophy*, Harvard University Press 1989

Schopenhauer, Arthur: *The World as Will and Representation*, 2 bind, Dover Publications 1966, 1969

Schopenhauer, Arthur: *Parerga and Paralipomena*, 2 bind, Oxford 2016, 2017

---

* Jeg har dog kun lest ham på engelsk ....

Skårderud, Finn: «En introduksjon til Schopenhauer», Tidsskrift for
    Norsk psykologforening, mars 2006
Yalom, Irvin D.: *The Schopenhauer Cure*, Harper Collins 2005 502

Friedrich Nietzsche og Ayn Rand: en sammenligning

Publisert 2001

Praktisk talt hver eneste artikkel som publiseres om Ayn Rand i tradisjonelle aviser og tidsskrifter inneholder påstanden om at hun er nietzscheaner, eller at det er vesentlige likhetspunkter mellom Rand og Nietzsche. Eksempelvis påstår Morgenbladets redaktør Truls Lie i sin omtale av den norske utgaven av *Atlas Shrugged, De som beveger verden*, at «Ayn Rand har lest Nietzsche» og at «slik Nietzsche anbefalte "overmennesket" å riste av seg parasittene, skaper de som beveger verden sitt eget Atlantis...» (Morgenbladet 26/1-2001).

Tilsvarende finner man i anmeldelsen av samme bok i Klassekampen 31/3-2001 påstanden om at «Rands moralkonsept ligger tett opp til Nietzsches. Som Nietzsche lengter hun etter rovdyret i mennesket. "Overmennesket" er de funksjonsdyktige – bare de er hevet over altruismen og den konvensjonelle moralens åk». (Anmeldelsen er skrevet av biologiprofessor Dag Hessen).

Også idehistorikeren Gunnar Schrøder Kristiansen trekker en tilsvarende parallell i sin artikkel i Samtiden nr 5-6/2000:

> ...objektivismens* tanker om politikk ligger ikke langt unna Nietzsches aristokratiske, politiske teori. Begge gikk inn for elitestyre, og begge var antidemokrater. Rand var også tydelig inspirert av Nietzsches teori om "overmennesket", men hos henne er de blitt til "heroiske skikkelser". Både Roark og Galt er personifiseringer av objektivismens viktigste ideer, og samtidig gode eksempler på *das Ubermensch* i nietzscheansk forstand (s. 47).

Denne påståtte parallellen mellom Rand og Nietzsche bygger i hovedsak på en oppfatning om at Nietzsche som filosof forfektet egoisme, at han hevdet at man bør leve sitt liv i høyeste potens, at man bør leve kraftig og intenst, at man i handling bør følge sin egen vilje, og

---

* Objektivismen er navnet Ayn Rand ga til sitt filosofiske system.

at man bør leve uavhengig av de tradisjoner og normer som tilfeldigvis finnes i samfunnet omkring en. Man bør også, ifølge denne versjonen av Nietzsches filosofi, arbeide med seg selv ved å forsøke å forbedre seg og utvikle seg til å bli et bedre menneske enn man er idag, og målet er å bli et «overmenneske». Videre ligger det i denne tolkningen av Nietzsche at ikke alle mennesker er i stand til dette – de fleste mennesker er konforme, tradisjonsbundne, og forsiktige i sin livsførsel, mens enerne, de sterke, de som er i stand til å overvinne svakheter i seg selv, de tilhører et aristokrati og er hevet over vanlige normer og regler.

Et annet velkjent element hos Nietzsche er hans motstand mot kristendommen, han beskrev den som en «fattigmannsplatonisme», og som et komplott av de svake for å ta rotta på de sterke. Videre er Nietzsche motstander av både velferdsstat («et mangehodet uhyre») og demokrati.

Men den som tror at dette er Nietzsches filosofi, tar feil. Dersom man skal fremstille *Nietzsches* filosofi, må man gjengi et representativt utvalg av hans ideer, og dersom man gjør det vil man se at fremstillingen ovenfor må suppleres med poenger som gjør at bildet blir helt annerledes. Og da vil enhver lett se at det er ingen likhetspunkter mellom filosofiene til Rand og Nietzsche. Ikke bare vil man se at det ikke er likhetspunkter, man vil også oppdage at disse to filosofene fundamentalt sett står på motsatt side av det filosofiske spektrum: de har diametralt motsatte standpunkter i alle viktige filosofiske spørsmål.

La meg først nevne at Nietzsche er en meget usystematisk filosof, og at man derfor kan finne støtte for innbyrdes motstridende standpunkter i hans verker – det sies ganske treffende om Nietzsche at han systematisk motsier alt han sier. Enhver kan således plukke gode enkeltstandpunkter fra ham og gjøre disse til en del av *sin* filosofi. Men det vi skal se på her er *Nietzsches* filosofi. Nietzsches filosofi er det filosofiske system som er kjernen i det som kommer frem i de bøker hvor han står som forfatter. Som nevnt er Nietzsche en uklar skribent – og han var selv oppmerksom på dette. Det påståes at han skrev *Beyond Good and Evil* for å tydeliggjøre det han hadde forsøkt å si i *Thus Spoke Zarathustra*, og at han skrev *On the Genealogy of Morals* for å tydeliggjøre det han hadde forsøkt å si i *Beyond Good and Evil*.

Men det finnes et par virkelige likhetspunkter mellom Rand og Nietzsche: et av dem er at begge er ypperlige skribenter, begge er i stand til å skape klare og treffende formuleringer. Ayn Rand har selv (i forordet til *The Fountainhead*) oppsummert dette slik: «As a poet, [Nietzsche] projects at times (not consistently) a magnificent feeling for man's greatness, expressed in emotional, *not* intellectual terms».

Alle som har lest Nietzsche kan bekrefte at man hos ham stadig kan finne ypperlige poenger og formuleringer. Noen få eksempler: «den edle sjel føler ærefrykt for seg selv», «å tro betyr at man ikke ønsker å vite det som er sant», «det som ikke ødelegger meg gjør meg sterkere», «gi ikke avkall på helten i din sjel», «kristendommen er en forbrytelse mot livet», «Platon var feig i forhold til virkeligheten», «det som ødelegger Europa er to ting: alkohol og kristendom», «skal du besøke en kvinne – ta da med deg en pisk», og (i en noe redigert form) «det samfunn som ikke engang vil straffe sine kriminelle er dømt til undergang». Selv om både Rand og Nietzsche var svært dyktige til å formulere seg, og selv om det finnes noen enkeltstående, isolerte, likhetspunkter, er dette langt fra nok til å hevde at deres filosofier er like. Det vi skal gjøre her er altså å vise at det ikke finnes likhetstrekk mellom *filosofiene* til Rand og Nietzsche.

Siden Nietzsche er inkonsistent i de derivative grenene, må man si at hans virkelige mening er de standpunkter som er i samsvar med hans standpunkter i de fundamentale grenene. Dette fordi filosofi er et hierarkisk oppbygget fag; en persons virkelige standpunkter innen etikk og sosial filosofi (politikk) vil være bestemt av hans standpunkter innen metafysikk og epistemologi. Selv om Nietzsche altså er selvmotsigende i de derivative grenene, finnes det allikevel en kjerne av konsistente standpunkter, og det er dette som er Nietzsches filosofi.

Vi må derfor begynne med en fremstilling av Nietzsches metafysikk og epistemologi.

Metafysikk
Om virkeligheten:

> The total character of the world, however, is in all eternity chaos – in the sense not of lack of necessity but of a lack of order, arrangement, form, beauty, wisdom, and whatever other names there are for esthetic anthropomorphisms (*The Gay Science*, 3,109).

Om mennesker:

> «the doer» is merely a fiction added to the deed (*Geneaology of Morals*, 1,13).
>
> What is basic is not that which acts, but activity itself (sitert i The Objectivist Forum, feb 86, s 12).

Det går tydelig frem av dette at Nietzsche er heraklitianer: det primære som eksisterer er *prosesser*, ikke objekter eller entiteter. Nietzsche hevder at virkeligheten er

> a monster of energy ... a sea of forces flowing and rushing together, eternally changing, a becoming that knows no satiety, no disgust, no weariness ... [an] eternally self-creating, self-destroying world... (fra *Will to Power*, sitert i TOF, feb 86, s 13.)

Denne metafysikken finner man bekreftet flere andre steder, f.eks i *The Gay Science*:

> We have arranged for ourselves a world in which we can live – by positing bodies, lines, planes, causes end effects, motion and rest, form and content, without these articles of faith nobody can endure life. But that does not prove them (3,121).

Fakta er altså ifølge Nietzsche trosartikler. Og han sier også at fysikkens lover ikke er fakta, de er kun tolkninger (*Beyond Good and Evil*, 22).

Dette viser tydelig at Nietzsches metafysikk er heraklitiansk: det primære er prosesser, kaotiske prosesser. Dette er selvsagt det helt motsatte syn av det Ayn Rand har; det Objektivistiske syn er at virkeligheten primært består av gjenstander, objekter, og at disse eksisterer uavhengig av noens bevissthet. Videre er disse objektene bestemte, de har identitet. Det Objektivistiske syn innebærer at årsaksloven gjelder, og den gjelder selvsagt uten unntak. Den fysiske virkelighet er derfor harmonisk og i prinsippet forutsigbar. Dette er stikk i strid med Nietzsches metafysikk.

Menneskets frie vilje

Det Objektivistiske synet er at mennesket har fri vilje, og denne egenskapen er evnen mennesket har til selv å styre sin bevissthet. Mennesket styrer sin bevissthet, og gjennom de valg man foretar på basis av hvordan man styrer sin bevissthet, skaper ethvert menneske sin personlighet. Fri vilje er altså primært muligheten til å styre sin bevissthet – muligheten til å tenke (finne sannhet); eller til bevisst å unnlate å søke sannhet, det som Ayn Rand kaller «evasion». Fri vilje innebærer at man kan styre sin bevissthet for å oppdage og analysere og forstå verden. På basis av dette kan mennesket så foreta reelle valg mellom reelle alternativer. Ens syn på fri vilje henger altså intimt sammen med ens syn på bevissthetens muligheter, og på tenkningens oppgave.

Nietzsches syn på vilje er helt annerledes enn Ayn Rands, for å si det forsiktig. Verden inneholder ifølge Nietzsche viljekvanta (her er Nietzsche sterkt påvirket av Schopenhauer), og disse viljekvantaene søker makt. I noen tilfeller er ansamlinger av slike kvanta mer vellykket enn i andre, og disse ansamlingene er de mennesker som Nietzsche kaller de sterke («the masters» i de engelskspråklige utgavene av Nietzsches bøker). «Vilje» er altså hos Nietzsche selvstendige krefter som er primære eksistenter. Nietzsches «vilje» er altså noe helt annet enn den egenskap mennesket har til å fokusere sin bevissthet.

Siden Nietzsche så ofte snakker om viljen og ofte sier at man skal følge viljen, så er det lett å tolke Nietzsche dit hen at han hevder at mennesket har fri vilje, men på basis av det ovenstående skulle det være lett å se at dette er feil. Nietzsches syn er at «vilje» er en metafysisk kraft som finnes i mennesker, og dette synet er i fullt samsvar med hans heraklitianske metafysikk. «Vilje», ifølge Nietzsche, er altså ikke den evne mennesket har til å styre seg selv.

La meg gjengi noen sitater som viser at ifølge Nietzsche har mennesket ikke evnen og muligheten til å foreta valg og til å skape sin personlighet.

> One cannot erase from the soul of a human being what his ancestors liked most to do... It is simply not possible that a human being should *not* have the qualities and preferences of his parents and ancestors in his body... (*Beyond Good and Evil*, 264).

It is certain that one's innermost nature gradually disciplines one's whole being into unity ... [in order to serve] that mission whose involuntary custodian we are... (*Beyond Good and Evil*, 264).

There is only nobility of birth, only nobility of blood .... For spirit alone does not make noble, rather there must be something to ennoble the spirit - what is then required? Blood. (fra *Will to Power*, sitert i TOF, apr 86, s 9).

Man kan lett se kontrasten med Ayn Rand ved å sammenligne med hennes formulering om at «man is a being of self-made soul».

I *Genealogy of Morals* (1. essay, sec 13) finner man en seksjon hvor Nietzsche sammenligner de sterke med rovfugler som spiser lam – og hans poeng er at lammene ikke kan kritisere rovfuglene for dette, de handler jo bare i overensstemmelse med sin natur. Nietzsche sammenligner altså de sterkes handlinger med dyrs handlinger, og dyr har ikke fri vilje.

Som nevnt er Nietzsche på dette punktet sterkt påvirket av Schopenhauer, men det er en interessant forskjell mellom disse to: Schopenhauer hevdet at man burde forsøke å dempe viljens betydning, at man burde forsøke å la være å følge den – Schopenhauer var pessimist og hevdet at dersom man forsøker å følge sin vilje vil man alltid mislykkes og bli skuffet. Nietzsche hevder i motsetning til dette at man bør forsøke å følge sin vilje. (Begår Nietzsche en selvmotsigelse ved å si hva mennesker bør gjøre? Ja, men mennesket *har* fri vilje, og selv determinister er egentlig klar over dette. Selv om de forsøker å fornekte dette, vil de implisitt måtte godta dette faktum, og enhver determinist kommer således med oppfordringer om hva mennesker bør gjøre.)

La meg også gjengi følgende fra en kommentator: «..Nietzsche proposes that everything in the universe is subject to a blind, necessary, impersonal force. "Free will" is a chimera.» (Zeitlin: *Nietzsche*, Polity Press 1994, s 142). Zeitlin hevder altså at for Nietzsche er forestillingen om fri vilje kun et drømmespinn.

Epistemologi

Som kjent hevder Ayn Rand at fornuften er menneskets eneste metode for å oppnå (abstrakt) kunnskap: «Reason is man's only means of knowledge», og at man derfor bør være rasjonell. Hva er så Nietzsches syn på dette punktet?

Nietzsche legger ikke bare liten vekt på rasjonell tenkning, han er til og med motstander av rasjonalitet! I *Thus Spoke Zarathustra* finner man følgende:

> With all things one thing is impossible – rationality (Penguin 1969, s 186).

Videre, et sted omtaler Nietzsche bevisstheten som

> [man's] weakest and most fallible organ (*Geneaology of Morals* 2,16).

Og allerede i *The Birth of Tragedy*, hans første verk, finner man følgende:

> the unshakeable faith that thought, employing the guiding thread of causality...is capable of knowing being...is a profound illusion (sec 15).

Man kan også finne en sterk indikasjon på Nietzsches avstand til fornuften i måten han skriver på: han argumenterer praktisk talt aldri, han gir aldri begrunnelser for sine påstander, han bare fremsetter dem. En rasjonell person vil selvsagt gi logiske argumenter som begrunnelse for sine påstander.

Hvilket alternativ til fornuften fremsetter så Nietzsche? Her er det forskjell på de sterke og de svake – det er ifølge Nietzsche de svake som må ta til takke med fornuften. En kommentator har oppsummert det slik:

> Rasjonelle diskusjoner «are a last resort, a last-ditch device in the hands of those who possess no other weapon. Reason is a weapon of the weak and impotent, a weapon which the powerful do not need since they simply enforce their will ... Reason is a form of spiritual revenge from the rabble.» (Zeitlin, s. 137).

Det Nietzsche påstår er viktig er instinkt, men dette er kun for de sterke; det er de svake som må ta til takke med fornuft. Zeitlin beskriver dette slik:

> For Nietzsche,.. rationality ..constitutes decadence. Rationality stands in opposition to the instincts, and is therefore a sign of sickness, not health (s. 138).

Nietzsches syn på rasjonalitet og fri vilje kan man finne bekreftet en rekke forskjellige steder. Her fra et oppslagsverk på Internett (Sofies verden):

> [Ifølge Nietzsche er det slik at] menneskets handlinger trenger ikke noen begrunnelse. Våre egenskaper er vår skjebne. De skyldes verken Gud, samfunnet, foreldre eller oss selv. Nietzsche mente ingen er ansvarlig for at han eller hun er til, for sine egenskaper eller livsbetingelser. I *Slik talte Zarathustra* gjør han seg til talsmann for et syn han kaller "amor fati" (kjærlighet til skjebnen). Individets skjebne er forbundet med alle tings skjebnebestemthet. Det er denne erkjennelsen som er den store frigjøringen.
>
> ....Nietzsche argumenterte ofte mot bestemte persontyper. For ham var det viktigere hvem som fremsatte en påstand enn det personen sa. Nietzsche var av den oppfatning at verdien av påstandene var avhengig av makt og rang hos den personen som uttrykte dem. Han hadde ingen tiltro til fornuft og rasjonalitet som selvstendige faktorer. Fornuftige argumenter kan ikke påvirke prosessene som ligger til grunn for de ulike vurderingene, mente han. Målet med hans mistenksomhet var å finne ut hvilke lidenskaper som er virksomme i hvert enkelt tilfelle. Er de akseptable eller uakseptable uttrykk for «viljen til makt»?

Nietzsche kan ikke beskrives på annen måte enn at han dyrket følelser og instinkter, og instinktene har vi mottatt fra våre forfedre: hans syn er at vi bør handle i samsvar med det våre følelser og instinkter forteller oss. Dette er den rake motsetningen til Ayn Rands syn: vær rasjonell, basér deg på fakta, vær logisk.

Etikk

Innen etikk hevder Nietzsche dels at man skal leve intenst, at man skal følge sin vilje, at man skal leve farlig og ta sjanser – et trygt liv er ikke hans ideal. Hans idealer er ikke bare tenkere og intellektuelle som Shakespeare, Goethe, og Beethoven, men også maktpolitikere som Alkibiades, Ceasar, og Napoleon. Man kan imidlertid også finnes steder hos Nietzsche hvor det ser ut som om hans ideal er et asketisk, ensomt liv.

Det Objektivistiske synet er selvsagt annerledes: man bør leve intenst, men ikke ta sjanser eller leve farlig uten at det er en svært god grunn til det. Det Objektivistiske ideal er en Howard Roark og en John Galt, rasjonelle mennesker som skaper verdier. Det er stor avstand mellom de Objektivistiske idealene og Nietzsches idealer: militære erobrere som Caesar og kyniske maktpolitikere som Alkibiades. Også Nietzsches ideal om et asketisk liv i ensomhet er meget langt fra det Objektivistiske ideal.

Objektivismen forfekter produktivt arbeid som det sentrale i et menneskes liv, den viktigste aktiviteten er å bruke sine evner i verdiskapende virksomhet. Dette er også noe som er helt fremmed for Nietzsche.

Det bør også nevnes her at Nietzsche påstår at han er motstander av moral – et sted lar han sitt talerør Zarathustra si at mennesket bør være ondt («The most evil is necessary for the Superman's best», Penguin, s. 299). Men det han mener med dette er antagelig kun at han er motstander av den moral som sier at mennesket bør tjene andre. Ayn Rand var også motstander av den moral som sier at man bør tjene andre, men det hun gjorde var å utvikle en alternativ moralteori – og et filosofisk system – som i detalj beskriver hvordan man virkelig kan tjene seg selv.

Når professor Hessen skriver at «Nietzsche lengter ...etter rovdyret i mennesket» så er dette korrekt. Men når han sier at det samme gjelder for Ayn Rand, så er det en helt vanvittig feilfremstilling. Av betydelige filosofer er Ayn Rand ikke bare den første, hun er også den eneste som hevder at alle mellommenneskelige forhold bør være frivillige; at initiering av tvang mellom mennesker er forkastelig. Hun er den eneste betydelige filosof som hevder at samfunn bør organiseres slik at individers rettigheter skal respekteres – det som er det korrekte er således det stikk motsatte av det Hessen påstår: Ayn Rand er den første filosofi som hevder at mennesker ikke bør leve som rovdyr.

Politisk filosofi

I forhold til andre mennesker hevder Ayn Rand at alt samkvem bør være frivillig – samfunn bør derfor organiseres slik at individers rettigheter respekteres. Også dette er stikk i strid med Nietzsches syn; han hevder jo at noen er født til å herske og at andre er født til å være slaver, og at rettigheter/kontrakter ikke skal legge noen restriksjoner på de sterke: Nietzsches ideal er «he who can command, he who is by nature "master", he who is violent in act and bearing – what has he to do with contracts?» (*Geneaology of Morals*, 2,17). Videre, den sterke er «a man to whom nothing is forbidden» (*Twilight of the Idols*, Penguin 1990, s 114).

Formålet ifølge Nietzsche er at de sterke skal skape/utvikle seg til overmennesker, og i denne prosessen er det ingen restriksjoner på hvordan de sterke kan bruke andre mennesker med dette som formål. Dette er bakgrunnen for det som kommer til uttrykk i følgende sitater:

> The beginnings of everything great on earth [are] soaked in blood thoroughly and for a long time (*Genealogy of Morals*, 2,6). (Det store som skal komme er overmennesket.)

> [Freedom is] that one is prepared to sacrifice human beings for one's cause (fra *Twilight of the Idols*, sitert i TOF, apr 86, s 8).

> ...one must learn to sacrifice many and to take one's cause seriously enough not to spare men (fra *Will to Power*, sitert i TOF, apr 86, s 8).

> For the preservation of society, for making possible higher and higher types – the inequality of rights is the condition (sitert i TOF, apr 86, s 9).

> [Some men] are sculptors – and the rest are merely clay compared to them (sitert i TOF, apr 86, s 8).

De sterkes budskap til de svake:

> Thou shalt obey, someone, and for long: else thou wilt go to ruin ... this seems to me to be the only moral imperative of nature (sitert i TOF, apr 86, s 9).

Nietzsche var tilhenger av slaveri: «we must accept this cruel-sounding truth, that slavery is of the essence of culture (sitert i TOF, apr 86, s 9, skrevet da Nietzsche var 27 år gammel – men man kan legge til her at Nietzsche også var motstander av kultur). Også om slaveri: «a society that believes in the long ladder of an order of rank and differences of value between man and man ... needs slavery in some sense or another" (*Beyond Good and Evil*, 257, skrevet da Nietzsche var 43 år gammel – Nietzsche var altså tilhenger av slaveri hele sitt liv).

La meg også poengtere at slaveri for Nietzsche ikke betyr intellektuell avhengighet eller konformitet.

> The essential characteristic of a good and healthy aristocracy [includes].... that it accepts with a good conscience the sacrifice of untold human beings who *for its sake* must be reduced and lowered to incomplete human beings, to slaves, to instruments. (*Beyond Good and Evil*, 258).

Disse sitatene viser dog at Nietzsches filosofi på enkelte punkter er konsistent: hans syn om at noen mennesker er født til å være slaver og at noen er født til å herske – «there is only nobility of birth» – er selvsagt i samsvar med hans determinisme.

La meg tilføye her at «overmennesket» er ikke de samme som «den sterke» – de sterke finnes nå, men disse skal utvikle seg til overmennesker en gang i fremtiden. (Hvorvidt det er *individer* som skal utvikle seg til overmennesker, eller om det skal utvikles en *rase* av overmennesker er et av de mange punktene hvor Nietzsche er uklar.) Kommentatorer blander ofte sammen «den sterke» og «overmennesket», f.eks. gjør både Hessen og Kristiansen dette i de to gjengitte sitater i denne artikkelens innledning.

Demokrati

Men hva med demokrati – Gunnar Schrøder Kristiansen hevdet jo i den nevnte artikkelen at det er et likhetspunkt mellom Rand og

Nietzsche at begge er motstandere av demokrati. Men det viktige poeng som Kristiansen utelater er at de er motstandere av demokrati fra diametralt motsatte utgangspunkter: Nietzsche ønsker at det ikke skal være noen begrensninger på de sterkes rett til å tråkke på de svake, mao. de sterke skal ikke være bundet av noe som helst, heller ikke av flertallsbeslutninger. Rand er antidemokrat fordi hun ønsker å sikre frihet, dvs. hun ønsker å sikre hvert enkelt individ mot alle former for overgrep (initiering av tvang), også når de er demokratisk vedtatt. Rands syn er altså at ingen har rett til å krenke andres rettigheter, *heller ikke et flertall har rett til dette*.

På bakgrunn av dette ser man at tolkningen av Nietzsches filosofi i begynnelsen av denne artikkelen må suppleres med følgende punkter hvis det er *Nietzsches* filosofi man skal gi et bilde av: Det er viljen, en metafysisk kraft, som styrer mennesket, det er ikke mennesket som styrer seg selv; man bør følge sine følelser og sine instinkter; man har – hvis man tror at man tilhører de sterke – all moralsk rett til å bruke og utnytte andre mennesker; og det er ingen grunn til å la være å initiere bruk av tvang overfor andre mennesker dersom man føler at man på en eller annen måte kan tjene på det.

Andre tolkninger

Tolker jeg Nietzsche feil? Er det ikke slik at all hans idolisering av strid og krig – f.eks. «I welcome all signs that a more manly, warlike age is about to dawn...» (*Gay Science*, 4, 283) kun er fargerike beskrivelser av en strid mellom *ideer* – han sier jo samme sted at han snakker om en tid hvor mennesker «will *wage wars* for the sake of ideas and their consequences», og han oppfordrer til å «live at war with your peers and yourself. Be robbers and conquerors as long as you cannot be rulers and professors, *you seekers of knowledge*» (uthevet her).

Men med alle formuleringene om blodsutgydelse, om ulikhet, om å ofre andre, om at noen mennesker er leire som skal formes av de sterke, er det vanskelig å godta at alt dette kun er bilder på intellektuell strid. Spesielt når Nietzsches idealmennesker ikke bare inkluderer intellektuelle som Shakespeare og Beethoven, men også kyniske maktmennesker som Alikibiades, Julius Caesar og Cesare Borgia (som fjernet politiske motstandere ved å forgifte dem). Dessuten er hans formulering om at krig er å foretrekke fremfor fredsdomstoler – etableringen av «international peacecourts instead of war» er et tegn på «declining life» (*Geneaology of Morals*, 3,25) - ytterligere et tydelig tegn på at det virkelig er voldelig strid han mener.

Som kjent betraktet nazistene Nietzsche som en filosofisk åndsfader for den nazistiske filosofien, og de fleste som idag er påvirket av Nietzsche forsøker å benekte at det finnes noe grunnlag for denne holdningen, de hevder at nazistene forvrengte Nietzsche. Men selv blant dem som forsøker å tolke Nietzsche på en minst mulig nazistisk måte, innrømmes det at Nietzsches syn var at «the gulf between some men and others is more significant than [the gulf] between man and animal» (Kaufmann I *Nietzsche: Philosopher, Psychologist, Antichrist*). Så det var ikke behov for store forvrengninger for å gjøre Nietzsche til en protonazist.

Mitt syn er at de som velger kun å se på Nietzsches formuleringer som sterke og kraftfulle bilder på intellektuell strid, de føler seg tiltrukket av deler av det Nietzsche har skrevet, plukker ut dette og ignorerer det andre. Dette er en fremgangsmåte som er akseptabel når man skal danne seg sin filosofi, men det er helt feil å fremstille et slikt selektivt utvalg av Nietzsche som *Nietzsches* filosofi.

Konklusjon: ingen likheter

La meg konkludere med å hevde at på bakgrunn av dette er det lett å se at det ikke er noen likheter mellom filosofiene til Rand og Nietzsche? Det finnes likheter mellom disse to kun på følgende to punkter: det er en viss likhet i litterær stil – både Rand og Nietzsche skriver kraftig og godt. Det andre likhetspunktet er at enkeltavsnitt hos Nietzsche isolert sett kan være i samsvar med Rands ideer, men slike paralleller finnes ikke bare mellom Nietzsche og Rand, slike paralleller kan man finne mellom alle filosofer, f.eks. finnes det slike paralleller mellom Rand og Kant, og mellom Rand og Hobbes.

Men filosofi er et integrert og integrerende og hierarkisk oppbygget fag – de ulike grenene metafysikk, epistemologi, etikk og sosial filosofi (og estetikk) må sees i sammenheng, og av denne grunn kan man ikke legitimt hevde at det finnes likheter mellom *filosofiene* til Rand og Nietzsche, like lite som det finnes likheter mellom filosofiene til Rand og Kant, og like lite som det finnes likheter mellom filosofiene til Rand og Hobbes. Skal man finne en filosofi som ligner på Objektivismen, så finner man den hos Aristoteles. Det er uholdbart å løsrive isolerte enkeltpunkter fra ett av filosofiens områder og så betrakte disse fullstendig urelatert til de andre områdene, og det er dessverre slik mange som diskuterer Nietzsche – eller sammenhengen mellom Rand og Nietzsche – gjør. Derfor er konklusjonene disse kommer frem til uholdbare.

La meg helt til slutt gjengi Ayn Rands beskrivelse av Nietzsche fra *For the New Intellectual*:

> Nietzsche's rebellion against altruism consisted in replacing the sacrifice of oneself to others by the sacrifice of others to oneself. He proclaimed that the ideal man is moved, not by reason, but by his "blood", by his innate instincts, feelings and will to power – that he is predestined by birth to rule others and sacrifice them to himself, while they are predestined to be his victims and slaves – that reason, logic, principles are futile and debilitating, that morality is useless, that the "superman" is "beyond good and evil", that he is a "beast of prey" whose ultimate standard is nothing but his own whim».

Dette er en perfekt oppsummering av Nietzsches filosofi. Og det skulle nå være lett å se at det ikke finnes noen likhetspunkter mellom filosofiene til Nietzsche og Rand.

Litteratur
Nietzsche, Friederich: *The Gay Science,* Vintage Books 1974
Nietzsche, Friederich: *Thus Spoke Zarathustra*, Penguin 1969
Nietzsche, Friederich: *Beyond Good and Evil*, Vintage Books 1989
Nietzsche, Friederich: *Genealogy of Morals and Ecce Homo*, Vintage Books 1989
Nietzsche, Friederich: *Human, all to Human*, University of Nebraska Press 1986
Nietzsche, Friederich: *Twilight of the idols and The Anti-Christ*, Penguin 1990
Nietzsche, Friederich: *Tragediens fødsel*, Pax 1993
Rand, Ayn: *For the New Intellectual*, Random House 1961
Ridpath, John: «Nietzsche and Individualism», del 1, The Objectivist Forum, februar 1986
Ridpath, John: «Nietzsche and Individualism», del 2, The Objectivist Forum, april 1986
Zeitlin, Irving M.: Nietzsche: *A Re-examination*, Polity Press 1994

Karl Popper

Basert på et foredrag holdt i FSO 23. november 2000

Popper – hvorfor er han viktig for oss? Han er viktig fordi han er betraktet som en av det tyvende århundredes mest betydningsfulle filosofer, han er viktig fordi han er betraktet som vår tids viktigste vitenskapsfilosof, han er viktig fordi han er en av de få filosofer hvis ideer er kjent utenfor filosofenes egne rekker, og han er viktig fordi endel liberalister bygger sin begrunnelse for frihet på hans ideer. Av alle disse grunnene er det viktig for oss å kjenne til Karl Poppers ideer.

Poppers viktigste ideer er som følger:

*Det finnes ingen induksjon

*Det som skiller videnskap fra pseudo-videnskap er evnen til å bli falsifisert: videnskap kan falsifiseres, pseudo-videnskap kan ikke falsifiseres

*Det finnes ingen teori-nøytrale observasjoner

*Verden kan deles inn i tre: 1) Fakta, 2) Det som skjer i bevisstheten, og 3) Det som er resultater av det som skjer i bevisstheten

*Markeder bør være uten offentlig styring—samfunnet bør være åpent, dvs. ha demokrati og ytringsfrihet

*Skeptisisme er eneste vei til frihet; sikkerhet fører til tvang

Jeg skal si litt om disse punktene. Dessuten skal jeg si litt om Poppers etikk, litt om hans etterfølgere Kuhn og Feyerabend, og som avslutning vil jeg si noen få ord om Popper som menneske.

Bakgrunn

Først noen ord om hans bakgrunn. Han ble født i Wien 1902 og han døde i 1994. Han vokste opp i Østerrike, et meget viktig intellektuelt sentrum på denne tiden: her var Hayek, Ludwig von Mises og hans bror Richard von Mises, Wittgenstein, her var viktige positivister som

Schlick, Carnap og Hempel. Popper ble også kjent med ideene til Freud, Marx og Einstein, og selv om Freuds og Marx' ideer dominerte praktisk talt alle andre intellektuelle på denne tiden, ble Popper hverken freudianer eller marxist. Riktignok var han en kort periode marxistisk sosialist, men han kom raskt ut av dette. Han bevarte allikevel lenge stor respekt for Marx og hans visjon.

Under den annen verdenskrig var Popper professor i New Zealand, og etter krigen var han ved London School of Economics, hvor han var til han døde.

Induksjon

Popper hevder å ha løst det klassiske induksjonsproblemet. Hva er induksjon? Induksjon er en slutningsform som innebærer at man oppnår pålitelig/sikker kunnskap om *alle* fra *noen* observasjoner. For eksempel observerer man at noen mennesker dør, og man induserer, dvs. slutter som en sikker konklusjon, at «alle mennesker er dødelige» —altså at alle er dødelige selv om man ikke har observert at alle mennesker har dødd. Man observerer at noen svaner – alle de man har observert – er hvite, og slutter at alle svaner som finnes, også de man ennå ikke har observert, er hvite. Problemet består i følgende: hvordan kan man vite noe om alle dersom man bare har observert noen tilfeller? Humes løsning er vel idag den som er mest akseptert i filosofiske miljøer: det finnes ingen induksjon. Det som skjer er at når vi observerer samme ting mange ganger så får vi en vane om at slik er det: At solen står opp imorgen er ikke sikkert, sier Hume, men siden det har skjedd hver morgen hittil er vi blitt vant til det, og derfor tror vi, derfor er vi overbevist om at den også vil stå opp i morgen. Men vi kan ikke ifølge Hume slutte med sikkerhet at solen står opp imorgen. Tilsvarende, når alle svaner vi observerer er hvite, får vi en vane som sier at alle svaner er hvite. Det finnes altså ingen induksjon, vi danner oss vaner, sier Hume, og Hume var ifølge Popper «one of the most rational minds of all ages» (sitert i Dykes, s. 6).

Poppers løsning på induksjonsproblemet er en vri på Humes løsning: det finnes ingen induksjon, sier han, induksjon er en myte. Poppers ord:

> Thus, there is no induction: we never argue from facts to theories... (Popper 1992, s. 86).

Et annet sted sier han at «there is no rule of inductive inference – inference leading to theories or universal laws – ever proposed which can be taken seriously even for a minute» (sitert i Dykes, s. 7). Man foretar altså overhodet ikke induktive slutninger, sier Popper. Dette er Poppers løsning på induksjonsproblemet: det finnes ingen induksjon. Hans egne ord: «I believed that I had solved the problem of induction by the simple discovery that induction by repetition did not exist» (sitert i Dykes, s. 6).

Hva er det da man ifølge Popper gjør når man tror man trekker konklusjoner på basis av erfaring? I utgangspunktet gjetter man på hypoteser eller dogmer eller myter på alle mulig områder, og så gjendriver man eventuelt disse ved tester eller ved nye oppdagelser eller ved nye forsøk.

La oss se på et eksempel på en gjetning: Månen er laget av grønn ost. Så reiser man til månen, og finner ut at den ikke er laget av grønn ost – og hypotesen er falsifisert! Er det useriøst av meg å bruke et slikt eksempel? Popper sier: «...How do we jump from an observation statement to a good theory? But to this the answer is: by jumping first to *any* theory and then testing it, to find out whether it is good or not, ...» (Popper 1984, s. 55, uthevelsen er Poppers). Teorien om at månen er en grønn ost ble altså falsifisert først i 1969. La oss se på enda et eksempel: La oss gjette at tunge ting faller ned hvis de slippes. Så følger man med når tunge ting slippes og man ser at de alltid faller. Og da er denne hypotesen ikke falsifisert.

Poppers syn er dette: alle teorier er dannet på basis av gjetninger. «Newton's theory [om sammenhengen mellom kraft, masse og bevegelse, og anvendelsen av dette på planetenes bevegelser] is no more than a marvellous conjecture, an astonishingly good approximation, unique indeed...» (Popper 1984, s. 94). Og denne teorien ble falsifisert da man begynte å teste bevegelse ved høye hastigheter i det tyvende århundre.

Mer om falsifisering kommer senere, men Poppers syn er altså at man gjetter på ulike hypoteser, tester dem, og de som er gale vil over tid bli falsifisert og forkastet. Popper sier at

> My thesis is that what we call "science" is differentiated from the older myths not by being something distinct from a myth, but by being accompanied by a second-order tradition – that of critically discussing the myth (Popper 1984, s. 127).

Scientific theories are not just the results of observations. They are, in the main, the products of myth-making and of tests. Tests proceed partly by way of observation, and observation is thus very important; but its function is not that of producing theories. It plays its role in rejecting, eliminating, and criticizing theories... (Popper 1984, s. 128).

Altså, Popper sier at observasjon ikke benyttes når man danner teorier, observasjon kommer kun til anvendelse når man forsøker å forkaste teoriene. I løpet av denne prosessen vil man etterhvert stå tilbake med hypoteser som er mer og mer i overensstemmelse med fakta. Men man kan aldri være sikker; all kunnskap – alle ennå-ikke-falsifiserte hypoteser – kan kullkastes når som helst. Man må derfor ha ydmykhet overfor nye oppdagelser og ny kunnskap, og alltid være forberedt på å forandre alt man tror at man vet.

Dette leder til det meget utbredte syn at teorier ikke kan bevises, de kan kun motbevises. Teorien om at alle mennesker er dødelige er altså ikke bevist. Den er ikke falsifisert, men den er heller ikke og kan heller ikke, ifølge Popper, bevises, fordi ingen teorier kan ifølge Popper bevises.

Induksjonsproblemet har vært et filosofisk problem i mange hundre år, og det har vel ennå ikke fått sin fullstendige formelle løsning, det mangler fortsatt slike ting som en fullstendig beskrivelse av videnskapelig teoridannelse. Men selvsagt finnes induksjon, og selvsagt er indusert kunnskap sikker dersom man følger de metodene som er utviklet; oppsummert i Mills metoder, og dessuten tar hensyn til noen meget viktige poenger som Objektivister legger stor vekt på: *identitet, kontekst* og *integrasjon*.

Induktive slutninger er sikre fordi de er basert på at alt som eksisterer er noe bestemt, at ting er det de er, at de har identitet. Og siden ting har identitet vil hver ting oppføre seg på bestemte måter. Er månen en grønn ost? Det man må gjøre for å finne ut hva månen består av er omtrent følgende: Månen er en planet (egentlig en drabant) – er det rimelig å anta at en slik er laget av ost? Nei, planeter består av de samme materialene fordi de ble dannet på samme måte på omtrent samme tid. Vi kjenner én planet ganske godt, og den er laget av stort sett stein, jord og vann (hydrogen, oksygen). Derfor kan vi slutte at planetene for det meste består av det samme. Så kommer andre fakta inn i bildet: temperatur, som avhenger av avstand til solen, atmosfære, osv. Dette er planeters identitet. Og hvis man skal lage en teori om hva planeter er laget av, må man basere seg på slike fakta. Vil solen stå opp i morgen? Solen er en stjerne og man han funnet ut at den vil stråle i ca 4,5 mrd år til. Grunnen til at den «står opp» hver morgen er at jorden roterer med en omdreining på ca 24 timer, og skal solen ikke stå opp må jordens rotasjon stanses. Siden jorden har så stor masse må det en meget stor kraft til, og siden det ikke er noe som tyder på at det vil komme en slik kraft og stanse jorden, kan man være sikker på at solen vil stå opp i morgen.

Mennesket er dødelig: man observerer at alle levende ting lever i begrensede perioder, at de etterhvert blir utslitt og forfaller, dvs. man observerer at alt som lever eldes og dør. Hvorfor skulle mennesket være annerledes? Derfor, hvis man tar hensyn til alle relevante fakta, så kan man slutte at alle mennesker er dødelige, og dette er en sikker slutning – på basis av den kunnskap vi nå har.

Argumenter som disse må i videnskapelige sammenhenger fremstilles i langt større detalj enn jeg har gjort her, men metoden skulle fra disse tre eksemplene være klar: man undersøker relevante fakta og trekker slutninger på basis av disse.

Dette var litt om det viktige poenget identitet. Så til det andre momentet: kontekst. Enhver slutning kan kun baseres på de fakta man allerede har – og slutninger er sikre i den konteksten man er i. Kontekst er «the sum of cognitive elements conditioning an item of knowledge». Ny kunnskap oppdages alltid, og da må man iblant måtte revidere sin konklusjon, men dette betyr ikke at den gamle kunnskapen var ugyldig eller at den gamle konklusjonen var feil, det det betyr er at den kun gjaldt i en mer snever kontekst, og at den nye kunnskapen gjelder i en større kontekst.

Et annet viktig poeng er integrasjon: all ny informasjon må, for å kunne kvalifisere som kunnskap, integreres motsigelsesfritt med den kunnskap man allerede har. La oss se på et eksempel: Dersom man observerer mange svaner og ser at alle er hvite, kan man allikevel ikke slutte at alle svaner er hvite, fordi vår øvrige kunnskap sier at dyr av samme art godt kan ha forskjellig farge. Dersom man integrerer den kunnskap man fikk ved observasjon av kun hvite svaner med denne kunnskapen, ser man lett at man ikke kan slutte at alle svaner er hvite.

Newtons lover

Poppers syn om at det ikke finnes induksjon har stor innflydelse innen teori, dvs. innen videnskapsteori i teori i andre fag. Alle videnskapsmenn har hørt om dette, mange sier at de er enige (for eksempel var ifølge Popper både Galilei og Einstein av samme syn som Popper), men de er selvsagt ikke enige i praksis. Det videnskapsmenn gjør i praksis er å foreta observasjoner, og så danner de teorier på basis av det de har observert. Det er dette som er induksjon. Deretter tester de implikasjoner av de teoriene de har laget for å undersøke om teorien stemmer med nye fakta. Det er slik videnskapsmenn arbeider.

Dette beskrives idag som hypotetisk-deduktiv-metode (kjent ved forkortelsen HDM), og med hypotese menes her «gjetning». Men hypotesene som videnskapsmenn benytter er ikke resultat av gjetning, de er resultat av induksjon. Popper bruker riktignok «conjecture» og ikke «guess», men begge er i norske ordbøker oversatt til «gjetninger». Hva er så gjetninger? Gjetninger er – i mangel av et bedre ord – fantasislutninger man trekker når man ikke har noen/nok fakta å basere seg på. Oxford English Dictionary sier at en «conjecture» er «an opinion formed on slight or defective evidence or none, an opinion without proof, a guess».

Eksempler på en virkelig gjetning: Hvis jeg spør dere om hva har jeg nå i min lomme, så må dere gjette – er det en mynt, en lommekniv, en hyssing, et nøkkelknippe? Dere har ingen kunnskap om dette, og hvis dere skal svare må dere gjette. Hva slags vær blir det 17. mai – regn eller opphold? Idag, 23. november, har man ingen mulighet til å si noe om dette fordi man ikke har noen fakta å basere seg på (meteorologer har endel fakta noen dager i forveien), og hvis man svarer, så gjetter man. Det er dette gjetning eller «conjecture» egentlig er: å foreta en «conjecture» er å danne en slutning uten å ha (nok) fakta å basere den på. Men har man fakta, og baserer sin slutning på disse, så er det ikke en gjetning man foretar.

Sherlock Holmes sa engang noen kloke ord om gjetning: Han ble spurt av dr. Watson om han gjettet. Og en indignert Holmes svarte at «No no: I never guess. It is a shocking habit – destructive to the logical faculty» (Conan Doyle, s. 130.)

Alle bruker induksjon, enten de vil eller ikke. At man blir mett av å spise når man er sulten, at man blir skadet når man går ut foran en bil i full fart, at man holder varmen ved å kle seg godt når det er kaldt – alt dette er induserte slutninger. Alle bruker induksjon, så når Popper sier at «induction by repetition do not exist», så er dette direkte feil. Men så kan man spørre om de induserte konklusjonene er sikre? Jeg vil si Ja – dersom man tar hensyn til alle relevante fakta, og også tar hensyn til kontekst og integrasjon når man trekker slutningen. Feilen – eller en av feilene – Popper gjorde var at han ikke tok hensyn til disse viktige poengene.

Induksjon gir sikker kunnskap – men sikkerhet må altså forståes konktekstuelt. Dessuten må man skille mellom «sikker» og «allvitende». Man er sikker dersom man i en kontekst tar hensyn til alle relevante fakta og baserer sin slutning logisk på disse, men allvitende blir man selvsagt aldri.

Alle bruker induksjon – det er helt feil av Popper å beskrive det man gjør som gjetninger. Ett avslutningspoeng i denne seksjonen: Hvordan kom Popper frem til sin teori? Ved å observere hvordan teorier ble dannet, og ved så å trekke en slutning på basis av disse. Popper kom altså til sin teori om at induksjon ikke finnes ved å bruke induksjon. Men siden han utelot enkelte relevante fakta, ble konklusjonen feil.

Vi kan trekke en parallell her. Hume hevdet at det ikke finnes noen årsakslov, men han var allikevel klar over at folk trodde på årsaksloven. Så forsøke han å finne årsaken til dette. Men hvis han virkelig hadde ment at det ikke finnes noen årsakslover, ville han da ha forsøkt å finne årsaken til at folk trodde på dem?

Induksjon henger nært sammen med prinsippet om at alt har identitet. Identitet – at alt som eksisterer er noe bestemt er et aksiom; man kan ikke komme utenom det, alle benytter det, også de som forsøker å benekte det. Siden årsaksloven er et korollar av identitetsloven, kan man heller ikke komme utenom den. Og induksjon er kun en aksept av årsaksloven.

La meg gå litt dypere inn på dette: Det Objektivistiske synet er at all kunnskap (utover det man kan observere direkte) kommer fra induksjon (unntatt fra dette er de grunnleggende aksiomene – at noe eksisterer, at mennesket har bevissthet, at ting har identitet – som er identifiseringer av opplagte fakta, og de er selvinnlysende, «self-evident»). Vi induserer altså at gress – alt gress, også det vi ikke har sett – er grønt, at sne – også den sneen som vil falle neste vinter – er hvit, osv.

Men Popper sier faktisk at han ikke har problemer med denne type kunnskap, han vil være enig i at utsagnet «gress er grønt» er en sann og sikker påstand. Han skiller nemlig mellom «knowledge» og «scientific knowledge». Han har ingen problemer med «knowledge»: han er enig i at vi vet at sneen er hvit og at gresset er grønt. Men det er «scientific knowledge» som er «conjectural»: for eksempel at de planter/dyr som finnes nå har utviklet seg i store trekk slik evolusjonsteorien beskriver, at lys bøyes av stjerners gravitasjonsfelt, at menneskekroppen må ha vitaminer og mineraler for å fungere – alt dette er videnskap, og er «conjectural», sier Popper. Han sier: ... «[it is a] mistaken assumption that scientific knowledge is a species of knowledge...» (Popper 1992, s. 110). «Vanlig» kunnskap og videnskapelig kunnskap tilhører altså ifølge Popper forskjellige kunnskapskategorier.

Hva er problemet her – og hva er løsningen? Han er enig i at identifiseringer av det vi direkte kan observere er kunnskap: det regner nå, gresset er grønt. Men viten om fakta vi ikke direkte kan observere er ikke samme type kunnskap; vi kan ikke direkte observere for eksempel hvordan evolusjonen har skjedd, evolusjonen er ikke et objekt vi kan direkte observere. Løsningen på Poppers problem ligger i det Objektivistiske syn på bevisstheten, og i Objektivistisk begrepsteori.

Objektivismen sier at bevisstheten fungerer på to nivåer (utover «sensations»-nivået): det perseptuelle nivå og det konseptuelle nivå. Det perseptuelle nivå består i direkte observasjon av de objekter og deres egenskaper («objekt» her omfatter også slike ting som lyder). Det konseptuelle, begrepsmessige, nivå, benytter og inneholder abstraksjoner fra det som direkte observeres.

Popper har ingen problemer med det perseptuelle nivå, det finnes fakta som vi direkte observerer, og vi har derfor kunnskap av typen «gress, det gresset vi observere nå, er grønt». Men han er ikke enig i at det som finnes på det konseptuelle nivå er kunnskap med samme status: vi kan ikke direkte observere at drawinismen er sann på samme måte som vi observerer at det er sant at gress er grønt.

For at informasjon på det konseptuelle nivå skal være like virkelighetforankret og like sikker som informasjon på det perseptuelle nivå, må man basere seg på en begrepsteori hvor abstrakte begreper (begreper som ikke har observerbare referenter) er objektive, dvs. logisk dannet med utgangspunkt i det som er observerbart. Poppers problem her er at han ikke benytter noen slik begrepsteori.

Hva slags begrepsteori bygger Popper på? Popper gjengir et sted Humes begrepsteori, og det er tydelig at han er enig: «To have a meaning, a word must stand for an "idea", that is to say, for a perception, or the memory of a perception.....». (Popper tilføyer «or a notion, such as God...» (Popper 1984, s. 171), men det er vanskelig for meg å tro at dette er korrekt; Hume var jo en velkjent ateist og religionsmotstander.) Altså er begreper ifølge Popper og Hume kun gyldige dersom de har perseptuelle, dvs. direkte observerbare, referenter. Begreper som ikke har perseptuelle referenter – så som for eksempel «samfunn», «politikk», «årsakslov» er ikke gyldige, dvs. de har ingen mening.

Popper sier: «observations are always concrete, while theory is abstract. ...we can never – I repeat never – observe anything like Newtonian forces.» (Popper 1984, s.186). Det er riktig at vi ikke kan direkte observere den type krefter Popper snakker om her – for eksempel gravitasjonskraften som holder månen i bane rundt jorden – men vi kan utlede dem logisk fra det som vi kan observere.

Løsningen her er den Objektivistske begrepsteorien, som som nevnt forankrer alle begreper, også abstrakte begreper, i det som observeres, og som viser at det er en objektiv basis for selv de mest abstrakte begreper. Det Objektivistiske syn er at «scientific knowledge» er en form for «knowledge», fordi vitenskapelig kunnskap er dannet på basis av, og logisk utledet av, observasjon.

Ayn Rand beskrev iblant enkelte personer med sterke uttrykk som «enemies of man's mind», og enkelte hadde også ifølge henne «a perceptual-level mentality». Disse sitatene fra Popper viser hva hun sikter til – det folk som Popper og Hume fundamentalt sett gjør er å benekte at abstrakt tenkning er forankret/kan forankres i virkeligheten. Og grunnen til at de gjør dette er at de ikke har en begrepsteori som forankrer abstrakte begreper i konkreter.

Falsifisering

Intimt sammen med Poppers benektelse av induksjon hører hans falsifiseringsprinsipp. Popper kontrasterte Freuds/Marx' teorier med Einsteins teorier: Einsteins teorier førte til bestemte prediksjoner: noe helt spesifikt vil skje, og intet annet. Lys fra en stjerne bak solen kan sees fra jorden under en formørkelse på jorden fordi lysstrålen blir avbøyet av solens gravitasjonsfelt. Einsteins prediksjon ble bekreftet i Eddingtons berømte eksperiment i 1919.

Marx/Freud derimot, eller egentlig deres tilhengere, fremmet egentlig ikke bestemte prediksjoner. Marx hevdet at revolusjonære forandringer kommer nedenfra: først endres produksjonsforhold, så endres sosiale forhold, så endres politisk makt, og til slutt vil den dominerende ideologien i samfunnet bli endret. Men i forbindelse med den russiske revolusjon skjedde disse tingene ifølge Popper i motsatt rekkefølge: det var den politiske makten som endret seg først, så ble ideologien endret, og som følge av den ble det endringer i sosiale forhold og til slutt ble produksjonsforholdene endret. Det som skjedde var en forandring ovenfra og ned, en rekkefølge som ifølge Popper var stikk i strid med det Marx hadde spådd (Popper 1992, s. 43). Fikk dette marxister til å forkaste teorien? Nei, de fant bortforklaringer. Slik kunne marxismen bringes i overensstemmelse med enhver utvikling. Tilsvarende med Freud (jeg bruker et forenklet eksempel): Freud hevder at alle sønner elsker sin mor og er sjalu på sin far, dette er det såkalte Ødipuskomplekset. Elsket man sin mor hadde man et Ødipuskompleks, men hvis man ikke gjorde dette hadde Freud også en forklaring: hvis man hatet sin mor hadde man fortrengt sitt Øidipuskompleks, og begge muligheter var i fullt samsvar med Freuds teori. Freud/Marx´ teorier hevder altså å kunne forklare alt som skjer, og dette er ifølge Popper noe som en vitenskapelig teori ikke kan.

I Poppers terminologi blir dette formulert slik: «Einsteins teori kan falsifiseres, Freuds og Marx' teorier kan ikke falsifiseres» og dette lager Popper om til et kriterium som skal skille vitenskap fra pseudo-vitenskap: Vitenskap kan falsifiseres, pseudo-vitenskap, som for eksempel Freuds og Marx´ teorier, kan ikke falsifiseres. Falsifikasjonskriteriet blir for Popper et demarkasjonskriterium som skiller vitenskap fra ikke-vitenskap.

Man må her være oppmerksom på at også induksjon er et demarkasjonskriterium: Det vanlige synet var at vitenskap blir indusert, mens ikke-vitenskap ikke er indusert. Newton observerte legemers bevegelse, og induserte de lovene som nå er oppkalt etter ham, og som perfekt beskriver legemers bevegelse ved små hastigheter. Med for eksempel religioner er det annerledes: Gud skapte verden på seks dager, sendte sin sønn for å gå på vannet og mette 5000 med tre fisker og så stå opp fra de døde – dette er ikke en indusert forestilling, det er fri fantasi og oppspinn. Så: vitenskap blir indusert, ikke-vitenskap blir ikke indusert. Men hva er det som skiller videnskap fra ikke-videnskap dersom induksjon ikke finnes? Og det er her Popper kommer med sitt kriterium: falsifisering.

At falsifisering er det som skiller videnskap fra pseudovidenskap er et poeng som er meget enkelt å forstå, og i alle fag på universitetene hvor man får korte innføringer i videnskapsteori setter dette poenget seg fast i alle studentenes hoder. Dette poenget er meget utbredt, og praktisk talt alle akademikere (unntatt seriøse filosofer og folk som tenker rasjonelt) deler dette synet. Det legger, så vidt jeg kan bedømme, dog i liten grad hindringer i veien for forskernes arbeid. Men som et reelt skille mellom videnskap og ikke-videnskap er dette kriteriet ubrukelig: dette kriteriet sier for eksempel at darwinismen ikke er en videnskap (teorien om at «noen ganger forekommer mutasjoner» kan ikke falsifiseres). Heller ikke er matematikk eller logikk falsifiserbare, og de er derfor ifølge Popper ikke videnskaper. Kan kristendommen falsifiseres? Nei.

Popper klassifiserer altså både darwinisme, kristendom, logikk og matematikk som ikke-videnskap. Det Poppers kriterium egentlig gjør er ikke å skille videnskap fra ikke-videnskap, det hans kriterium gjør er å skille ut fag hvor man kan foreta eksperimenter og hvor hvert eksperiment kun har ett mulig resultat, og kriteriet sier at kun disse er videnskaper. Men eksperimenter med kun ett mulig resultat kan man jo ikke gjøre i alle fag. Man kan ikke si at kun fag hvor man kan foreta eksperimenter er videnskap, de andre ikke. Og da er Poppers skille ubrukelig.

Denne kritikken er selvsagt ikke original med meg eller Objektivismen, den har vært kjent lenge. Men det ser ut som om den er helt ukjent for alle de som får et ti sekunder kurs i videnskapsfilosofi som en del av sitt fag på et universitet.

Et viktig poeng her: Selv om filosofer ikke setter Popper høyt, så er han viktig allikevel. Forskere som arbeider innenfor andre fag kjenner hans teorier, og alle «vet» at falsifisering er det som skiller videnskap fra ikke-videnskap. Også biologer er kjent med dette. De vet at drawinismen ikke kan falsifiseres, og de vet at kreasjonismen (teorien om at Gud skapte verden på seks dager) ikke kan falsifiseres – darwinisme og kreasjonisme er således likeverdige som videnskapelige teorier, ifølge Poppers teori. Dette er etter mitt syn en av hovedgrunnene til at biologer ikke har vært gode til å argumentere mot og bekjempe kreasjonismen, som i de siste tiår har kommet inn i naturfagpensum på skoler mange steder i USA.

197

Popper innrømmet at dersom en «conjecture» er bekreftet svært mange ganger, så kan det skje at dens «tentativeness may cease to be obvious» (sitert i Dykes, s. 19), men hans teori sier rett ut at sanne vitenskapelige teorier (som for eksempel Harveys teori om blodomløpet, eller Kopernikus' teori om planeters bevegelse) fortsatt er hypoteser eller gjetninger. Popper holdt altså fast på kriteriet om at all vitenskap bestod av «conjectures» og at falsifisering var det kriterium som skilte vitenskap fra pseudo-vitenskap. Han sier i *Unended Quest* (Popper 1992, s. 79): «....scientific theories, if they are not falsified, for ever remain hypotheses or conjectures». Og i *Conjectures and Refutations*: «...all laws, all theories, remain essentially tentative, or conjectural, or hypothetical, even when we feel unable to doubt them any longer» (Popper 1984, s. 51).

Det som er korrekt er at Harveys og Kopernikus' teorier kan falsifiseres, men det de sier er ikke gjetninger; Drawins teori er vitenskap, men den er ikke falsifiserbar. Om darwinismen skrev Popper at den har «very little content and very little explanatory power, and is therefore far from satisfactory...» (sitert i Dykes, s. 25), og han sa at

> I have come to the conclusion that Drawinism is not a testable scientific theory, but a Metaphysical research programme
> (sitert i Dykes, s. 19).

Og her må man huske på hva metafysikk er for den filosofiske skolen filosofer som Popper hører hjemme i: det er nærmest virkelighetsfjern spekulasjon. Popper sier også at metafysikk er det samme som pseudo-vitenskap: «...pseudo-science – or ... metaphysics- ...» (Popper 1984, s. 33)

Så når darwinismen ikke er falsifiserbar, da bør man ikke slutte at darwinismen ikke er vitenskap, det man bør slutte er selvsagt at falsifisering ikke er et brukbart kriterium for å skille vitenskap fra sprøyt.

Litt om metafysikk

For Aristoteles er metafysikk det fag som studerer «væren qua væren», dvs. metafysikk er den gren av filosofien som studerer fundamentale egenskaper ved virkeligheten: eksistens, identitet, årsakslov. Ifølge Objektivismen er dette et meget lite emne; «kun ett aksiom med dets korollarer» sier Leonard Peikoff (Peikoff, s. 6). Men Kant hevdet at det er prinsipielt umulig å oppnå kunnskap om virkeligheten, og etter Kant er derfor metafysikk blitt synonymt med spekulasjon (bokhandler har ofte en seksjon kalt metafysikk, og der finner man bøker om religion, astrologi, overnaturlige fenomener, newage, etc.). Positivismen, som er Poppers utgangspunkt, hevdet at metafysikk er nonsens, eller tull: Carnap (en av Poppers umiddelbare forgjengere og meningsmotstandere) hevdet at skillet mellom videnskap og metafysikk var det samme som skillet mellom «sense and nonsense» (Popper 1984, s. 253).

Forgjengerne mente dog at med induksjon dannet man «sense», og «nonsense» var dannet på basis av ikke-induksjon (Popper 1984, s. 56). Men så sier altså Popper at induksjon også gir opphav til nonsense: som eksempler gir han astrologi og kjerringråd. Astrologi og kjerringråd er resultat av induksjon, påstår Popper. Derfor gir ikke induksjon et skille mellom «sense» og «nonsense» – et annet kriterium må til. Og her kommer da Popper med sitt skille: falsifisering. Men dette medfører også at skillet mellom videnskap og nonsens ikke blir det samme som skillet mellom videnskap og (det positivistiske syn på) metafysikk.

Popper hevder altså at det finnes ting som må klassifiseres som metafysikk selv om det ikke er meningsløst. Det er altså ifølge Popper ikke noe galt eller mindreverdig for et fag å ikke være en videnskap, det er da bare ikke en videnskap.

Det korrekte utgangspunkt for enhver videnskap, inkludert metafysikk, er selvsagt systematisk observasjon av fakta, sammensetning av abstraksjoner fra observasjonene i teorier, innsamling av flere fakta, og testing av teoriene mot fakta. Dette er med andre ord induksjon og deduksjon. Man må hele tiden være oppmerksom på nye fakta, og evt. integrere dem i teoriene. Gjør man dette vil de slutningene/teoriene man da kommer frem til være kontekstuelt sikre. Og det er selvsagt slik seriøse forskere arbeider.

Grunnen til at marxisme og astrologi ikke er videnskaper er at det svikter her – disse teoriene er ikke indusert fra fakta. Og Freuds filosofiske basis er for irrasjonell til å bli tatt på alvor.

Teorinøytrale observasjoner

Vi vil si at det vi observerer er fakta. At det nå står et glass vann foran meg, det er et faktum. Og jeg tror at Popper vil være enig i dette, selv om han en gang skrev at «The statement, "Here is a glass of water", cannot be completely verified by any sense-experience...» (Popper 1984, s. 119).

Men observasjoner er noe mer problematisk enn dette – det er ikke slik at vi kan si at vi uten videre observerer og ser/hører etc. det som er/eksisterer.

Først Poppers syn. Det finnes ingen teorinøytrale observasjoner (dette er det vanlige norske uttrykket), sier Popper. Hans ord: «there is no such thing as an unprejudiced observation» (sitert i Dykes, s. 17). Popper syn her er nesten riktig. Skal man observere, må man ha «en retning å gå i». Jeg kan for eksempel ikke bare be dere her og nå om å observere og så deretter forvente at dere i utgangspunktet ville beskrive det samme. Hva skal dere i så fall observere? En som er interessert i malerier vil bli ledet i en retning, en som er interessert i psykologi vil bli ledet i en annen retning, en som er interessert i klesmoter vil bli ledet i en annen retning og bli svært skuffet, osv.

Det som er korrekt er at også observasjoner skjer i en kontekst – når man foretar en observasjon har man med seg sin kontekst: en som er mest interessert i malerier ville her fokusert sin observasjon om maleriene, en som er mest interesser i moter ville fokusert sin oppmerksomhet om de klærne dere har på, osv. Man blir ledet av den interesse og dermed den kontekst man har.

Men det er feil av Popper å bruke det ordet han gjør – «prejudiced» – for dette ordet konnoterer noe negativt og upassende. Slik er det absolutt ikke, det man må kjenne til er kontekst – mht. observasjon betyr dette at man må være oppmerksom på at enhver observatør bringer med seg sin egen kontekst, en kontekst som det kan være vanskelig, men ikke umulig, å slippe løs fra. For eksempel vil det ikke være motstrid mellom observasjonene som den kunstinteresserte gjør og de observasjoner som den moteinteresserte gjør – og de observasjonene den ene foretar vil også kunne foretaes av den andre. Det som er korrekt er at når man skaffer seg ny kunnskap, så vil det man observerer/tar til seg være påvirket av den konteksten man allerede har.

Men svaret her er ikke å gjøre som Popper og nedvurdere observasjon; svaret er å si at det er—bør være – en stadig samvirkning mellom observasjon og teori, og at man hele tiden må sjekke teorier mot virkeligheten.

Dessuten, det er ikke sant at *alle* observasjoner er teoriladet—vi kan direkte observere at det eksisterer noe, og dette er ikke teoriladet. Så aksiomet om eksistens er ikke teoriladet (tilsvarende gjelder for aksiomene bevissthet og identitet).

La meg si litt mer om observasjoner: det vi gjør er å observere i utgangspunktet gjenstander som eksisterer uavhengig omkring oss disse har identitet, og virkeligheten er derfor lovmessig. Vi observerer noe som eksisterer uavhengig av oss, vi observerer en lovmessig virkelighet. Men dette var ikke Kants syn, og Popper er enig med Kant. Sitat fra Popper: «Kant was right that it is our intellect which imposes its laws – its ideas, its rules – upon the inarticulate mass of our sensations and thereby brings order to them. Where he was wrong is that he did not see that we rarely succeed with our impositions» (sitert i Dykes, s. 8). Altså: Kant sier at det er vår bevissthet som gjør at det vi observerer ser lovmessig ut, mens Popper sier at bevissthetens forsøk på å få virkeligheten til å se lovmessig ut er mislykket.

Popper sier altså her at det vi observerer ikke er lovmessig, og dette er selvsagt i samsvar med hans syn på induksjon.

Tre verdener

Popper sier at det er praktisk å dele virkeligheten inn i tre: 1) Den fysiske verden, det vi observerer, 2) Bevisstheten, dvs. alle mentale prosesser og hendelser, og 3) Bevissthetens resultater eller produkter, og som Popper kaller «objektiv kunnskap». Popper utviklet denne teorien tidlig i sin karriere, og beskrev den en rekke ganger. Her fra hans selvbiografi: «If we call the world of ... physical objects ... the first world, and the world of subjective experiences ... the second world, we may call the world of statements in themselves the third world, (I now prefer to call these "world1", "world2" and "world3")».

Verden3 er både autonom og menneskeskapt, sier Popper, den inneholder således bøker, redskaper, institusjoner, kunstverker. Men egentlig mener han vel den informasjonen som er lagret i kode i disse objektene.

En grunn til at han sier at menneskeskapte teorier er en egen verden er at vi kan gå på oppdagelsesferd i den. Vi har for eksempel laget de naturlige tallene og regneoperasjonene, men i dette tallsystemet oppdager vi ting som primtall og at det ikke finnes noe største primtall, vi oppdager Fermats teorem, osv. – vi oppdager ting som var ukjente for oss da vi laget tallsystemet.

Det er, slik jeg ser det, både poengløst og harmløst. Men la meg allikevel si noen få ord: Popper selv antyder et sted at det muligens finnes verden4 og verden5: bestående av kunstverker og institusjoner. Man hvorfor stanse der: hva med verden6 bestående av dyrs bevissthet – den er jo fundamentalt forskjellig fra menneskers bevissthet. Og handel er jo fundamentalt forskjellig fra alt annet – handel er da verden7! Osv. ad infinitum.

Jeg slutter meg til John Searle, som sa at «Vi lever i én verden, ikke i to eller tre eller syv og tyve». Poppers oppdeling av verden er så vidt jeg kan se en helt unødvendig teori.

Poppers forsvar for det frie marked

Både når det gjelder kunnskap og når det gjelder politikk må vi gjøre det samme, sier Popper, vi må flikke, det vil si at vi stadig må forbedre den kunnskap og de teorier og de institusjoner vi har. Men det er feil hvis Popper med dette mener at vi må flikke på alle nivåer av teorien. Fundamentale prinsipper, som at rasjonell egoisme er det eneste moralske og at en samfunnsorganisering må baseres på respekt for individers rettigheter, er fullt ut begrunnet og må ligge fast. Men på mer derivative felter må vi hele tiden tilpasse våre teorier i overensstemmelse med ny kunnskap (for eksempel hvordan implementerer man copyright på internett?).

Faste – her er det kanskje bedre å si fastlåste – holdninger hindrer en i å finne/ta til seg nye fakta. Dette gjelder også i vare- og tjenesteproduksjon, dvs. næringslivets planer må hele tiden forandres i overensstemmelse med det som skjer i virkeligheten, for eksempel i samsvar med kundenes etterspørsel som kan endre seg fra dag til dag, og dette er umulig dersom man har statlig styring med økonomien.

Staten, når den skal styre økonomien, legger i praksis faste langtidsplaner, og disse kan ikke tillempes og forandres på kort tid for å ta hensyn til nye fakta. Skal man tilfredsstille kundene, må man ha mulighet til kontinuerlig å skifte ut planene, og derfor er statsdirigering av økonomien etter det som kalles Øst-Europeisk modell umulig. Dette er Poppers begrunnelse for hvorfor en fri markedsøkonomi er ønskelig. Til tross for dette var Popper tilhenger av velferdsstaten og at staten skulle blande seg inn i økonomien – han var langt ifra noen tilhenger av laissez-faire, jeg har aldri sett ham si at initiering av tvang er umoralsk. Han var kun motstander av statsstyring av økonomien etter Øst-Europeisk modell, han var tilhenger av den type inngrep i økonomien som finnes i alle land i Vesten idag.

Men det argumentet som proliberalistiske Popper-tilhengere bruker er følgende (se for eksempel Ingemar Nordins artikkel: «Kunnskap och civilitsation»): Siden vi ikke har objektiv kunnskap – Nordin sier at vi ikke kan vite noe som helst – kan vi ikke ha objektiv kunnskap om rett og galt, og derfor er det galt å bruke tvang. Enkelte liberalister bruker altså dette argumentet for å støtte frihet. Undertittelen på Nordins artikkel er «Om hvorfor vi ikke kan vite noe og dettes etiske og politiske konsekvenser», og man kan da stille seg spørsmålet om hvilke implikasjoner det kan ha at vi ikke kan vite noe.

Den vanlige oppfatning er at staten bruker tvang for å tvinge oss til å gjøre det som er rett og riktig, og for å hindre oss i å gjøre det som er galt. Derfor bruker staten tvang for å hindre oss i å stjele og bedra, den bruker tvang for å hindre oss i å bruke narkotika, den bruker tvang for å hindre oss i la være å gå på skole, den bruker tvang for å få oss til å hjelpe de svake, osv. Grunnen til at staten bruker tvang er at den (dens representanter) er sikre på at disse tingene objektivt sett er riktige eller gale: det er galt å stjele, det er galt å bruke narkotika, det er riktig å gå på skole, osv. Staten må bruke tvang for å få oss til å gjøre det som er riktig, og for å hindre oss i å gjøre det som er galt.

En tidlig versjon av dette argumentet kommer fra John Stuart Mill, som i sin klassiske *On Liberty* sier at «It is the duty of governments, and of individuals, to form the truest opinion they can, to form them carefully, and never impose them upon others unless they are quite sure of being right». Han fortsetter med å si at å la være å bruke tvang når man er sikker ikke er annet en feighet. Dvs. hvis man er sikker på at det er riktig å hjelpe de svake, så er det en plikt å bruke tvang for å få folk til å bidra – alt annet er feighet. (Mill, s. 78)

Ifølge Mill – som ofte, og helt feilaktig – fremstilles som liberalist, kan man bruke tvang dersom man er sikker på at det man tvinger folk til er rett. Popper (egentlig Poppers liberalistiske tilhengere) forsøker å gjendrive denne begrunnelsen for tvang med å si at vi aldri kan være sikre på noe, og derfor er det galt å bruke tvang.

At vi aldri kan være sikre på noe – er dette en korrekt gjengivelse av Popper? Poppers egne ord. «The quest for certainty ... is mistaken ... though we may seek the truth ... we can never be quite certain that we have found it». «Precision and certainty are false ideals. They are impossible to attain therefore dangerously misleading». Og Popper oppsummerte dette i følgende ofte siterte aforisme: «We never know what we are talking about» (sitert i Dykes, s. 6).

Men det finnes et opplagt svar på dette – hvis man ikke kan være sikker på noe – kan man da være sikker på at det er galt å bruke tvang? Nei, selvsagt ikke. Jeg vil derfor påstå at hans forsvar for frihet er helt innholdsløst. Han begrunnelse for frihet er helt ubrukelig, den vil ikke kunne overbevise noen. Og jeg må si at jeg overhodet ikke forstår de som bruker denne begrunnelsen.

Et annet poeng fra Popper om politikk: En innsiktsfull Popper-tilhenger skriver følgende i en artikkel som skal fremstille Poppers ideer for et politisk interessert publikum:

> Popper er opptatt av toleransens paradoks: ubegrenset toleranse fører nødvendigvis til at toleransen blir borte. Hvis vi viser toleranse overfor de intolerante, hvis vi ikke er innstilt på å forsvare det tolerante samfunn mot angrepene fra de intolerante, så vil de som tror på toleransen bli utslettet – så også toleransen. Popper vil imidlertid ikke si at man alltid må hindre teorier som forkynner intoleransen å komme til uttrykk. Så lenge det er mulig å bekjempe disse med rasjonelle argumenter, ville det være galt å forby disse teoriene. Likevel må vi kreve rett til å forby dem om nødvendig, endog med makt. Det er nemlig mulig at de som forfekter disse teoriene, nekter å være med på diskusjonen, og at de besvarer argumentene med vold – enten med knyttneve eller våpen. I toleransens navn vil vi i et slikt tilfelle måtte kreve retten til ikke å tolerere intoleransen. (Thunem Herre, s. 15.)

Det man først må gjøre for å forstå dette er å finne ut hva ordene betyr. Hva er toleranse? Ifølge Gyldendals fremmedordbok betyr det «fordragelighet overfor andres meninger». Toleranse betyr at man bør lytte med fordragelighet, altså med tålmodighet og respekt, til andres meninger, uansett hva de måtte være. Etter mitt syn er dette en holdning man ikke bør ha. Men det er muligens ikke dette som Popper og de som bruker ordet «toleranse» på denne måten mener, det de mener er sannsynligvis at også folk som har kontroversielle meninger bør ha rett til å ytre dem. Men dette poenget kan man enklere poengtere ved å si at individers rettigheter bør respekteres – og respekt for individers rettigheter innebærer full ytringsfrihet.

Respekt for individers rettigheter medfører selvsagt ingen aksept for kriminelle handlinger. Om for eksempel nazister, som slike diskusjoner om «toleranses problem» som regel handler om, begynner å handle på basis av sine ideer og begår kriminelle handlinger, så skal de settes i fengsel. Heller ikke her er det noen «toleransens problem»— folk som begår kriminelle handlinger skal settes i fengsel, punktum.

Grunnen til at diskusjoner om «toleransens problem forekommer er at de som diskuterer dette er motstandere av prinsippet om individers rettigheter. De er tilhengere av initiering av tvang, de er for statlig styring av økonomien, de er tilhengere av tvungen skatt, etc. Derfor må disse på noe de fremstiller som demokratisk vis sette grenser for hvilke handlinger som skal være tillatt, og disse grensene må være slik at de aksepterer den initiering av tvang som flertallet ønsker, men ikke den initiering av tvang som diverse mindretallsgrupper ønsker. Dette er selvsagt et uløselig problem hvis man ikke baserer seg på individers rettigheter. Et problem som det som beskrives i sitatet kan kun løses på en eneste måte: ved en aksept av individers rettigheter, som innebærer at alle meninger er det tillatt å ytre, men ingen krenkelse av individers rettigheter er tillatt.

Tilbake til definisjoner. Man må altså definere de begrepene man bruker. Mange vil si at definisjoner kan være nyttige, og at det kanskje vil være lurt å definere hva toleranse er. Men hva er Poppers syn på definisjoner?

> Definitions do not play any very important part in science ... Our "scientific knowledge" .. remains entirely unaffected if we eliminate all definitions». Definitions never give any factual knowledge about "nature" or about "the nature of things". Definitions are never really needed, and rarely of any use (sitert i Dykes, s. 6).

Det kan være nyttig å kontrastere dette med det Objektivistiske syn på definisjoner: Definisjoner holder fast ords bestemte betydninger. Korrekte definisjoner gjør at det man tenker og ytrer har kontakt med virkeligheten, mao.: definisjoner gjør at man vet hva man snakker om. Ayn Rand beskrev på følgende måte viktigheten av definisjoner:

«Definitions are the guardians of rationality, the first line of defense against the chaos of mental disintegration» (Binswanger, s. 119). Dette er i skarp kontrast med Poppers syn, som altså er at definisjoner er helt unyttige.

Etikk

Hva er sammenhengen mellom verdier og fakta? Dette er et svært viktig etisk spørsmål. Popper sier at «values enter the world with life», og dette er i samsvar med det Objektivistiske synet. Men han ødelegger alt for seg når han videre sier at det er «two sorts of values: values created by life, by unconscious problems, and values created by the human mind ...». Han sier altså at det finnes verdier som ikke er forankret i liv, men som er forankret i menneskers forestillinger, dvs. basert på fri fantasi, og dette er feil (hvis man snakker om hvordan verdier bør være).

Allikevel sier han iblant endel gode ting: han sier for eksempel at «all racial pride is not only stupid, but wrong ... [her impliserer han at noe kan være «stupid», men ikke «wrong»]. All nationalism or racialism is evil...» (Popper 1992, s. 105). Men han sier også – helt feil – at «success in life is largely a matter of luck» (Popper 1992, s. 70). Jeg er selvsagt ikke uenig i at flaks kan spille en rolle, men det er ikke riktig at flaks er den viktigste bestanddel i suksess. Det som er viktigst for suksess er kreativitet, produktivt arbeid og integritet.

Poppers syn på sammenhengen mellom filosofi/epistemologi og politikk er i samsvar med det Objektivistiske synet:

> Man can know: thus he can be free. This is the formula which explains the link between epistemological optimism and the ideas of [classical] liberalism. This link is paralleled by the opposite link. Disbelief in the power of human reason, in man's power to discern truth, is almost invariably linked with distrust in man. Thus, epistemological pessimism is linked, historically, with a doctrine of human depravity, and it tends to lead to the demand for the establishment of powerful traditions and the entrenchment of a powerful authority which would save man from his folly and wickedness. (Popper 1984, s. 6).

Han sier her at fornuft gir frihet og ufornuft gir tvang og kaos.

Og vi tar med følgende gode poeng til slutt i denne seksjonen: selv om ikke alt er perfekt i de vestlige samfunn, sier han, «så er det det beste som har eksistert. Og mye av det som er galt er forårsaket av den dominerende religion, og da mener jeg den religion som sier at Vesten er et slags helvete. Denne religionen blir spredt av de intellektuelle, spesielt de som er i undervisning og i media. Det er nesten som om det er en konkurranse i å spre mest mulig "doom and gloom", og jo sterkere man fordømmer de vestlige samfunn, jo større ser det ut til at ens sjanse er til å bli hørt (og til kanskje å spille en ledende rolle i det [vestlige samfunn])» (Popper 1992, s. 197). Popper sier ingenting om hvorfor de intellektuelle hater Vesten (dvs. de verdier som Vesten virkelig bygger på), det måtte en langt større filosof til for å se at årsaken til intellektuelles hat mot Vesten har sitt utspring i Kants nihilisme.

Poppers etterfølgere

Popper betraktet seg selv som en tilhenger av fornuft, objektiv kunnskap, vitenskap, sivilisasjon, frihet. Men det er slik at det er fundamentale filosofiske ideer som styrer, og Poppers syn på metafysikk og epistemologi vil ikke støtte, men tvert imot svekke, fornuft og vitenskap, og dermed vil Poppers ideer også svekke sivilisasjonen.

Blant Popper fremste etterfølgere er Thomas Kuhn og Paul Feyerabend, og svekkelsen av de verdiene Popper mente han stod for er helt klar og tydelig i disse to. Kuhn hevder i sin berømte *The Structure of Scientific Revolutions* at det ikke finnes objektiv kunnskap om virkeligheten, men at vitenskapsmenn benytter paradigmer, som er en ved enighet allment akseptert modell som på tidspunktet best forklarer observasjonene. Når det kommer nye observasjoner som ikke kan forklares av det gamle paradigmet, skjer det er vitenskapelig revolusjon og et nytt paradigme blir dominerende. Det forskning består i, ifølge Kuhn, er å «make nature fit a paradigm» (Kuhn, s. 135). Kuhn sier også for eksempel at «Pendulums were brought into existence by a paradigm shift», dvs. at teorien om pendler førte til at pendler ble skapt (Kuhn, s. 120).

Dette er selvsagt ren subjektivisme. Forskere er selvsagt enige om modeller av virkeligheten, men Kuhn impliserer at disse modellene er mer eller mindre vilkårlige, og dette er feil.

Videre sier Kuhn at referentene til Newtons «masse» «are by no means identical» med referentene til Einsteins «masse» (Kuhn, 102). Løsningen på akkurat dette problemet er det Objektivistiske synet at begreper er åpne («open ended»): begreper referer til (dvs. bør referere til) ting som eksisterer, og etter hvert som vi oppnår mer kunnskap om referentene så blir denne nye kunnskapen tatt inn i begrepene. Det er altså ikke slik at man for eksempel har et begrep dannet på basis av noe man har observert, og når man så oppdager noe nytt om referentene, så må man danne et nytt begrep. Det Objektivistiske syn er at begrepet er det samme selv om man oppnår ny kunnskap, men det inneholder mer.

Verre, langt verre, enn Kuhn er Feyerabend, som med bøker med titler som *Farewell to Reason* og *Against Method* forfekter epistemologisk anarkisme. Han har til og med hevdet at naturlover bør etableres på samme måte vanlige lover, nemlig ved flertallsbeslutninger. Feyerabend ble også gjenstand for direkte kritikk av Ayn Rand i essayet «Kant vs. Sullivan»: Bakgrunnen for Ayn Rands kritikk var en artikkel av Feyerabend med tittelen «Science without Experience».

Men hva er sammenhengen med Popper her? Foruten det fundamentalt filosofiske, hvor disse er helt enige med Popper, så er det også en parallell i følgende: Popper har skrevet en artikkel med tittelen: «Epistemology Without a Knowing Subject» (Popper 1992, s. 61) – epistemologi handler om hvordan subjekter oppnår kunnskap. Uten subjekter kan det ikke være kunnskap, og derfor er artikkelens tittel meningsløs. Popper har også uttalt følgende:

> My rationalism is not dogmatic. I fully admit that I cannot rationally prove it. I choose rationalism because I hate violence, and I do not deceive myself into believing that this hatred has any rational grounds. Or put it another way. My rationalism is not self-contained, but rests on an irrational faith in the attitude of reasonableness... (Popper 1984, s. 357).

Popper sier her at hans rasjonalitet ikke har en rasjonell begrunnelse. Poppers etterfølgere forfekter altså den rene subjektivisme innen metafysikk og epistemologi, og derfor forfekter de reellt sett subjektivisme innen etikk og politikk, og derfor fører disse ideer til kaos og diktatur i politikken. Grunnlaget for dette finnes altså hos

Popper selv.

La meg si litt mer om dette. Alle tenkere som er (eller er betraktet som) viktige har ideer som i utgangspunktet oppfattes som plausible. Dette gjelder Platon, Aristoteles, Kant, Ayn Rand, Newton, Einstein, Freud og Marx, m.fl. Alle disses teorier løser tilsynelatende reelle problemer. Men formuleringene de bruker har implikasjoner som kan lede i korrekt retning, eller kan lede i feilaktig retning. La oss kontrastere Popper og Ayn Rand.

Popper sier at virkeligheten er egentlig kaotisk, at induksjon ikke finnes, at all videnskap begynner med/egentlig er myter, at sikkerhet ikke finnes, at rasjonalitet ikke kan begrunnes rasjonelt, og at «vi vet aldri hva vi snakker om». Det er opplagt fra dette at Popper åpner for alle typer subjektivisme. La oss gjenta ett eksempel som viser dette: siden Darwins teori ikke kan falsifiseres, men siden religion og kreasjonisme heller ikke kan falsifiseres, vil Poppers teori her implisere en likestilling av darwinisme og kreasjonisme. Som et resultat av dette er idag kreasjonisme likestilt med darwinismen som en biologisk teori i mange skoledistrikter i USA.

Ayn Rand sier at virkeligheten er lovmessig og derfor forutsigbar, at induksjon finnes, at all kunnskap kommer fra observasjon og fornuftsmessig/logisk analyse av det som observeres, at videnskap er fundamentalt forskjellig fra myter, at videnskap gir konklusjoner som er kontekstuelt sikre. Ayn Rand holder fast at objektiv kunnskap er både mulig og nødvendig: objektiv kunnskap er basert på observasjon og utledes av fornuften i overensstemmelse med logikkens lover.

Jeg sa at formuleringene Popper benyttet åpner for slike implikasjoner, men man må være klar over at disse formuleringene selvsagt ikke er tilfeldig valgt, en intelligent skribent velger formuleringer som er i samsvar med hans fundamentale ideer, og det er egentlig de fundamentale ideene, og ikke kun formuleringene, som åpner for de implikasjonene jeg beskriver her. Det er altså Poppers ideer som åpner for disse implikasjonene.

Hvorfor er dette relevant for oss? Hvorfor er filosofi – også andres feilaktige filosofiske ideer – relevante for oss? Slike holdninger som Popper har, vil, hvis de blir dominerende, medføre kaos og diktatur, og diktaturer er ustabile og vil nødvendigvis bryte sammen. Et samfunn har frihet og harmoni hvis rasjonalitet dominerer, dvs. hvis det er en utbredt og akseptert oppfatning at individer kan styre seg selv og at dette resulterer i harmoni mellom mennesker. Hvis dette synet ikke eksisterer blant folk flest, får man først forsøk på styring, og slike vil alltid ende i kaos og en stadig sterkere alles kamp mot alle, fordi «samfunnsmessig styring og kontroll» alltid vil forsterke de problemene man prøver å løse. Fred, frihet og velstand forutsetter bred aksept av rasjonelle ideer. Popper selv sier dette i det sitatet som jeg tidligere gjenga, men han ser dessverre ikke implikasjonene av sine egne fundamentale standpunkter. For å gjenta et sitat her: «Kant was right that it is our intellect which imposes its laws—its ideas, its rules—upon the inarticulate mass of our "sensations" and thereby brings order to them. Where he was wrong is that he did not see that we rarely succeed with our impositions» (sitert i Dykes, s. 8). Dette er en oppskrift som vil svekke fornuften. Og svekkes fornuften, svekkes tiltroen til at individer selv kan styre sine liv. Dette igjen fører til statsstyring og kaos.

Personen Karl Popper

Popper sa at alle teorier måtte utsettes for kritikk og diskusjon, hans egne teorier inkludert. Dette var hva han sa og skrev. Når han selv virkelig ble utsatt for kritikk, så forsvarte han alt han hadde sagt og skrevet – han gikk praktisk talt ikke tilbake på noe som helst av det han hadde hevdet. Det er som nevnt allment akseptert at hans demarkasjonskriterium er ubrukelig, men han fravek det ikke en tomme og sto fast på det så lenge han levde. La meg gjenta hans beskrivelse av den ikke falsifiserbare og derfor ifølge Popper uvidenskapelige darwinismen: den er ikke en videnskapelig teori, den er et metafysisk forskningsprosjekt.

Som menneske var han meget vanskelig å ha med å gjøre, og dette var allment kjent. I hans nekrolog i The Times ble han omtalt som «a difficult man». Et morsomt poeng er at hans bok *The Open Society and Its Enemies* av hans studenter konsekvent ble omtalt som *The Open Society By One of Its Enemies*.

Men la meg ta med et annet viktig poeng her: Popper bevarte alltid respekt og beundring for Marx og hans visjon. Dette går tydelig frem av *The Open Society and Its Enemies*. Denne boken ble utgitt i 1945, og kom senere i et stort antall nye opplag og utgaver. I alle utgavene gjengis følgende utsagn om Marx: «[Marx was] a brilliantly original thinker and philanthropist» og Marx var «one of the great liberators of mankind» (sitert i Dykes, s. 21).

Men i 1948 utkom Leopold Schwartzschilds biografi om Marx, *The Red Prussian*. Forfatteren hadde gravet dypt i alle tilgjengelig kilder, og fremstilte Marx korrekt som en sløsaktig drukkenbolt, og som en lite pålitelig, intrigant og maktbegjærlig person. Marx, konstaterte Schwartzschild, foraktet arbeidere og var primært interessert i dem som begrunnelse for å oppnå makt. Marx' tenkning var ikke original, han stjal det meste fra andre tenkere, og hans mest kjente og oppsiktsvekkende konklusjoner ble trukket ut av luften uten å være basert på fakta i det hele tatt. Når han iblant fant ut at fakta var i strid med hans konklusjoner, ignorerte han fakta. Popper leste denne boken rett etter at den ble utgitt, men til tross for dette forandret han ikke noe i sin beskrivelse av Marx i *The Open Society and Its Enemies*. Det tok hele 15 år før han innrømmet at han var oppmerksom på dette bevismaterialet, og at dette materialet «falsifiserte» hans syn på Marx.

I et forord til en nyutgave av *The Red Prussian* i 1986 ble Popper av Anthony Flew forsiktig kritisert for ikke å ha korrigert sitt feilaktige bilde av Marx. Forlaget sendte dette til Popper, som sa at han aksepterte kritikken, men at han ikke hadde uttalt seg tidligere fordi hans syn på Marx ikke hadde vært særlig positivt til å begynne med. Ikke særlig positiv til Marx? Popper hadde i *The Open Society and Its Enemies* skrevet at Marx' teori om merverdi var «brilliant» og «a theoretical success of the first order», at Marx' teori om utbytting «deserved the greatest respect», og at Marx hadde kommet med «serious and important contributions to social science». Selv etter at han hadde lest Schwartzschild – som førte til at han ble som han sier «personally shattered» – lot han være å korrigere det bildet av Marx han gir i *The Open Society and Its Enemies*. Etter at han hadde lest Schwartzschilds bok uttalte seg han omtrent like beundrede og respektfullt om Marx som han hadde gjort i *The Open Society and Its Enemies*. Man får et sterkt inntrykk av at Popper ikke var en ærlig person.

Konklusjon

Hvordan skal man oppsummer dette? Mitt syn er at Popper har svært lite positivt, og svært mye negativt, å bidra med. Han ikler gamle standpunkter – Humes innvendinger mot induksjon, hans motstand mot definisjoner – ny drakt, og Popper er dermed reellt sett en motstander av fornuften, selv om han selv ikke ville være enig i denne karakteristikken. Popper åpner dermed for folk som Kuhn og

Feyerabend. Popper er tilhenger av velferdsstaten, og er dermed motstander av individers rettigheter. Han er dermed en motstander av frihet. Hans fremstilling av og analyser av Platon, Hegel og Marx er tildels svært gode – det er vanlig at filosofer er gode til å kritisere andre, men når de skal fremstille noe selv er det ofte av liten verdi. Dette gjelder spesielt for Popper.

Litteratur

Binswanger, Harry (ed): *The Ayn Rand Lexicon*, NAL 1984
Conan Doyle, Arthur: *The Complete Sherlock Holmes Long Stories*, Murray Cape 1973
Dykes, Nicholas: «Debunking Popper», Reason Papers, Fall 1999.
Kuhn, Thomas: *The Structure of Scientific Revolutions*, University of Chicago Press 1970
Mill, John Stuart: *On Liberty*, Penguin 1987
Nordin, Ingemar: «Kunnskap och civilisation», Nyliberalen 1-2 1998
Peikoff, Leonard: «Letter to the Editor», The Intellectual Activist, May 2000
Popper, Karl: *Conjectures and Refutations*, Routledge 1984
Popper, Karl: *Unended Quest*, Routledge 1992
Popper, Karl: *Det öppna samhället och dets fiender*, Akademilitteratur 1980/81
Rand, Ayn: *Philosophy: Who Needs It?*, Bobbs Merril 1982
Thunem Herre, Anne Mette: «Karl Popper og kritisk rasjonalisme», FRI politisk journal 1/94

Antisemittisme: hva og hvorfor

Publisert på gullstandard.no 22. april 2024

Antisemittisme er dessverre et svært utbredt fenomen, og den har ofte hatt svært negative, ja, dødelige, konsekvenser. I en rekke land var det pogromer, og det verste av disse var nasjonalsosialistenes politikk overfor jøder i Tyskland for mindre enn 100 år siden. På grunn av det som skjedde i Tyskland på 30- og 40-tallet ble antisemittismen sterkt svekket i Vesten i årene etter annen verdenskrigs avslutning, men dessverre har antisemittismen vokst seg sterkere i Vesten de siste par tiårene.

Forståelsen av hva antisemittisme er er svært god, men hvorfor den finnes er det vanskelig å forstå ut i fra det materiale som finnes i mainstream-kilder. Vi vil derfor forsøke å definere dette viktige begrepet, og forklare hvorfor antisemittisme finnes.

Antisemittisme definert

Vi har ingen innvendinger mot SNLs definisjon: «Antisemittisme er en betegnelse for fiendtlige holdninger og handlinger mot jøder».

Så kan man spørre: hva vil det si å være jøde? Det er ikke enkelt å besvare dette spørsmålet. Å være jøde er ikke å tilhøre en bestemt religion (selv dette var opphavet til begrepet), det er ikke å tilhøre en bestemt rase, det er ikke å være statsborger i et bestemt land. Jøder kan være svarte og hvite og gule, de kan være ateister og de kan være kristne .... (Det finnes en bevegelse som går under navnet «Jews for Jesus»; denne består av jøder som har konvertert til kristendommen – men allikevel betrakter de seg som jøder. I den jødiske religionen finnes en forestilling om at det skal komme en frelser, en Messias. De kristne mener at Jesus var denne Messias, mens jøder flest mener at Jesus ikke var Messias, de mener at Messias ennå ikke er kommet.)

Vanligvis sier man at hvis man har en jødisk mor så er man jøde, men en ikke-jøde kan også konvertere og bli jøde.

Uansett rase, religion og bosted så har jødene ofte en felles kultur, en kultur som er noe annerledes enn den som finnes omkring dem. Som nevnt er jødene er i sine hellige skrifter lovet en frelser, og de kristne mener at denne frelseren er Jesus. Jødene derimot mener at frelseren ikke er kommet ennå. Jøder har derfor ingen grunn til å feire jul (Jesu fødsel) eller påske (Jesu oppstandelse). Jøder som bor i samfunn som ellers har vært kristne har da andre høytider og egne helligdager (de har lørdag, ikke søndag, som hviledag/helligdag/ sabbat). Allikevel, påsken markerer jødenes flukt fra Egypt, så de kan feire påske, men legger da i den et annet innhold enn de kristne gjør.

Jødiske guttebabyer blir omskåret kort tid etter fødselen, og en mann som vil konvertere til jøde må også omskjæres. De har andre tabuer mht. mat enn det som som er vanlig i de samfunnene de befinner seg. Man kan også nevne at de til en viss grad holder seg for seg selv; for eksempel ble det sett med misbilligelse på de jøder som giftet seg med ikke-jøder. Antagelig er disse holdningene svakere i dag enn de var for bare noen tiår siden.

Den betegnelsen da kanskje er riktigst å sette på dem er at det å være jøde er å tilhøre en stamme, og «stamme» er slik beskrevet i Wikipedia:

> En stamme er en gruppe mennesker som lever i små samfunn, (sosial gruppe) med en eller flere slekter som lever sammen i gruppen, og stammesamfunnet bygger derfor til en viss grad på slekt- og vennskap...

Dette passer ikke svært godt, og spesielt ikke når beskrivelsen fortsetter slik:

> ...hvor lederen er en høvding, ofte en av familienes overhoder. Begrepet anvendes især av arkeologer og etnografer.

Men allikevel vil vi si at «stamme» er det begrep som best – eller minst dårlig – beskriver jøder som en gruppe som er noe annerledes enn de andre som befinner seg i samme samfunn som de gjør.

Hvorfor finnes antisemittisme?
Definisjonen fra SNL inneholder følgende forklaring på hvorfor antisemittisme finnes: Den «har utgangspunkt i tanker om at jødene som gruppe bærer negative egenskaper.»

Men hvilke negative egenskaper er det snakk om? SNL:

> Negative forestillinger om jøder og jødedommen har lange historiske røtter i Europa. I middelalderen og i den

tidlig moderne periode hadde fiendtligheten først og fremst et religiøst utgangspunkt, og betegnes gjerne som antijudaisme. Den kristne antijudaismen ga seg utslag i diskriminering, stigmatisering og segregering, og eskalerte i bestemte historiske situasjoner – særlig i krisetider – også til voldelige forfølgelser. Mot slutten av 1800-tallet fikk agitasjonen mot jødene fornyet styrke. Den antisemittiske agitasjonen bygde videre på bildet av jøden som en undergravende fiende, og de tradisjonelle kristne klisjeene om jødene levde videre blant sentrale grupper i samfunnet – særlig innenfor kirken. Samtidig ble de religiøse forestillingene supplert, bearbeidet og til dels erstattet med raseideologisk og nasjonalistisk tankegods.

Dette er ikke så veldig informativt, men det er ikke mer å finne i artikkelen om antisemittisme på SNL (linket til nedenfor). Andre artikler på SNL gir noen antydninger til forklaringer, men de er også svært lite informative.

> Den moderne antisemittismen utviklet seg i Europa på andre halvdel av 1800-tallet. Hatet mot jødene endret seg fra å være basert på religiøse fordommer til også å inneholde påstander om at jødene var en egen rase, med spesielle og negative egenskaper.
>
> Antisemittismen tok mange former. Det ble utgitt jødefiendtlige bøker og skrifter, og dannet organisasjoner og politiske partier hvor en viktig sak var å bekjempe det de mente var jødenes negative påvirkning i samfunnet.
>
> En viktig del av den moderne antisemittismen er konspirasjonsteorier om at jødene arbeider i det skjulte for å få verdensherredømme. Det forfalskede skriftet Sions vises protokoller beskriver en konspirasjon av blant andre jøder, frimurere og sosialister, og brukes ennå i våre dager til antisemittisk propaganda.
>
> I tiden før første verdenskrig var antisemittismen mest utbredt blant annet i Frankrike og Russland, og innenfor den katolske kirken, mens i mellomkrigstiden ble antisemittismen mest

utbredt i Tyskland. Her oppstod nazismen, en politisk ideologi der antisemittismen er en sentral komponent. Jødeforfølgelser er kjent allerede fra førkristen tid og forekom i betydelig omfang i Romerriket, men fikk særlig utbredelse i det kristne Europa. Motivene for disse har vært politiske, økonomiske, sosiale og religiøse; overtro, fordommer og frykt er også blitt utnyttet.

Forfølgelsene kunne ta form av latterliggjøring, landsforvisning, tvangskonverteringer (til både kristendom og islam), utestengning, ghettoisering og regelrette massakrer. Allerede i hellenistisk tid ble jødene oppfattet som en fremmed folkegruppe som drev med ukjente, magiske ritualer. Fra og med høymiddelalderen dukket det også opp anklager om ritualmord og beskyldninger om at jødene skjendet hostien. Under svartedauden i 1348–1349 ble det hevdet at jødene forgiftet brønner, skjønt pesten rammet også jøder; 350 jødiske menigheter ble utryddet i massakrer som følge av slike beskyldninger.

I oldtid og middelalder var forfølgelsene oftest et resultat av motstand mot jødenes religiøse praksis og annerledeshet, forestillingen om at jødene var kollektivt ansvarlige for Jesu død og at jødene i samtiden hatet de kristne. Ved å konvertere til majoritetens religion kunne jøder bli en del av storsamfunnet, selv om både de selv og deres etterkommere likevel ofte ble betraktet med mistro, som i Spania og Portugal før og under inkvisisjonen.

Som sagt, disse forklaringene er svært lite informative; de sier ingenting om hva det var ved jødene som er annerledes, og de sier ingenting om hva det betyr at jødene har «negative egenskaper». Påstander om ritualmord, forgiftning av brønner, etc. er helt uten forankring i virkeligheten, så det må ligge noe annet bak, noe som mainstream-skribenter enten ikke forstår, eller ikke er villige til å sette navn på.

Feilaktige forklaringer på antisemittismen
Vi skal se på to dominerende forklaringer på hvorfor antisemittismen finnes. Den ene er påstanden om at jødene drepte Jesus, og den andre er at jødene forsøker å skaffe seg et verdensherredømme.

Påstanden om at jødene drepte Jesus blir ofte brukt som et argument for hvorfor antisemittismen står/sto sterkt i kristne samfunn. Påstanden er dog helt feil; det var jo romerne som drepte Jesus. Men det kan hende at det ligger noe annet i denne formuleringen; det kan hende at formuleringen betyr at «vi kristne har visse verdier, og Jesus er den sentrale figur som representerer disse verdiene. Jødene, derimot, har andre verdier, og disse verdiene er helt annerledes enn våre verdier. Jødene godtar heller ikke Jesus som frelser. Vi vil ikke ha de som er annerledes i vårt samfunn; dersom vi aksepterer å ha disse menneskene hos oss vil våre samfunn og de verdier våre samfunn er bygget på, bli ødelagt».

Man kan si at påstanden om at jødene drepte Jesus er et utslag av mistro mot de verdiene jøder har, verdier som er annerledes enn de verdier de kristne har. (Nedenfor vil vi si noe om hvilke verdier det er snakk om.)

Her kan man skyte inn at det er noe merkelig at kristne kritiserer noen for å ha drept Jesus; det var jo en del av Guds plan at Jesus måtte dø for at vi skulle bli frelst; Jesus døde jo for våre synder slik at vi kan bli bli tilgitt for alt det gale vi gjør. Å kritisere noen for å ha drept Jesus er å kritisere de som gjennomfører Guds plan, og det virker noe selvmotsigende.

Påstanden om at jødene er ute etter verdensherredømme, og driver en konspirasjon for å få makt slik at de kan styre verden, er bare vanvittig. Dette er et scenario som hører hjemme i en James Bond-film, ikke i virkelighetens verden. Men det er allikevel en grunn til at slike vanvittige teorier kan oppstå; denne grunnen er ikke rasjonelt begrunnet, men som det heter: ingen røyk uten ild.

Årsaken til antisemittisme
Innledningsvis vil vi her nevne jøden Shylock i Shakespeares *Kjøpmannen i Venedig*. Shylock er pengeutlåner, han driver bank og han fremstilles som ond i og med at han krever at betingelsene for tilbakebetaling av et lån han innvilget blir oppfylt. (Betingelsen var noe spesielle, men det behøver vi ikke gå inn på her.)

217

Jøder havnet ofte i bankvirksomhet; det var forbudt for kristne å ta renter på utlån, et forbud som hentet sin begrunnelse fra Thomas Aquinas på 1300-tallet. (Her snakker vi om den sene middelalder og den tidlig renessanse i Europa.) Siden ingen vil låne ut penger hvis de ikke kan ta renter på lånet, betydde det at kristne ikke etablerte banker. For jøder var det intet slikt forbud, og derfor ble mange jøder involvert i bankvirksomhet. Og derfor ble mange jøder, og mange jødiske familier, velstående. Dette er en viktig medvirkende årsak til at jødene ble sett på med mistro, og at det oppsto en teori om at jødene var ute etter verdensherredømme; penger er jo makt, heter det, og det å ønske å tjene penger er for mange ensbetydende med å søke etter makt.

Så et annet viktig punkt. Jøder utgjør cirka 0,2 % av verdens befolkning, men jøder har mottatt flere enn 200 av de nobelprisene som er utdelt siden 1901. Totalt er nobelprisen tildelt 965 personer, og dette betyr at jøder er overrepresentert med en faktor på 110.

Man kan trygt slutte av dette at jøder er overrepresentert blant forskere og vitenskapsfolk. I tillegg er det slik at jøder er overrepresentert blant forretningsfolk, blant kunstnere, blant intellektuelle. I tillegg er det også slik at de er overrepresentert blant de velstående.

Dette er ikke noe som kommer av seg selv, det er utslag av at visse verdier står sterkt blant jøder, i jødisk kultur.

Den jødiske kulturen er da en kultur som legger vekt på boklig lærdom, ambisjon, vitebegjærlighet, suksess, å tjene penger, å forstå denne verden, å skaffe seg et godt liv i denne verden. Dette er verdier som står sterkt i jødisk kultur, og da vil disse verdiene også i betydelig grad prege jøder. Siden dette er verdier som er positive for menneskers liv, vil de som følger disse verdiene oppnå suksess i denne verden (eller det vil øke sannsynligheten for at de oppnår suksess).

Men la oss som kontrast se på de verdiene som kristendommen egentlig står for. Kristendommen står for selvoppofrelse, en oppfordring om å ikke arbeide, fattigdom fremstilles som en dyd, livet på jorden er ikke viktig, det viktige er livet etter døden. Det å prøve å forstå er ikke en dyd i kristendommen, man skal bare godta uten kritisk tenkning:

> I samme stund kom disiplene til Jesus og sa: Hvem er den største i himlenes rike? Han kalte da et lite barn til seg og stilte det midt iblant dem, og sa: Sannelig sier jeg dere: Uten at dere omvender dere og blir som barn, kommer dere slett ikke inn i

himlenes rike. Den som gjør seg liten som dette barnet, han er den største i himlenes rike. (Matteus, kap. 18).

Fornuften, som er menneskers eneste kilde til abstrakt kunnskap, fremstilles av Martin Luther som djevelens hore: «Reason is a whore, the greatest enemy that faith has; it never comes to the aid of spiritual things, but more frequently than not struggles against the divine Word, treating with contempt all that emanates from God.» (Jeg vil dog tilføye at Luther også har hevdet at fornuften er Guds største gave til mennesket.)

Vi vil si at de verdiene vi knyttet til jødedommen et par avsnitt ovenfor er nokså nær å være rasjonelle verdier, dvs. verdier som virkelig kan gjøre menneskers liv bedre. Men blant jøder finnes det også andre verdier, verdier som man ikke kan sette betegnelsen «rasjonell» på. Vi har nevnt omskjæring. Omskjæring av barn er en barbarisk skikk som bør være forbudt. En voksen mann kan selvfølgelig selv bestemme om han skal omskjæres eller ikke, men å utføre dette på babyer er et grovt overgrep. Omskjæring er dog ikke noe som kun finnes blant jøder, i svært mange kulturer blir dette praktisert. Et annet element er at mange jøder betrakter seg som «Guds utvalgte folk»; dette er noe de har hentet fra sin hellige bok (femte Mosebok, kapittel 7 vers 6). Noen jøder mener også at de har rett til området hvor staten Israel ligger fordi Gud har gitt dem dette området. Disse tre verdiene, som altså står sterkt blant mange jøder, er allikevel, slik vi ser det, ikke en viktig årsak til at mange har negative forestillinger om jøder.

Grunnen til at antisemittisme finnes i ellers kristne samfunn er at de verdiene som står sterkt i jødisk kultur og blant jøder ofte er stikk i strid med de verdiene som kristendommen står for. Her kan vi også nevne eksplisitt et annet element, nemlig at verdier som ligger i kristendommen innebærer at den som er rik er ond og at den som er fattig er god: «Det er vanskeligere for en rik mann å komme inn i himmelen en for en kamel å komme gjennom et nåløye» – og de gode kommer inn i himmelen. Disse kristne verdiene er i dag mer eksplisitt innbakt i sosialismen, en ideologi som sier at den eneste måten å bli rik på er å utnytte andre, og disse andre er da de som blir fattige. Fattig er god, rik er ond, og jøder er ofte rikere enn mange andre.

Sosialismens fremste teoretiker om jødespørsmålet
Noen av Karl Marx´ betraktninger om jødespørsmålet er ganske avslørende. Artikkelen «Til jødespørsmålet», gjengitt i bind 1 av Pax forlags serie med Marx´ verker i utvalg, inneholder blant annet følgende:

> La oss se på den virkelige verdslige jøde ... Hva er det verdslige grunnlag for jødedommen? Det praktiske behov, egennytten. Hva er jødenes verdslige kultus? [Ønsket om å tjene penger på en hvilken som helst måte*.] Hva er hans verdslige Gud? Pengene. ... Vi erkjenner altså i jødedommen et allment tilstedeværende antisosialt element ... Mammon er deres avgud, de tilber ham ikke bare med leppene, men med alle legemets og åndens krefter. Jorden er i deres øyne ikke annet enn en børs, og de er overbevist om at de i denne verden ikke har noen annen bestemmelse enn det å bli rikere enn naboen. [Ønsket om å tjene penger*] har tatt herredømme over alle deres tanker, avvekslingen i gjenstander er deres eneste rekreasjon ... Hva var i og for seg grunnlaget for den jødiske religion? Det praktiske behov, egoismen. ... Pengene er Israels nidkjære Gud, ved siden av hvilken det ikke må finnes andre guder (s. 81-83).

Marx sier her at det som er spesielt med jødene er at de har et ønske om å tjene penger. De handler utifra praktisk behov, de handler egoistisk. Men det Marx kritiserer her er intet annet enn ønsker om å gjøre suksess i denne verden.

Antisemittisme utenfor Vesten
Men det er ikke bare i kristne miljøer og samfunn at antisemittisme finnes; antisemittisme finnes overalt.

Grunnen til dette, slik vi ser det, er allikevel den samme som er årsak til antisemittismen i den kristne verden. Jødene representerer i

---

* Setningen i klammeparentes er innsatt her. Teksten i boken inneholder her kun ordet «Ågeren»: «Hva er jødenes verdslige kultus? Ågeren». «Åger» er ofte ensbetydende med «for høy rente», men slik jeg ser det er det tydelig at Marx mener noe mer enn kun dette. I den engelske versjonen av denne artikkelen brukes ordet «huckterism», og Wikipedia sier: «A huckster is anyone who sells something or serves biased interests, using pushy or showy tactics. ... over time it has assumed pejorative connotations.»

stor grad de verdiene vi nevnte over, mens disse verdiene står svakt i kulturer og miljøer også utenfor Vesten – hvis de i det hele tatt finnes.

Som kjent ble jødene fordrevet av romerne fra Israel omkring år 80, og de spredte seg da over hele verden. Den jødiske diaspora var da å finne over hele verden, men jødene holdt fast på sin kultur og sine verdier, og ble da annerledes enn de som opprinnelig holdt til i de områdene de kom til. De verdiene som jødene hadde ga et visst grunnlag for suksess og vellykkethet, og jødene ble da ofte en egen gruppe som skilte seg ut fra de omkring ikke bare på grunn av kulturelle faktorer, men også på grunn av slike ting som velstand.

Dette var fordi at de samfunnene jødene kom til hadde dominerende verdier som i stor grad var sammenfallende med de verdier som kristendommen står for, det vil si, liten vekt på fornuft, liten vekt på ønske om å skape seg et bedre liv ved produktivt arbeid, lite vitebegjærlighet, lite individualisme. De fleste samfunn utenfor Vesten var kollektiver med svært liten individuell frihet, de hadde svært få muligheter for ambisiøse individer (hvis slike skulle dukke opp) til å gjøre suksess ved en ekstraordinær produktiv innsats.

Alle samfunn er i stor grad preget av det som på engelsk heter «tall poppy syndrome», og som Aksel Sandemose formulerte som Janteloven: Hvis du skiller deg ut, hvis du tror du er bedre enn andre, hvis du gjør suksess – da blir du forhatt av de som er omkring deg. Hvor sterkt denne holdningen står har dog variert; i samfunn hvor individualisme og rasjonalitet står sterkt er denne holdningen svak.

Jødiske miljøer har i stor grad hatt verdier som gjør at de har hatt suksess, og derfor er de blitt møtt med mistro og iblant hat av andre.

Heldigvis har det vært perioder hvor individualistiske og rasjonelle ideer har stått sterkt, og da har antisemittismen vært svakere enn den var da kollektivisme og irrasjonalitet og ydmykhet var sterke verdier i kulturen.

Grunnen til at antisemittismen i dag er på fremmarsj er at verdier som individualisme og rasjonalitet er blitt svakere.

Avslutning

De kildene vi siterte over – SNL og Wikipedia – er så vidt vi kan se representative for fremstillingen av antisemittisme i mainstream-miljøer. De sier at jøder oppfattes som fremmede og annerledes, men de sier intet om hvorfor dette skjer, de sier ikke noe om hvilke verdier som gjør at jøder fremstår som annerledes. Ovenfor har vi forsøkt å beskrive hvilke verdier det er som gjør at jøder er annerledes.

Shylock er det fremste eksempel vi har i seriøs litteratur på den onde jøden – og hva var hans store synd? Det han ønsket var at en frivillig inngått kontrakt skulle oppfylles. Han insisterte på at den frivillig inngåtte kontrakten skulle overholdes og at eiendomsretten skulle gjelde. I et kristent samfunn på 1600-tallet ble dette altså oppfattet som ondskap. Shylock var velstående, låntageren var blitt fattig, og i kristne miljøer (eller i miljøer/ideologier som er sterkt påvirket av kristendommen, for eksempel sosialismen) er det slik at det som er rett er det som er til fordel for den fattige, dette helt uavhengig av fakta.

Kort oppsummert: antisemittisme er forårsaket av at enkelte verdier som dominerer blant jøder har svært liten oppslutning i ikke-jødiske miljøer, og blant disse verdiene finner man boklig lærdom, ambisjon, vitebegjærlighet, suksess, ønske om å tjene penger, ønsker om å forstå denne verden, ønske å skaffe seg et godt liv i denne verden. Disse verdiene er mislikt i de fleste kulturer, og derfor er det slik at i mange kulturer har man et negativt syn på jøder.

Litteratur og lenker

Marx, Karl: *Verker i utvalg, bind 1: Filosofiske skrifter*, Pax 1975

https://snl.no/antisemittisme

https://snl.no/Den_moderne_antisemittismen

https://snl.no/jødeforfølgelser_i_oldtid_og_middelalder

https://sites.google.com/site/veientilgud/nyheter/30

https://en.wikipedia.org/wiki/List_of_Jewish_Nobel_laureates

https://www.marxists.org/archive/marx/works/1844/jewish-question/

Transeproblematikken

Publisert på gullstandard.no 5. september 2023

At enkelte personer opplever sin situasjon slik at de ikke finner seg til rette i den kroppen de er født med, er et opplagt faktum. Noen personer som er født som gutt/mann føler seg ikke som en mann og sier at han føler seg som kvinne, og vice versa. (For enkelhets skyld holder vi oss til menn som hevder at de ikke føler seg som mann og som sier at de føler seg som kvinne, dette selv om det motsatte – at en kvinne sier at hun føler seg som mann – også forekommer. Det forekommer også at noen sier at de ikke føler seg som noen av de to eksisterende kjønnene.) Dette fenomenet kalles kjønnsdysfori, og er i Norsk medisinsk leksikon omtalt slik:

> Kjønnsdysfori er manglende samsvar mellom registrert kjønn ved fødsel og kjønnsidentitet. Dysfori betyr ubehag. I denne sammenhengen viser det til et bredt spekter av ulike former for subjektivt ubehag og misnøye knyttet til hele eller deler av kroppen, eller de sosiale og kulturelle forventningene knyttet til fødselskjønn. Siden 2013 er kjønnsdysfori en diagnose i Den amerikanske psykiaterforeningens klassifikasjonssystem for psykiske vansker ....

Dette er et reelt problem som kan være til stor plage for de det gjelder, og disse må i utgangspunktet møtes med respekt og forståelse. Dette gjelder også de som tar skritt for å gjennomgå en prosess som omtales som «å endre kjønn». (Mange av de som ønsker å få utført en slik behandling i helsevesenet blir dessverre møtt på en lite respektfull måte av et tregt og byråkratisk system basert på foreldede verdier og holdninger. Dette er bare slik man kan forvente av et statlig helsevesen.)

Det vi skal se på her er i hovedsak ikke de medisinske eller psykologiske sidene ved denne problemstillingen, det vi skal se på er det som i vid forstand er politiske implikasjoner av visse holdninger til denne problematikken. Det vi skal komme inn på er slike problemstillinger som hvilket kjønn en transperson har, bør han eller hun få stille i sportsgrener forbeholdt det andre kjønnet enn vedkommende ble født til, skal en transperson kunne benytte toaletter forbeholdt det annet kjønn, skal en transperson innlegges på kvinneavdelingen på et sykehus, skal en transperson kunne kvoteres, skal et barn/en umyndig person som opplever kjønnsdysfori få såkalt kjønnskorrigerende behandling, hva med juridisk kjønn, etc.

Kjønn

De første livsformer oppstod for noen milliarder år siden, og de formerte seg ved at disse encellede mikroorganismene delte seg: en celle ble til to, disse to ble til fire, osv. Etterhvert skjedde det en mutasjon som innebar at avkom kunne bli sterkere og mer overlevelsesdyktig hvis gener fra to entiteter ble blandet. For å gjøre en lang historie svært kort: et nytt individ ble dannet ved at arvestoffet fra to «foreldre» ble blandet i det nye individet. Arvestoffene finnes i celler som kalles gameter, og når to slike celler smelter sammen kan de vokse og bli et nytt individ. Det finnes kun to slike gameter, eggcelle og sædcelle, og de produseres av hvert sitt kjønn: den som produserer eggceller er en hunn, og den som produserer sædceller er en hann; eggcellen er relativt stor og sitter mer eller mindre fast hos hunnen, sædcellen er relativt liten og kan bevege seg fra hannen til hunnen. Dette er for øvrig den biologiske definisjonen på mann og kvinne: Den som har en kropp som produserer eggceller er en kvinne, og den som har en kropp som produserer sædceller er en mann.

> Hannkjønnet produserer mindre og bevegelige kjønnsceller (sædceller). Det biologiske grunnfenomenet med to kjønn har som viktigste oppgave å sørge for at ethvert nytt individ forsynes med en ny kombinasjon av arveanlegg. Derved opprettholdes en stor variasjon mellom individene. (SNL)

Således finnes det kun to kjønn.

Noen hevder også at man kan identifisere seg som det kjønnet man ønsker, og at det finnes svært mange kjønn: vi har sett påstander om at det skal finnes mer enn 60 kjønn. Vi vil dog stå på det biologiske faktum at det kun finnes to kjønn.

De som sier at kjønn er en sosial konstruksjon tar feil, kjønn er et biologisk faktum. Men dersom de med dette mener at kjønnsrolle er en sosial konstruksjon, har de et poeng.

Opplevd kjønn

Det er vanlig å si i dag at det forventes at en person som er født med et bestemt kjønn skal inn i en bestemt kjønnsrolle. (Disse forventningene er dog langt lavere i dag enn de var for bare noen få år siden.) At enkelte individer ikke vil finne seg til rette i den rollen som de fleste med vedkommendes kjønn havner i, er bare som man kan forvente, og dette burde ikke være problematisk. At en som er født som mann heller vil inn i den rollen som de fleste kvinner har, burde altså ikke være problematisk for vedkommendes omgivelser; et slikt valg burde i utgangspunktet bli møtt med full respekt. Det kan også hende at vedkommende ikke ønsker å gå inn i noen av de typiske kjønnsrollene som finnes, og også dette burde være helt uproblematisk.

Enkelte av de som ikke føler seg til rette i den kjønnsrollen mange vil si de er født til, hevder at de føler seg som om de tilhører det annet kjønn. En (person som er født som en) mann kan da si at han ikke føler seg som mann, han føler seg som kvinne, og vice versa. Men kan dette være riktig?

Følelser er svært viktige, og man kan oppleve svært mange forskjellige følelser, og de finnes over et svært bredt spektrum. Man kan for eksempel føle glede i noen situasjoner og sorg i andre. Man kan oppleve glede og sorg fordi man kan oppleve at de er forskjellige, og man kan kontrastere den ene følelsen med den andre. Dette gjelder generelt; skal man sette navn på noe må man kontrastere det med noe annet. Dette gjelder vått/tørt, naturgitt/kunstig, menneske/dyr, osv. – man vet kun hva det ene er først når man har erfart det andre. I tilfeller hvor man ikke kan erfare kontraster kan man ikke si at det finnes alternativer.

Men hvis en person er født som mann, hvordan kan han da si at han føler seg som en kvinne? Han vet ikke hvordan det er å føle seg som kvinne; han vet heller ikke hvordan det er å føle seg som mann fordi han har ikke noe kontrastere disse følelsene med. Han vet bare hvordan han opplever seg selv som seg selv, han opplever seg selv som han er, han kan ikke kontrastere denne opplevelsen med noen annen opplevelse – den eneste erfaringen han kan ha på dette området er den erfaringen han har som seg selv, som den han er.

La oss kort utdype dette noe videre. To voksne personer – Ola og Kari – kan bare oppleve seg selv, de kan ikke oppleve hvordan det er å være mann og hvordan det er å være kvinne. Ola kan bare oppleve seg selv fordi han har ikke noen som helst erfaring fra noen annen person enn seg selv, han kan ikke oppleve hvordan Kari har det. Tilsvarende for Kari, hun kan ikke oppleve hvordan Ola har det. Men begge kan føle seg utilfreds med den situasjonen de er i, inkludert med den kroppen de har. Vi vil dog tro at det mest sannsynlige er at personer som ikke føler seg hjemme i den kroppen de har og føler seg som tilhørende et annet kjønn, egentlig ikke er tilfreds med den rollen som de forventes å tre inn i utifra det kjønn de har. Dette betyr dog ikke at det finnes flere enn to kjønn.

En slik opplevelse, en følelse som altså går ut på at en person ikke føler seg vel i den rollen som folk flest forventer at han eller hun skal følge, bør møtes med respekt. Dersom en voksen person på et slikt grunnlag ønsker å foreta inngrep (operasjoner, hormonbehandling) bør han ha all rett til dette, og hvis han ønsker å fremstå som et annet kjønn enn det han er født til bør han ha all rett til dette. Men dette betyr ikke at en mann som gjennomgår en slik transformasjon blir en kvinne.

Andre kjønn

Enkelte hevder at det finnes mer enn to kjønn. Biologisk sett finnes det imidlertid som vi har nevnt kun to kjønn, men de som hevder at det finnes flere kjønn mener gjerne at noen vil leve på en annen måte enn den som de tradisjonelle kjønnsrollene for mann og kvinne forutsetter. En liste på tidsskriftet Illustrert vitenskaps nettside lister opp hele 65 kjønn (link nedenfor).

Etter mitt syn er dette feil vei å gå. Selv om man vil leve på en annen måte enn den måten som de tradisjonelle kjønnsrollene innebærer, hvis man for eksempel vil plukke noen bestanddeler fra mannsrollen og noen fra kvinnerollen – og kanskje også legge til noen elementer man selv har funnet på, kan ikke dette bety at det dermed oppstår et nytt kjønn.

Enhver bør absolutt kunne leve slik vedkommende selv ønsker, inkludert å selv bestemme sitt utseende, sin fremtoning, sin seksuelle orientering (og dette gjelder sikkert også andre ting som jeg ikke har fantasi nok til å komme på), men dette betyr ikke at den kombinasjonen man setter sammen innebærer at det oppstår et nytt kjønn.

Pronomenbruk

Enkelte menn som har gjennomgått såkalt kjønnskorrigerende behandling og som fremstår som kvinner, ønsker eller krever at andre skal omtale dem som «hun», ikke som «han». Et slikt ønske bør respekteres. Vårt syn her innebærer dog ikke at en slik bestemmelse bør lovfestes, lovverket bør ikke si noe som helst om dette.

Det som først gjorde den canadiske psykiateren Jordan Peterson verdensberømt var at han nektet å følge et lovpålegg om slik pronomenbruk. Han var ansatt ved et statlig universitet, og det statlige lovverket krevde at ved statlige institusjoner skulle alle ansatte benytte det pronomen som personen det gjaldt, ønsket. Peterson var villig til å benytte det pronomen som vedkommende ønsket, men han var imot at det skulle være en lov som påla de ansatte dette. Dersom universitetet hadde vært privat ville denne problemstillingen aldri ha oppstått. Da kunne universitetet selv bestemt hva som skulle gjelde på sitt område, og de kunne ansette eller la være å ansette de som ikke fulgte det universitetet hadde bestemt. Her er det en stor forskjell på hva en statlig institusjon kan gjøre og hva en privat institusjon kan gjøre. (Forskjellen består i at det staten bestemmer gjelder alle, det en privat aktør bestemmer gjelder kun de som frivillig velger å ha med institusjonen å gjøre.)

Juridisk kjønn

En person er født som enten gutt eller jente, som mann eller kvinne. Det finnes dog sjeldne unntak fra dette, om lag 1 av 5000 er født med en uklar kjønnsidentitet, mens alle andre er enten det ene eller det andre, og det er kun dem vi tenker på her. Det at 1 av 5000 er født med en uklar kjønnsidentitet betyr ikke at medfødt kjønn er uklart for de 4999 andre.

Som vi har nevnt over forekommer det tilfeller hvor en person ønsker å fremstå som et annet kjønn enn det vedkommende er født til, og vi har ikke noe problem med eller innvendinger mot dette. Men det at en mann ønsker å fremstå som kvinne, betyr ikke at han blir en kvinne. En implikasjon av denne problemstillingen er det som kalles «juridisk kjønn». Vi siterer fra SNL:

> Juridisk kjønn er det kjønnet en person er registrert med i folkeregisteret, se Lov om endring av juridisk kjønn av 17. juni 2016 nr. 46 § 1. En persons kjønnsidentitet er et personlig

forhold som er beskyttet av retten til privatliv etter Den europeiske menneskerettighetskonvensjon artikkel 8 ifølge Den europeiske menneskerettighetsdomstol. En persons kjønnsidentitet vil også regnes som et personlig forhold som skal beskyttes etter Grunnlovens § 102 som også slår fast at enhver har rett til respekt for sitt privatliv. Juridisk kjønn og må ses i sammenheng med folkeregisterloven (lov om folke-registrering, 9. desember 2016 nr. 88), hvor det blant annet følger at fødselsnummeret skal endres når kjønn endres. For å endre juridisk kjønn må man oppleve å tilhøre det andre kjønnet enn det man er registrert med i folkeregisteret. Endringen av kjønn baseres på personens egen opplevelse av kjønnsidentitet, og det er ikke noe krav om en medisinsk vurdering eller medisinsk behandling. Det kan velges mellom mann og kvinne. Det er mulig å endre juridisk kjønn flere ganger, da det ikke er noen begrensninger i antall ganger en person kan endre juridisk kjønn. Lov om endring av juridisk kjønn gir den enkelte mulighet til å bestemme hvilket juridisk kjønn som skal fremgå av folkeregisteret og personnummeret, og baseres på personens egen opplevelse av kjønnsidentitet. (SNL)

Kjønn er et biologisk faktum gitt ved fødselen, og det er ikke mulig å endre kjønn. Allikevel, dersom en mann ønsker å fremstå som kvinne, bør han ha all rett til å gjøre dette i all sosial omgang. (Han bør dog informere potensielle sexpartnere om dette før et forhold utvikler seg til intim omgang.)

Slik vi ser det er det ikke riktig at han blir registrert som kvinne i folkeregisteret eller at han står oppført som kvinne i sitt pass. En god løsning på denne utfordringen kan være at passet ikke bare oppgir en persons kjønn, men også det kjønn personen ønsker å fremstå som. Det kan derfor være to rubrikker i passet, en for kjønn, og en for det kjønn passinnehaveren ønsker å fremstå som.

Det skal således etter vårt syn ikke være noen rett til å endre kjønn – det er bokstavelig talt umulig, og derfor skal det heller ikke være noen rett til å endre personnummer.

Kjønnskorrigerende behandling

Kjønnskorrigerende behandling har som utgangspunkt at en person som er født som mann ønsker å fremstå som kvinne, og derfor ønsker å få utført visse operative inngrep på kroppen, og å ta visse hormoner, slik at kroppen fremstår som en kvinnes kropp, dvs. uten skjeggvekst og med en kvinnes kjønnsorganer, former, bryster, etc. Slike operasjoner skal visstnok i mange tilfeller være rimelig vellykkede, og mange er svært fornøyd med at de valgte å gjennomgå en slik operasjon. Men det er også et betydelig antall som senere angrer på at de fikk utført et slikt inngrep.

Men allikevel: Kjønns*korrigerende* behandling er ikke mulig. En mann som har foretatt slik behandling blir ikke en kvinne, han forblir en mann, men han vil ha en kropp som er helt annerledes enn den han ble født til å ha. Det er allikevel all grunn til å respektere denne personens valg.

Voksne personer bør ha all rett til å foreta de endringer i sin kropp som vedkommende selv ønsker, og vi er imot alle statlige lover og regler som hindrer at voksne kan få gjennomgå en slik operasjon.

Det hevdes at også barn kan oppleve såkalt kjønnsdysfori, men vi vil være sterkt imot at barn/umyndige blir utsatt for såkalt kjønnskorrigerende operasjoner. Tenåringer er som regel forvirret om det meste, og det bør ikke være tillatt å foreta inngrep på en tenårings kropp, inngrep som vil ha enorme konsekvenser for vedkommende resten av livet. (Som nevnt over er cirka 1 av 5000 født med en uklar kjønnsidentitet, og kjønnskorrigerende behandling kan være riktig for slike personer.)

Kvotering

Muligheten til å endre kjønn har fått enkelte absurde implikasjoner. Som kjent er enkelte områder i samfunnet omfattet av kvoteringsordninger mht. kjønn, det vil si at medlemmer av et underrepresentert kjønn skal få forrang ved opptak til studieplasser eller ansettelser i visse stillinger.

Dette har ført til at enkelte har endret juridisk kjønn for å komme inn under en kvoteringsordning: enkelte menn har skiftet juridisk kjønn til kvinne for å få ekstra studiepoeng slik at de kan komme inn på ettertraktede studieplasser. Antagelig vil de skifte kjønn tilbake til sitt medfødte kjønn etter at utdannelsen er fullført; som nevnt over er det i lovverket ingen begrensninger for antall ganger man kan skifte kjønn.

Vårt syn er at en privat institusjon kan gjøre akkurat som de måtte ønske på dette området, og vårt syn om kjønn gjelder kun hva statens politikk bør være. Staten bør kun akseptere det kjønn en person er født med, mens en undervisningsinstitusjon eller et firma kan gjøre slik eierne finner er riktig mht. ansettelser og kvotering.

At enkelte menn skifter kjønn til kvinne for å få en ettertraktet studieplass, viser bare hvor absurd denne problemstillingen er.

Toaletter, fengsler

Kvinner er svakere enn menn og bør på visse områder kunne velge å være helt isolert fra menn. Dette gjelder slike områder som toaletter og fengsler. Dametoaletter og kvinnefengsler bør forbeholdes kvinner, dvs. personer som er født som kvinner. Hvis en mann som hevder han er en kvinne får adgang til disse områdene, kan skruppelløse menn «skifte kjønn» og benytte disse områdene til å krenke kvinner.

Det finnes eksempler på at en dømt voldtektsforbryter har identifisert seg som kvinne, og derved fått anledning til å sone i et kvinnefengsel hvor han så har fortsatt å forsøke å voldta kvinner.

En person som er født som mann bør ikke få adgang til dametoaletter, og han bør ikke få sone i kvinnefengsler selv om han påstår at han er kvinne. Fengsler bør være statlige, og det er ikke noe i veien for at det opprettes egne avdelinger for menn som fremstår som kvinner. Men de bør ikke slippes inn på avdelinger som er forbeholdt kvinner.

Igjen, et privat firma kan ha akkurat den praksis de vil på dette området: Et privat firma kan ha et felles toalett for alle, eller de kan ha herretoalett og dametoalett hvor transmenn har adgang til dametoalettet, eller de kan ha tre typer toaletter: et for kvinner, et for herrer, og et for transer.

Sport

Siden menn er større og sterkere enn kvinner bør sportsgrener hvor fysisk styrke har betydning ha egne klasser for kvinner. (Det finnes aktiviteter som regnes som sport, men hvor kjønn ikke spiller noen rolle, for eksempel sjakk og bridge, og der kan kvinner og menn fritt konkurrere i samme klasse. Vårt syn er dog at sjakk og bridge ikke er sportsgrener, men denne diskusjonen tar vi ikke her.)

Hvis en mann erklærer seg som kvinne og stiller i kvinneklassen i en sport er dette svært urettferdig overfor de kvinnene som stiller i samme konkurranse. Den mest kjente eksempler på dette er den amerikanske svømmeren Lia Thomas. Thomas ble født som mann, han var en aktiv konkurransesvømmer, men han oppnådde ikke gode resultater. Når han var 23 år gammel erklærte han seg som kvinne, fikk stille i kvinneklasser og vant en rekke mesterskap foran kvinnelige svømmere.

Thomas hevder at han virkelig føler seg som kvinne, og han har gjennomgått hormonbehandling som innebærer at kroppen ble mer feminin enn den han hadde før han begynte behandlingen. Han ble godkjent som kvinnelig svømmer av de rette instanser innen de som administrerer svømmekonkurranse i USA.

De som administrerer sportsgrener er private selskaper, og de har all rett til selv å bestemme hvilken politikk de skal føre på dette området. Hvis de ønsker at transmenn skal få stille i kvinneklassen, har de altså all rett til å gjøre dette, men vi kan ikke si annet enn at vi synes dette er svært urettferdig overfor de som virkelig er født som kvinner og som ønsker å konkurrere.

I enkelte sportsgrener har de som administrerer konkurranser valgt å ikke godta transer som deltagere i kvinneklassen, og det er en politikk vi støtter.

Sykehus

Enkelte avdelinger på sykehus er naturlig nok forbeholdt kvinner. I det siste har enkelte transmenn blitt innlagt på slike avdelinger, og noen kvinner har da følt ubehag ved at de har det de oppfatter som en mann i en seng rett ved siden av seg. Naturlig nok har de protestert overfor sykehusledelsen. Vi har kommet over et oppslag fra The Times som illustrerer hvordan det statlige helsevesenet i Storbritannia reagerer på slike klager.

> Patients who raise concerns about trans women being put on female only hospital wards are comparable with racists and may have to be «removed», NHS guidelines suggests. The policy in NHS Ayrshire & Arran, called Supporting Trans Service Users, puts forward a scenario where a woman patient

«explains she didn't expect to be sharing the ward with a man and points to the bed opposite» (link nedenfor.)

Overskriften på denne artikkelen er «Objections to trans patients on women's hospital wards "like racism"». Retningslinjer fra NHS foreslår altså at politikken bør være at en kvinne som protesterer mot at en transmann blir lagt i en seng ved siden av henne på kvinneavdelingen på sykehuset bør fjernes, og at det å protestere mot at en transmann legges inn på en kvinneavdeling på et sykehus er like kritikkverdig som rasisme. Den som bør fjernes er altså kvinnen som protesterer, og ikke transmannen.

Private sykehus kan ha akkurat den praksis de vil på dette området, og det vi vil synes er naturlig er at transmenn ikke legges inn på kvinneavdelingen, men hvis nødvendig kan det opprettes en egen avdeling for transer. Eksemplet fra Storbritannia handler om hva det statlige helsevesenet gjør, og det er slik vi ser det helt grotesk at det å protestere mot innleggelse transmenn på kvinneavdelinger er sammenlignbart med rasisme.

Absurde implikasjoner

Det syn at en mann som identifiserer seg som kvinne egentlig ikke er en kvinne, eller at det finnes kun to kjønn, står dessverre svakt i innflydelsesrike miljøer i dag. I viktige miljøer kan man bli utstøtt, og ikke bare det, man kan også risikere å bli politianmeldt, dersom man hevder at det kun finnes to kjønn.

> Nylig ble kvinnesaksaktivisten Christina Ellingsen politianmeldt for å ytre at menn verken kan bli kvinner, jenter, lesbiske eller mødre, og at det verken finnes papirarbeid, kirurgiske inngrep eller tankemønstre som kan gjøre at hankjønn blir hunkjønn. Hun har vært inne til avhør, og påtalemyndigheten skal vurdere om de skal opprette tiltale (Nettavisen, lenke nedenfor).

Tiltale? Christina kan altså bli stilt for retten for å ha hevdet at det kun finnes to kjønn.

Nylig ble en deltager i et mesterskap i sportsgrenen «Stein saks papir» diskvalifisert fordi han hevdet at det kun finnes to kjønn:

> ... Sebastian ... og Henrik ... ble kastet ut av «stein, saks, papir»-mesterskap. Aktivist Rio Vik er stolt over å ha sagt ifra. «– Det er personer med disse meningene som dreper transpersoner» (subjekt, link nedenfor).

Aktivisten Rio Vik står sterkt på det standpunkt at det finnes svært mange kjønn, og at de som hevder at det kun finnes to kjønn er medansvarlig for drap på transpersoner. Dette er intet annet enn absurd. Men det finnes flere eksempler.

> Anne Kalvig har ... sagt opp sin stilling som professor i religionsvitenskap ved Universitetet i Stavanger. Hun oppgir mobbing og trakassering over tid som årsaken til at hun sier opp ... mobbingen skjer fra blant annet rektor Klaus Mohn. ... Mohn skal blant annet ha skrevet at det ikke er plass til «slike som henne» i akademia. Kalvig har engasjert seg i debatten om «kvinne» og «kjønnsidentitet». Hun mener personer som er født som menn (biologisk) ikke kan kalles seg kvinner. ... Kalvig er nestleder WDI Norge (Women's Declaration International) som jobber mot at transkvinner kan regnes som kvinner. De mener det er et viktig feministisk punkt (inyheter).

Et sjekkested for lesbiske kvinner i London måtte stenge fordi transer – dvs. menn som påstår at de er kvinner – ble nektet adgang.

Heller ikke verdensberømmelse sikrer en person mot slike absurde reaksjoner.

> The two most notable targets are J.K. Rowling and Richard Dawkins, both cultural influencers who have now been taken to the woodshed for their opposition to the woke* insistence that there are more than two genders. The exceptionally popular author of the Harry Potter series, J.K. Rowling ... continues to be savaged by the ... woke media ... She has violated the woke religious code by her opposition to the transgender agenda. ... Preeminent scientist Richard Dawkins ... is also now being savaged because he referenced the transgender notion of more

---

* «Woke» betyr sterkt venstreorientert.

than two genders as a «distortion of reality» and declared that scientifically, «sex really is binary»; «there are two sexes and that's all there is to it.» (frontpagemag, link nedenfor).

Hvordan er det mulig?

Hvordan kan disse tingene skje? Hvordan kan disse absurde standpunktene bli godtatt av så mange?

For det første: virkeligheten eksisterer uavhengig av noens bevissthet, og den viktigste dyd er å akseptere den og innrette seg etter den. Det er en rekke fakta som bare er og som vi ikke kan gjøre noe med, og det bør man akseptere. Å akseptere virkeligheten som den er, og å rette seg etter fakta og logiske resonnementer basert på fakta, er en dyd som kalles rasjonalitet. Alternativet til denne holdningen er å ignorere virkeligheten, eller å late som om virkeligheten er annerledes enn den egentlig er. De som ikke er villige til å akseptere virkeligheten forsøker da å presse sin ønsketenkning ned over virkeligheten, det de vil er å la sin egne ønsketenkning trumfe virkeligheten.

Denne irrasjonelle holdningen er utgangspunkt for de som tror at man selv kan bestemme hvilket kjønn man har. (Dette går altså ikke på at man ikke ønsker å gå inn i en bestemt kjønnsrolle, det handler om å ikke akseptere at man er født med et bestemt kjønn.)

Overbevisningen om at det finnes flere kjønn enn to, og at man kan endre kjønn, er altså et resultat av å ikke akseptere fakta, det er et resultat av å tro at man kan presse sin egen ønsketenkning ned over virkeligheten. Det er et resultat av å tro at følelser er viktigere enn virkelighetsbasert tenkning og aksept av fakta. Det er et resultat av fravær av rasjonalitet. Det er ren irrasjonalitet.

For det andre: Hvordan kan så mange godta dette? Hvordan kan kvinner akseptere at menn deltar i sportsklasser som burde være og tidligere var forbeholdt dem, hvordan kan kvinner godta at menn soner i kvinnefengsler, hvordan kan kvinner godta at menn benytter dametoaletter, hvordan kan kvinner godta at menn sier at de er kvinner og derved kan snike seg foran dem i når det gjelder inntak på ettertraktede studier? Det er ikke bare svært mange kvinner som godtar dette, i dagens kultur er det også slik at svært mange menn godtar dette.

Dette skjer fordi praktisk talt alle slutter opp om den etiske dyd som heter altruisme. Altruisme er et etisk prinsipp som sier at det som er moralsk høyverdig er å gi avkall på verdier som fremmer eget liv til fordel for andre. Mange kvinner gir avkall på områder som var forbeholdt dem fordi de har lært at det som er moralsk er gi avkall på det som virkelig er godt for dem.

For det tredje: Hvorfor godtar så mange menn dette? (Det er som regel menn som bestemmer at transpersoner/menn kan få sone i kvinnefengsler, kan få delta i sportsklasser tidligere forbeholdt kvinner, etc.) En viktig egenskap ved maskulinitet er en villighet og evne til å til å beskytte og forsvare kvinner. I dette tilfellet innebærer dette å beskytte kvinner mot menn som forsøker å trenge seg inn på områder som burde vært forbeholdt kvinner og kvinner alene. Men dessverre lever vi i en kultur hvor maskulinitet står svakt. Mange menn vet ikke hva maskulinitet består i – de blir altfor liten grad fortalt hva virkelig maskulinitet innebærer – og det vi ser nå på disse områdene er resultat av dette. Grunnen til at mange menn godtar at transmenn skal få anledning til å stille i kvinneklassen er altså at de ikke setter maskuline verdier høyt – eller kanskje ikke vet hva maskulinitet består i.

Kort oppsummering

Før vi avslutter vil vi nevne at mange av de som ønsker å fremstå som et annet kjønn enn det de er født til, blir trakassert og mobbet og ofte utsatt for ting som er verre enn dette. Dette er forferdelig ille, men dette er noe som dessverre ofte skjer og har skjedd overfor minoriteter. Dette har rammet ikke bare transer, men også homofile, personer med en annen hudfarge enn det som er vanlig omkring dem, personer som snakker dialekt, mfl. De som står for slik mobbing er primitive, irrasjonelle mennesker, og dessverre er det mange slike.

At noen som opplever at de ikke helt passer inn i den kroppen de er født med kan få behandling som gjør at de vil trives bedre, er bra. Men mye av det som skjer er svært urettferdig, og ofte farlig, for kvinner. Dette skjer fordi vi lever i en kultur som er preget av irrasjonalitet og altruisme, og at dyden maskulinitet står svakt. For å leve godt må man praktisere dyder som rasjonalitet og rasjonell egoisme. Menn bør praktisere maskulinitet. Hvis man ikke praktiserer disse dydene, men gjør det motsatte, er det umulig å få et godt liv. Og hvis disse dydene ikke dominerer i kulturen, vil det gradvis bli verre for alle. Det er en slik utvikling vi er inne i nå.

Litteratur og lenker

Bahus, Marianne K.: juridisk kjønn i Store norske leksikon på snl.no. Hentet 31. august 2024 fra https://snl.no/juridisk_kj%C3%B8nn

Jessen, Reidar Schei: kjønnsdysfori i Store medisinske leksikon på snl.no. Hentet 31. august 2024 fra https://sml.snl.no/kj%C3%B8nnsdysfori

https://www.youtube.com/watch?v=5-rhLH5lYi4

https://www.iconswomen.com

https://subjekt.no/2023/08/14/det-er-personer-med-disse-meningene-som-dreper-transpersoner/

https://www.frontpagemag.com/j-k-rowling-erased-richard-dawkins-ostracized-for-opposing-trans-dogma/

https://www.nettavisen.no/norsk-debatt/straffbart-a-beskrive-virkeligheten/o/5-95-516368

https://www.thetimes.co.uk/article/objections-to-trans-patients-on-womens-hospital-wards-like-racism-vz309qqtq

https://www.frontpagemag.com/when-chivalry-died/

https://illvit.no/mennesket/hvor-mange-kjonn-finnes-det

https://inyheter.no/18/08/2023/vil-ikke-kalle-transkvinner-for-kvinner-professor-foler-seg-mobbet-til-a-si-opp/

Femininitet og maskulinitet: noen betraktninger[*]

Publisert på gullstandard.no 22. august 2023

Dagsaktuelle fenomener som transebevegelsen, kjønnsdysfori, «toxic masculinity», Andrew Tates popularitet, MeToo-bevegelsen, mm. har ført til økt interesse for hva maskulinitet og femininitet egentlig er. I denne artikkelen skal vi diskutere noen av disse fenomenene, og vi vil komme frem til det vi mener er korrekte definisjoner av disse begrepene.

I utgangspunktet bør man ta for gitt at maskulinitet og feminitet er reelle egenskaper/fenomener, altså fenomener som har sitt utspring i reelle fakta, fakta som er å finne i naturgitte forskjeller mellom menn og kvinner. Man kan finne disse egenskaper hos begge kjønn, men de dominerer – eller kanskje noen vil si bør dominere? – hos et av kjønnene. Mennesket har fri vilje, og enhver kan da skape sin personlighet slik at det legges betydelig vekt på feminine egenskaper eller på maskuline egenskaper – eller at det ikke legges vekt på noen av dem. Kvinner kan fremstå som maskuline, og menn kan fremstå som feminine. Det er ikke noe galt i dette, men når disse to begrepene allikevel har forankring i reelle fakta fører dette til at en diskusjon kan bli noe komplisert. Vi skal derfor innledningsvis forsøke å klargjøre disse to viktige begrepene.

Maskulinitet

Vi begynner her ikke med å se på fakta, vi begynner med å se på vanlige fremstillinger/beskrivelser av disse to fenomenene i kilder som i betydelig grad gjengir holdninger som dominerer innen mainstream: SNL og Wikipedia. Sammen lister disse opp en del elementer som skal være viktige bestanddeler i de to egenskapene.

> Maskulinitet er et fellesnavn på de egenskaper som tradisjonelt karakteriserer den mannlige personlighet i motsetning til den

---

[*] Takk til Per Arne Karlsen som har kommet med enkelte nyttige innspill til denne artikkelen. Han er dog ikke nødvendigvis enig i alle de standpunkter som kommer til uttrykk i artikkelen.

kvinnelige... Mens en del av disse egenskapene antas å ha tilknytning til biologiske kjønnsforskjeller, vil svært mange være bestemt ut fra forskjeller i oppdragelse og rolleforventninger, og variere fra kultur til kultur. En person som innehar både tradisjonelt maskuline og feminine personlighetstrekk kalles androgyn....

Maskulinitet skal da visstnok bestå av egenskaper som

> dristighet/mot, påståelighet, dominans, uavhengighet, instrumentalitet

Femininitet derimot skal bestå av elementer som

> følsomhet, evne til omsorg, estetisk interesse, og opptatthet av eget utseende

Enhver kan se at kvinner kan ha de egenskapene som kjennetegnes av maskulinitet slik det fremstilles her uten at hun blir maskulin eller mindre feminin av den grunn, og tilsvarende kan en mann ha alle egenskapene som kjennetegner femininitet slik det fremstilles her uten at han blir feminin av den grunn. Det er dog muligens slik at et par av de punktene som er nevnt under femininitet i større grad er å finne hos kvinner enn hos menn.

Virkelige forskjeller

La oss gå over til fakta, la oss ta en kikk på virkelighetens verden. Det man ser er at det er klare forskjeller mellom menn og kvinner. Den mest opplagte er at menn er større og sterkere. Dette betyr ikke at alle menn er større og sterkere enn alle kvinner (på omtrent samme alder), det betyr at dersom man betrakter en stor gruppe menn og en stor gruppe kvinner, vil gjennomsnittet for mennene være slik at menn er større og sterkere: de er tyngre, de er høyere, de er raskere, de har større muskelstyrke. (Dette kommer også tydelig frem i en rekke sportsgrener: menn hopper høyere, løper raskere, kan løfte tyngre vekter, kan slå hardere, etc.) Denne egenskapen medfører at menn naturlig har innehatt og fortsatt innehar en rolle som innebærer beskyttelse; beskyttelse av sin partner, sin familie, sitt samfunn, sitt land. Dette illustreres ved det faktum at inntil det siste har menn vært kraftig overrepresentert i yrker som politi, soldat, brannmann.

En annen tydelig forskjell er at kvinner føder barn, og at kun kvinner kan passe på barnet de første månedene det lever: kvinner ammer. Dette innebærer at en kvinne i den første perioden etter at hun har født et barn må være ekstremt imøtekommende og tålmodig: babyer er krevende, og mødre har aldri noe annet akseptabelt valg enn å være totalt imøtekommende den første tiden babyen lever.

En annen forskjell, en forskjell som ikke er like klar som de to vi nevnte rett ovenfor, er at når man skal skaffe seg en partner er det som regel mannen som jakter og kvinnen som blir jaktet på. Dette betyr at mannen har en mer aktiv rolle, og at kvinnen kan benytte visse strategier for å fremstå som et verdifullt mål for en manns interesse og oppmerksomhet.

Slik jeg ser det må begrepene «femininitet» og «maskulinitet» defineres ut i fra disse reelle naturgitte forskjellene mellom menn og kvinner. Maskulinitet må defineres ut i fra det som er en mer eller mindre unik rolle for en mann, og femininitet må defineres ut i fra det som er nærmest en unik rolle for en kvinne. Forskjellen innebærer altså at menn i utgangspunktet har en beskytter-rolle, og at kvinner i utgangspunktet har en rolle som innebærer omsorg for sin nære familie, og at mannen er den som er mest pågående i søken etter en partner.

Vi gjentar at det ikke er noe galt i om en bestemt person, mann eller kvinne, velger en annen rolle enn de vi har nevnt her, men det som vi har satt oss fore i denne artikkelen er å klargjøre hva begrepene «maskulinitet» og «femininitet» egentlig betyr. Selv om begrepene er dannet med utgangspunkt i reelle forskjeller mellom menn og kvinner, betyr ikke dette at det ikke kan finnes feminine menn og maskuline kvinner. Vi vil også gjenta at det ikke er noe galt i dette; det er ikke noe galt ved en mann som velger å ha en mer feminin personlighet, og heller ikke ved en kvinne som velger å ha en mer maskulin personlighet. Som kjent er det slik at ethvert menneske er «a being of self-made soul»; noe som betyr at hver enkelt person skaper sin egen personlighet ut i fra de valg vedkommende foretar. Det viktigste er å leve et godt liv, og hva som er et godt liv for en bestemt person bør den enkelte selv ha all rett til å avgjøre.

Maskulinitet innebærer da en viss fysisk styrke, en evne til i vid forstand effektivt å kunne forsvare og beskytte sine nærmeste. (Den maskuline må selv kunne forsvare; hvis han må ty til innleide mannskaper for å forsvare seg og sine oppfyller han ikke dette kravet til maskulinitet.) Maskulinitet innebærer da at en person må kunne opprettholde det som er nødvendig for å kunne videreføre et godt liv utover det å tjene til det daglige brød. Han må til en viss grad kunne bekjempe og helst motstå et fysisk angrep – hvis han i en slik situasjon stikker av og overlater sine kvinner og barn til sin egen skjebne har han sviktet totalt. Han må også kunne reparere og vedlikeholde ting som brukes i et vanlig hjem: han må kunne skifte en lyspære, han må kunne skifte sikring, han må kunne lappe en sykkel, han må kunne reparere et løst stolben, han må kunne konfigurere en nyinnkjøpt TV, han må kunne sette opp et gardinbrett og sette sammen puslespill fra IKEA. Dersom brødristeren går i stykker må han kunne åpne den med et skrujern, og kanskje ikke nødvendigvis reparere den, men i hvert fall se på innmaten, riste på hodet og si «det er kanskje best om vi kjøper en ny». Jeg sier ikke at han må være like god som MacGyver på slike områder, men hvis han er helt udugelig på dette området vil han ikke fremstå som maskulin. I denne type situasjoner bør han fremstå som situasjonens herre, han bør være den som i en ikke ubetydelig grad behersker vanskelige situasjoner og finner en løsning.

(Jeg så en gang et tips til unge menn om ting de måtte beherske for å beholde sin kjæreste: Hvis kjæresten må ringe til pappa hvis noe må repareres i huset, må han regne med at hun ikke er kjæresten hans så mye lenger; ingen kvinne vil ikke holde ut med en slik mann.)

En mann som har disse egenskapene – evne til å forsvare/vedlikeholde og effektivt å kunne søke etter en partner – vil fremstå som maskulin. Det andre punktet betyr ikke at en mann kontinuerlig må søke etter en ny partner, det betyr bare at han fremstår som om han har evnen til å gjøre det. Hvis han har skaffet seg en god partner vil han ikke fortsette å søke. Det er også slik at denne evnen naturlig nok avtar med alderen. En mann som ikke har disse egenskapene vil ikke fremstå som maskulin.

En kvinne kan selvsagt også ha alle disse egenskapene; poenget her er at en mann som ikke har disse egenskapene vil ikke fremstå som maskulin.

Vi gjentar listen over egenskaper ved maskulinitet fra SNL/ Wikipedia som vi gjenga over: dristighet/mot, påståelighet, dominans, uavhengighet, instrumentalitet. De eneste av disse egenskapene som vi kan se passer inn under «maskulinitet» er muligens dristighet/mot, en egenskap det kan bli behov for i de ekstremt sjeldent forekommende situasjonene hvor det er nødvendig å bruke fysisk makt for å forsvare sine nærmeste. Men selvfølgelig kan også en kvinne være modig uten at det gjør henne mindre feminin.

«Mot» må ikke nødvendigvis bety fysisk mot, det kan også bety intellektuelt mot, og der er det ingen forskjell på menn og kvinner: dette er en egenskap alle bør ha. Påståelighet og dominans er ikke positive egenskaper, uavhengighet er en god egenskap for begge kjønn, noe også instrumentalitet er. Disse egenskapene innebærer da ikke noe skille mellom femininitet og maskulinitet; både kvinner og menn kan ha disse egenskapene.

Feminitet

I den prosessen som innebærer at man skaffer seg en partner spiller kvinnen som regel en mer passiv rolle, og hun kan da følge strategier som gjør henne til et mål som det er lett å bli oppmerksom på, og til et mer verdifullt mål for en manns oppmerksomhet.

Kvinner kan bruke visse strategier for å gjøre seg verdifulle som en partner, strategier som innebærer at hun fremstår som et attraktivt mål, og dette gjøres ved bruk av klær som kan fremheve visse attributter, ved bruk av sminke, ved forseggjorte frisyrer. Det er opplagt at menn flest bruker langt mindre ressurser på slike ting enn kvinner gjør. En mann som er mer passiv i en slik søken-etter-parter-prosess, og som bruker mye ressurser på ting som klær og sko og sminke og frisyre, kan være en utmerket menneske og en aldeles utmerket mann, men han vil fremstå som feminin.

La oss se på et eksempel hvor en kvinne ikke oppfyller disse kriteriene. La oss si at hun jobber som bryggesjauer, et yrke som krever en viss styrke og hvor den største andelen er menn. Vi antar også at denne kvinnen ikke har et varmt forhold til barn, generelt sett. Denne kvinnen kler seg som en bryggesjauer, hun har samme språkbruk som en bryggesjauer, hun fører seg som en bryggesjauer, hun har en frisyre som er typisk for en bryggesjauer, hun sminker seg som en bryggesjauer (dvs. hun bruker ikke sminke), hun bruker like mye smykker som en bryggesjauer (dvs. hun bruker ikke smykker). Når hun skal skaffe seg en partner er hun meget aktiv og pågående. En kvinne som har valgt å være slik kan være et utmerket menneske og en aldeles utmerket kvinne, men hun vil ikke fremstå som feminin.

Definisjoner

Diskusjonen over viser at maskulinitet og femininitet er noe annet enn slik det vanligvis er fremstilt i mainstreamkilder. Slik jeg ser det her er det riktig å definere «femininitet» og «maskulinitet» på følgende måte:

En maskulin person er en som fremstår som en som er i stand til å beskytte/ta vare på sine nærmeste, og til å fremstå overfor mulige partnere på en måte som innebærer at en søken etter en partner kan ende med suksess.

En feminin person er en som fremstår som en som er i stand til og villig til å vise omsorg overfor sine nærmeste, og til å gjøre seg til et verdifullt mål overfor mulige partnere som søker etter en make.

Disse to egenskapene er ikke nødvendigvis knyttet til kjønn, men det som er vanlig er at de fleste menn er eller bør være maskuline, og at de fleste kvinner er eller bør være feminine. Det er dog ikke noe galt ved en person som velger å fremstå på en annen måte enn det som er vanlig, en kvinne kan være maskulin og en mann kan være feminin. Egenskapene er heller ikke (innenfor normale grenser) knyttet til en manns eller kvinnes utseende.

Man kan også legge merke til at i homofile parforhold er det gjerne slik at den ene av de to partene fremstår som mer feminin, og den andre fremstår som mer maskulin. Det er rimelig å tolke alt dette slik at en maskulin person ønsker en feminin partner, og vice versa. Dette gjelder da både heterofile og homofile.

Nå kan man innvende at noe av dette er kun kulturelle forskjeller, og at de ikke er forankret i biologiske forskjeller. Men at menn er sterkere og at kvinner føder barn, er biologiske forskjeller. Det eneste som kan være en kulturell forskjell er at vanligvis er menn mer aktive og kvinner er mer passive i prosessen som innebærer at man skaffer seg en make. Det skal visstnok finnes kulturer hvor kvinnen er mer aktiv i søken etter etter en partner, men slike er svært sjeldne. Mitt syn er allikevel at det som inngår i definisjonene gitt over har utgangspunkt i naturgitte, biologiske forskjeller.

Men mennesket har altså fri vilje, og derfor kan kvinner bli sterke, de kan la være å føde barn, de kan la være å ha interesse for barn, og de kan være aktive i søken etter en partner. Tilsvarende, menn kan skape seg en personlighet som innebærer at de ikke er villige til eller dyktige til å beskytte eller ta vare på sine nærmeste, og til ikke å være aktive i søken etter en partner. Det er ikke noe galt i dette, men dette er allikevel ikke til hinder for at det er korrekt å definere begrepene «maskulinitet» og «femininitet» med utgangspunkt i biologiske forskjeller.

En feilaktig oppfatning av maskulinitet

Enkelte hevder at maskulinitet innebærer at en mann må være fysisk sterk og i god fysisk form, at han nærmest kontinuerlig må sjekke nye damer, at han må tjene mye penger, at han må ha fine biler og fine hus. Ifølge denne oppfatningen skal han også bestemme over sin/sine damer; de skal adlyde ham: han skal ha kontroll på alt de gjør.

En som i betydelig grad oppfyller kravene som dette «idealet» innebærer i dag er den tidligere YouTuberen Andrew Tate. Tate er visstnok tidligere verdensmester i kickboksing, han har nå etablert seg i Romania, og han har visstnok bygget opp en formue på produksjon av porno. Han er dyktig til sjekke opp damer av en viss type og kaliber, og deretter lure dem inn inn i pornobransjen. I en periode hadde han svært mange følgere på sin YouTube-kanal (flere millioner); han ser ut til å ha en viss suksess og gjennomslagskraft når han diskuterer med venstreorienterte og feminister. Han mener at kvinnen skal adlyde mannen, og at hun hører til i hjemmet!

Med denne bakgrunnen er det ikke overraskende at Andrew Tate er beundret av en rekke konservative aktører. Langt mer tragisk er det at han er beundret av et stort antall – vi snakker om millioner – unge menn.

Men som sagt, mange konservative setter ham høyt. Han er intervjuet av Tucker Carlson (link nedenfor), og skribenten John Hawkins sier at

> Andrew Tate is actually an interesting fellow, and I've been
> aware of his existence for much longer than most conservatives

because I dipped my toes in the «Red Pill» world [en referanse til filmen *The Matrix*] for a while and he has been very well known in that sphere. Want to know my initial impression of Andrew Tate, none of which I take it back today? He's a strong, smart, good-looking, highly intelligent, very charismatic, cool, wealthy, marketing genius, who's extraordinary good with women. All those things were true then [Hawkins refererer til en av sine tidligere artikler om Tate], and as far as I can tell, they are true now. This is why he built the following in the «Red Pill» world and in social media, and it's why a lot of conservatives flocked to him when he finally started breaking through on the national scene and began saying things they agreed with about masculinity (link nedenfor).

Våre hjemlige konservative slutter seg til en viss grad til dette. Han var tema for et program på DocumentTV 17. juli 2023, et program som introduseres slik:

Andrew Tate er en forhatt kvinnehater, ifølge mediene. Men stemmer dette? I et intervju med Tucker Carlson fremstår Tate som relativt oppegående. Men å konkludere er vanskelig. Vår tids fiendtlighet mot maskuline verdier er dog skremmende. Dette er hovedtema for dagens sending …. (link nedenfor).

Det som hevdes i denne ingressen er at årsaken til at man er kritisk til Andrew Tate er at man er kritisk til maskuline verdier.

Det er tydelig at de verdier Tate står for beundres av en rekke konservative aktører. Men hvordan er han egentlig?

Egentlig er Tate lite annet enn en rappkjefta og primitiv bølle. Han følger prinsippet om at fysisk styrke er viktigere enn å være smart. På YouTube finner man en video hvor han snakker om «strength vs smart»: «Seriously? Who was right about 2+2? You are smart. I'm stupid. We decide to argue. You say 2+2 is 4. I say 2+2 is 5. You continue to say it's 4, I continue to say it's 5. You continue to say 2+2 is 4 until I am enraged. Now I am enraged and I decide to rip your arms off from your body. You still say No, it´s still 4. I destroy you. Left hook, your chin snaps, your head hits the floor and you die. Seriously, who was right about 2+2?» (youtube, link nedenfor).

«Vi bestemmer oss for å diskutere», sier Tate, og den siste fase av denne såkalte diskusjonen består i at Tate blir forbannet og at han påfører sin opponent så store fysiske skader at han dør. Det er altså slik Tate mener en diskusjon foregår. Dette er intet annet enn et uttrykk for en gammel oppfatning som sier at makt gir rett. Dette er ikke annet enn en primitiv, barbarisk holdning.

Andrew Tate hadde visstnok millioner av følgere på YouTube før hans kanal ble slettet; nå er han visstnok under tiltale i Romania, et land han flyttet til fordi han foretrakk å holde til i et korrupt land hvor han kunne kjøpe seg fri fra forfølgelse av rettsapparatet. (Det finnes video hvor han sier at han liker å leve i et land hvor myndighetene/ politiet kan bestikkes.) Nå er han visstnok arrestert: «Controversial influencer Andrew Tate has been charged in Romania with rape, human trafficking and forming an organized crime group to sexually exploit women. His brother Tristan and two associates also face charges» (BBC). Tate hevder at han er uskyldig, og at han bare blir forfulgt av rettsapparatet i Romania fordi britiske myndigheter vil ha ham vekk, og dette kan skje fordi Romanias rettsapparat er korrupt. Men dette er slik man må regne med når man velger å leve i et korrupt land: kan en som er skyldig bestikke noen for å slippe unna rettsforfølgelse, slik Tate sa han ville ha det, kan andre bestikke noen i apparatet for å ta en som er uskyldig. I et korrupt land kan en som befinner seg høyt oppe i det som kalles næringskjeden plutselig oppdage at han egentlig befinner seg svært lavt i næringskjeden.

Menns styrke skal brukes til beskyttelse. Hvis han bruker den til angrep svikter han alt som er godt, da er han bare en ynkelig kriminell. En mann som bruker sin styrke til å krenke andre er ikke maskulin, han er bare kriminell.

Andrew Tate er muligens intelligent (slik Hawkins påstår), men han er ikke rasjonell. Andrew Tate representerer ikke maskuline verdier, han er bare en voldelig, primitiv rappkjefta bølle. Men en slik person ser ut til å være i stand til å tjene penger penger på kriminell virksomhet, og på å tiltrekke seg lettlurte kvinner. Egentlig burde det ikke overraske noen at konservative aktører ser noe positivt i en slik person.

Det siste som er kommet ut om Andrew Tate er at han har konvertert til islam. Det har ikke vært mulig å finne ut om dette er korrekt eller ikke, men det vil ikke overraske noen som kjenner både Tate og islam.

Man kan lure på hvorfor det her er brukt så mye plass på en figur som Andrew Tate. Grunnen er at han har et stort publikum, at han har mange fans, at det er mange gutter/menn som ser opp til ham som et slags mannsideal, men egentlig er han bare en voldelig kvinnediskriminerende bølle som ikke fortjener hverken respekt eller beundring på andre områder enn som markedsfører og muligens som kickbokser. Ikke på noe vis representerer han virkelige maskuline verdier.

Giftig maskulinitet

Uttrykket «toxic masculinity», som dukket opp for noen år siden, beskrives slik av Wikipedia:

> Toxic masculinity is a set of certain male behaviors associated with harm to society and men themselves. Stereotypical aspects of traditional masculinity, such as social dominance, misogyny, and homophobia, can be considered «toxic» due in part to their promotion of violence, including sexual assault and domestic violence. Socialization of boys often normalizes violence, such as in the saying «boys will be boys» about bullying and aggression.

Ja, denne type oppførsel er giftig, men den har ingenting med maskulinitet å gjøre. Det er intet annet enn primitiv, bøllete oppførsel. At den i visse samfunn forekommer blant gutter/menn betyr ikke at den har noe med maskulinitet å gjøre.

En moderne oppfatning av maskulinitet?

Enkelte har hevdet at styrke hos en mann var viktig i tidligere tider, da arbeidslivet var helt annerledes enn det er nå. Det trengtes styrke for å dyrke jorda, for å hugge skogen, for å jakte. I dag er arbeidslivet annerledes, det man trenger nå er i langt større grad bruk av sin tenkeevne.

Noen mener da at også det som ligger i begrepet «maskulinitet» har endret seg. De kan være med på at i tidligere tider forutsatte maskulinitet en viss fysisk styrke, men nå skal da maskulinitet innebære en evne til å bruke sin tenkeevne i svært stor og merkbar grad. Disse hevder da at vår tids maskuline idealer er personer som Bill Gates, Stephen Hawking og Mark Zuckerberg. Dette er personer som er svært vellykkede på viktige områder, de har utført en enorm produktiv innsats, og de har skapt enorme verdier og de har/hadde store formuer. Menn som disse har posisjon, prestisje, penger, respekt, og de er sikkert også i stand til å imponere damer, men jeg kan ikke klare å se dem som maskuline idealer: maskulinitet er noe annet enn ytre suksess.

Men man må huske på at selv i tider da det var større behov for fysisk styrke, måtte man også bruke sin tenkeevne. Å bygge et hus eller en hytte, å dyrke jorda, å jakte på en effektiv måte, er oppgaver som krever store kunnskaper og stor innsikt i hvordan materialer, dyr, og hele naturen, fungerer.

Å si at dagens tilværelse krever mindre styrke enn det som var nødvendig i tidligere tider, og at derfor bør innholdet i begrepet «maskulinitet» endres, er etter mitt syn ikke en riktig vurdering. Mennesker har til alle tider hatt bruk for sin tenkeevne, og det er alltid behov for vedlikehold i hjemmet, og det kan bli behov for bruk av fysisk styrke selv i dag, og mitt syn er at disse elementene må inngå i en riktig forståelse av begrepet «maskulinitet»; det er altså ikke holdbart å si at innholdet i begrepet «maskulinitet» bør endres slik at det legges mindre vekt på fysisk styrke og større vekt på tenkeevnen.

For alle
Målet er – eller bør være – å leve et godt liv, og for å oppnå dette må man praktisere visse dyder: rasjonalitet; ærlighet; produktivitet; integritet; uavhengighet; rettferdighet. En annen viktig dyd er det som kalles moralsk ambisiøsitet, en dyd som innebærer at man hele tiden forsøker å forbedre seg slik at man blir et bedre menneske. Det er denne dyden som kalles stolthet. Man må også følge prinsippet som sier at man ikke skal initiere tvang overfor andre. Prinsippfasthet og langsiktighet er inkludert i disse dydene; de er inneholdt i dyden rasjonalitet. Man bør også være aktiv både mentalt og fysisk, og dette inkluderer å holde sin kropp i orden ved riktig kosthold og ved riktig mengde og type fysisk aktivitet.

Det er dog ikke slik at man automatisk får et godt liv hvis man følger disse dydene, man kan bli rammet av ting som man ikke har herredømme over: sykdom, økonomisk krise, kriminalitet, krig. Men det er slik at hvis man unnlater å følger de nevnte dydene, er det svært lite sannsynlig at man får et godt liv.

Dette er dyder for alle, for menn og kvinner, for de maskuline og for de feminine. De definisjoner av maskulinitet og feminitet som jeg har gitt over må forstås innenfor de rammer som prinsippene nevnt over, setter.

Ja, det er slik at det er overvekt av kvinner i omsorgsyrker, og det er overvekt av menn blant ingeniører. Dette kan være en implikasjon av det faktum at små barn ofte har forskjellige preferanser: de fleste jenter ønsker å leke med dukker, de fleste gutter ønsker å leke med biler og byggesett – og den grunnleggende årsaken til dette kan være biologisk. Men dette gjelder ikke alle, noen jenter leker på samme måte som gutta og noen gutter leker på samme måte som jentene.

Jeg kan dog ikke se at det er naturgitte forskjeller med hensyn til utøvelsen av dydene: det er ikke slik fra naturens side at menn er mer rasjonelle enn kvinner, det er ikke slik at menn er mer produktive enn kvinner. At kvinner har lavere lønn kommer som regel av at de har kortere utdannelsen enn menn, at de har tatt en pause fra utdannelsen eller arbeidslivet for å ta seg av barn, og at de er mindre villige til å påta seg de lange arbeidsdagene som høyere stillinger som regel innebærer. Disse forskjellene kommer ikke av at kvinner er mindre produktive eller mindre dyktige.

Dydene nevnt over er like gyldige og forekommer i like stort omfang både for de maskuline og for de feminine; det er ikke slik at de forekommer i større grad hos de maskuline enn hos de feminine, eller vice versa.

Avslutning

I all hovedsak: kvinner beundrer og ser opp til maskuline menn, og menn ser opp til og beundrer feminine kvinner. Men det er ikke noe galt ved de som har andre preferanser, det er ikke noe galt ved en mann som fremstår som lite maskulin eller som feminin, og det er ikke noe galt ved en kvinne som fremstår som lite feminin eller som maskulin.

De vanlige beskrivelsen av maskulinitet og femininitet inkluderer dels egenskaper som ikke er typiske eller unike: kvinner kan være både modige og uavhengige og instrumentelle uten at det gjør dem mindre feminine, og menn kan ha evne til omsorg, estetisk interesse samtidig som de hverken er påståelige eller dominerende, uten at det gjør dem mindre maskuline. Menns fysiske styrke skal brukes til beskyttelse; dersom en mann bruker den til ulike former for trakassering og angrep, er dette i strid med den type oppførsel som virkelig maskulinitet innebærer.

Jeg kan ikke se annet enn at de tradisjonelle beskrivelsene ikke er spesielt treffende, men her skal jeg ikke spekulere på hvorfor de er blitt så feilaktige; jeg skal ikke spekulere på hvorfor mainstreamoppfatningen av maskulinitet og femininitet er så gale; det er tema for en annen artikkel.

Lenker

https://no.wikipedia.org/wiki/Maskulinitet

https://snl.no/maskulinitet

https://en.wikipedia.org/wiki/Toxic_masculinity

2+2=5:

https://www.youtube.com/shorts/QOpJnAZXiRw

Tucker Carlson intervjuer Andrew Tate:

https://www.youtube.com/watch?v=uAbERCAe9iI

John Hawkins:

https://www.culturcidal.com/p/the-truth-about-andrew-tate

Tate på documentTV:

https://www.document.no/2023/07/17/doc-tv-er-andrew-tate-en-trussel/

«Grotesk og egosentrisk» om helse, innovasjon og ambisjon

Publisert på gullstandard.no 19. februar 2024

Noen ord i overskriften er satt i anførselstegn, dette fordi det er et sitat, et sitat hentet fra forsiden av Dagsavisen 7. februar, hvor den er brukt som lokkemat for et intervju med professor Thomas Hylland Eriksen.

Professor Hylland Eriksen er en av Norges aller mest brukte rikssynsere, dette til tross for at han som regel viser svært liten innsikt i og forståelse for de problemstillinger han uttaler seg om. Nedenfor linker vi til artikkelen publisert i Dagsavisen, og her vil vi kommentere noen av de poengene han kommer med i dette intervjuet. (Vi vil dog nevne at en del av det han sier virker relativt fornuftig og ukontroversielt, og vi kommenterer ikke disse punktene.)

Intervjuet, som strekker seg over tre hele avissider, inkludert et stort fotografi av Hylland Eriksen, tar utgangspunkt i noe som avisen omtaler som jakten på evig liv. Det er dog ikke snakk om evig liv i religiøs forstand, det handler ikke om at vi skal bli/være udødelige i en annen tilstand etter at vi har avsluttet vårt jordiske liv, det det handler om er forskning som har som mål å forlenge livet; vårt inntrykk er ikke at Hylland Eriksen snakker om *evig* liv, bokstavelig talt.

Artikkelens ingress lyder som følger:

> Det [forskning som har som mål å finne metoder som kan gjøre livet lenger] minner meg om styrtrike mennesker som vil til Mars, og som bygger kostbare overlevelsesrom med tanke på kommende katastrofer. Jeg synes det er grotesk og egosentrisk, sier Thomas Hylland Eriksen.

Det er tre poenger her: overlevelsesrom, å reise til Mars, og egosentrisme. Overlevelsesrom har vi liten sans for, selv om slike muligens kan føre til at noen få mennesker vil kunne unngå en katastrofe som for eksempel krig, pandemi eller jordskjelv, men hvis en slik katastrofe skulle inntreffe er det lite å overleve til etterpå. Det man bør ha er fredelige, harmoniske, velstående samfunn slik at man har muligheter til å utfolde seg, og slik at det er mange mennesker man kan omgås og handle med. Etter en katastrofe hvor mange dør og det meste blir ødelagt, vil det være ganske stusslig å leve, selv om man overlever sammen med noen viktige eiendler og noen utvalgte venner og familiemedlemmer. Så, slik vi ser det er overlevelserom ikke noe å satse på.

Men i motsetning til Hylland Eriksen synes vi at det å reise til Mars er en god ide. Hvorfor skulle det ikke være det? Antagelig var det noen som sa omtrent følgende til Columbus omkring 1490: «hva i alle dager skal du over havet etter? Hva er vitsen med å finne sjøveien til India? Hvorfor kan du ikke like godt bli her i Genova slik som din far og din bestefar? Tror du at du er mere verdt enn dine klassekamerater og dine venner? Tror du virkelig at du kan overtale så mange rike mennesker til å finansiere denne reisen at du kan gjennomføre dette? Tror du at du er en stor mann som skal gjøre store bragder og bli en viktig person i verdenshistorien? Tror du at noen kommer til å huske deg om 500 år? Nei, gutt, det du snakker om er galmannsverk, og du kommer til å bli glemt som alle andre, men hvis du blir husket så blir det som en gal person som kastet bort masse penger og mannskaper og skip på en håpløs oppgave».

Man kan ikke si sikkert at ordene virkelig falt slik, men det har alltid vært slik at de som har funnet og gått nye veier, de som har åpnet stengte dører som de fleste ikke trodde en gang var der, de ble og blir ofte møtt med latterliggjøring og hån og motstand fra den kompakte majoritet.

Oppdagelsesreiser, både til sjøs og på alle andre områder (til polene, til høye fjell, til de store havdyp, gjennom ørkener og urskoger, ut i verdensrommet, og inn i menneskets kropp, inn i menneskets sinn) er gode ting og kan bringe ny og viktig kunnskap til menneskeheten, kunnskap som kan gjøre menneskers liv bedre.

Hylland Eriksen ser ut til å være en ivrig talsmann for en antiambisiøs mentalitet, han tar stolt på seg oppgaven som talsmann for den kompakte majoritet som er fornøyd med det som er og som bekjemper de som har en positiv visjon om en bedre fremtid. Vi derimot, vi er absolutt for at vi mennesker skal forsøke å finne nye veier, oppdage nye ting, reise til nye steder, og hvis noen klarer å reise så mye kapital som er nødvendig for å reise til en annen planet så sier vi «Stå på og lykke til!!».

Og hva er galt med å være egosentrisk? Hver enkelt av oss har kun ett liv, og det er absolutt ikke noe galt i – snarere tvert imot – å gjøre sitt beste for leve dette livet så godt man overhodet kan. Man må dog merke seg at et godt liv innebærer å ha et godt forhold til sine nærmeste, det vil si til sine nærmeste slektninger og til sine kolleger og sine venner – hvis de da ikke gjør seg fortjent til noe annet; vanskelige personer, enten de er slektninger eller venner eller kolleger, bør man ikke ha noe å gjøre med. Det er også svært viktig at man er produktiv, man bør altså arbeide, skape verdier, slik at man kan leve et godt liv (et godt liv innebærer forbruk, og det som forbrukes må først produseres), og vårt syn er at ord som «egoisme» og «egosentrisme» betegner gode ting, ting som virkelig gjør livet bedre for den enkelte. Det er kun maktmennesker, personer som har som mål å styre og dirigere andre mennesker, som er imot dette. Maktmennesker har vi intet til overs for.

Journalisten spør om hvorfor dette med overlevelsesrom er grotesk, og Hylland Eriksen svarer:

> En ting er at dette er en løsning for de veldig privilegerte. Om det skulle bli muligheter til å forlenge livet drastisk skal ingen komme og fortelle meg at fattige folk i Bangladesh vil få det samme tilbudet som mangemillionærer i New York».

Hylland Eriksen mener altså at et tilbud er grotesk fordi det ikke med en gang kommer til alle, til både fattig og rik, han mener det er kritikkverdig at de rike får tilbudet først.

Men slik er det jo med alt. Nye ting kommer, til å begynne med er de dyre, bare de rike får kjøpt dem fordi det er bare de som har nok penger, produsentene får inntekter og kan øke produksjonen (hvis da ikke staten legger hindringer i veien for produksjon), ting blir billigere og flere får råd til dem. Det finnes et enormt antall eksempler som bekrefter dette; vi kan bare nevne TV, eller som det het for 60 år siden, fjernsynsapparat. Omkring 1960 var det her i Norge bare et lite fåtall husstander som hadde TV. Nå, mer enn 60 år senere har praktisk talt alle husstander TV, og mange har flere TVer. De er også blitt langt billigere enn de var da. Hva med mobiltelefoner? For 25 år siden var det praktisk talt ingen som hadde mobiltelefoner, men nå har jo praktisk talt alle mobiltelefon. Akkurat den samme utviklingen har vi sett når det gjelder automobiler, datamaskiner, vaskemaskiner, kjøleskap, mikrobølgeovner, mmm.

Å bruke som innvending mot et nytt tilbud at det bare kommer til de rike og ikke til de fattige, er bare så grenseløst uintelligent og virkelighetsfjernt at man nesten må være professor for å mene noe slikt.

Et stykke ut i artikkelen leser vi følgende:

> Han tror den evige jakten på Ungdomskilden handler om det moderne menneskets klokketro på teknologisk kontroll.

Det dette handler om er å leve bedre, å leve med færre plager, å sjeldnere bli rammet av sykdom, og å leve lenger. Vi kan overhodet ikke se at det er noe negativt i dette; slik vi ser det er dette bare positivt.

At man får stadig større kontroll med flere og flere ting er et stort gode. Ved å bruke teknologi ikke bare til å behandle sykdommer, men også til slike ting som å kunne leve bedre som resultat av god hygiene og bedre kosthold, har gjort livet til de som bor i Vesten langt bedre enn det er for de som bor utenfor Vesten, og langt bedre enn det var i Vesten for noen århundrer tilbake. Hylland Eriksen sier riktignok ting i intervjuet som slutter opp om dette, men han ser ut til å mene at selv om vi har oppnådd gode ting til nå, så er det ikke nødvendig å fortsette å forsøke å oppnå ytterligere forbedringer på disse områdene. Vi, derimot, har det stikk motsatte synet av det Hylland Eriksen har; vi sier at man bør fortsette med å forske på alt mulig som kan gjøre våre liv bedre, sunnere, og lengre.

> Hva vil det si å være menneske? Er det å være en individualist som skal proppe seg med piller, trene og drive med biohacking for å forlenge livet? Eller handler om å overgi seg til noe større, akseptere at du ikke kan bestemme over alt selv? undrer han.
> Fra et evolusjonsperspektiv er ikke spørsmålet hvorfor vi ikke kan leve evig, men hvorfor vi fortsetter å leve flere tiår etter at vi ikke lenger forplanter oss.

Ved å bruke uttrykk som å «proppe seg med piller», forsøker Hylland Eriksen å latterliggjøre det å gjøre sitt beste for å leve et sunt og godt og langt liv, og det skulle være unødvendig å kommentere dette poenget ytterligere.

Hylland Eriksens forestilling om å overgi seg til noe større, mener vi er helt feil. Mennesker eksisterer som individer, det er individer som tenker og handler, og individer bør ha frihet til å tenke og handle slik de ønsker og slik de finner er best for den enkeltes eget liv, dog slik at man ikke initierer tvang mot andre mennesker.

Nei, vi kan ikke bestemme alt selv, men det er en logisk feilslutning å trekke fra dette den konklusjon at vi egentlig ikke bør bestemme noe selv.

Virkeligheten er gitt, og vi har visse forutsetninger som er gitt fra fødselen, og hver enkelt bør gjøre det best mulige ut av de forutsetninger vedkommende har. Alle kan rammes av sykdom eller ulykke, men ved å leve på riktig måte kan man sterkt redusere sannsynligheten for å bli rammet av slike ting.

Hylland Eriksen spør om hvorfor vi fortsetter å leve etter at vi ikke lenger forplanter oss, men hva så? Hvert individ lever, det har mulighet til å gjøre nyttige, gode og gledelige ting, og hvorfor i alle dager skal man slutte med det før det er helt nødvendig? Vi er absolutt for at man bør gjøre sitt beste for å leve så lenge som man ønsker. Fra et evolusjonsperspektiv kan man godt stille det spørsmålet Hylland Eriksen stiller, men svaret er at de aller aller fleste individer ønsker å leve så lenge som mulig og så godt som mulig, det vil si uten å være plaget av slike ting som sykdom, ulykker, kriminalitet, krig. Ved å velge å leve i samsvar med riktige ideer og riktige verdier og riktige prinsipper kan man redusere muligheten for å komme ut for de tingene vi nettopp nevnte, men noen av dem må dominere i samfunnet man lever i for at de skal ha noen effekt. (For eksempel, dersom et samfunn domineres av en holdning som innebærer ettergivenhet overfor kriminalitet vil dette føre til mer kriminalitet, og dermed til økt sannsynlighet for å bli rammet av svindel, innbrudd, overfall, ran, voldtekt, drap. Hvis man lever i stater som viser ettergivenhet overfor tyranner og frihetsfiendtlige ideologier, vil dette øke sannsynligheten for at man blir utsatt for et militært angrep eller for terrorisme.)

> Hva som skjer når vi dør er et mysterium.

Det som skjer når man dør er at livet opphører, og da er alt slutt. Rasjonelt sett finnes det ikke noe liv etter døden, med andre ord er det som skjer når vi dør ikke et mysterium.

> Kanskje [innebærer] døden.... At du gir avkall på din individualitet, ditt ego.

Døden innebærer at man gir avkall på alt, selv om det kanskje feil å si «gir avkall på» – døden kommer enten man vil eller ikke, den er et faktum, og fakta bør man bare innrette seg etter.

> En fullassortert religion gir trøst. Ikke minst gjør den det mulig for deg å forsone deg med din egen og andres dødelighet.

Religioner er lite annet enn eventyr, og det er bare lettlurte personer som virkelig tror at en religion gir trøst. Dog, det nettverk man får ved å assosiere seg med og å omgås likesinnede, er for de fleste en svært positiv verdi i deres liv, og religiøse samfunn gir ofte slike nettverk. Dette har allikevel ingenting med religionens holdning til døden, og et mulig liv etter døden, å gjøre.

Hylland Eriksen kommer også inn på kryonikk; å fryse ned kroppen når man dør slik at den kan gjenopplives når vitenskapen en gang i fremtiden har funnet en kur for det man døde av slik at man kan fortsette livet mer eller mindre der hvor man slapp. Enkelte som har planlagt å la seg fryse ned på denne måten sier at formålet er å treffe sine tipptipptippoldebarn, eller å se ut hvordan verden er blitt om 300 år.

Til dette med kryonikk vil jeg si at kroppen er en svært komplisert maskin (selv om kanskje «maskin» ikke er det rette ordet å bruke her), og at bevisstheten, som utfører/inneholder ting som sansing, observasjon, vurderinger, dannelse av verdier og prinsipper, erfaringer og minner, er resultat av et kolossalt antall kompliserte kjemiske og fysiske prosesser i kroppen og spesielt i hjernen. Svært små skader på hjernen kan føre til kolossale endringer ikke bare i helsetilstand, men også i personlighet – det finnes utallige eksempler på at personer etter en skade på hjernen har mistet hukommelsen, mistet deler av hukommelsen, eller forandret personlighet. Når man dør begynner elementene i kroppen å ødelegges umiddelbart, og det å tro at man kan fryses ned rett etter at man er død, at man kan oppbevares i nedfryst tilstand i kanskje noen hundre år, og så gjenopplives slik at man har omtrent den samme personligheten som før man døde når man gjenopplives, er en så lite plausibel forestilling at vi ikke kan si annet enn at de som tror på dette antagelig har den samme type mentalitet som de som tror på et liv etter døden (slik dette fremstilles i fundamentalistisk kristendom eller islam), eller reinkarnasjon (slik den forstås i hinduismen og buddhismen).

Allikevel, slik nedfrysing kan antagelig gi en slags trøst for denne type mentalitet. Hylland Eriksen er positiv til den type trøst en religion kan gi, men det ser ut som han er sterkt negativ til den trøsten man kan få ved å tro på kryonikk.

Jeg vil dog si at det ikke er totalt urimelig å tro at man kan gjenopplive en kropp som har dødd og som er blitt oppbevart i dypfryst tilstand i en lang periode, men å tro at et menneske, etter at det har vært gjennom en slik prosess, har en bevissthet som inneholder noe av det som var i bevisstheten til den som personen som ble fryst ned, er fullstendig umulig; det er like umulig som å akspetere at Jesus virkelig vekket Lazarus opp fra de døde.

> ... alle [religioner] har til felles at de har svar på hva som skjer når du dør.

Dette er feil. Det alle religioner serverer når dette spørsmålet dukker opp er ikke et svar, det er en bløff.

Lenger ut i intervjuet leser vi følgende:

> Thomas Hylland Eriksen har liten tro på at du vil oppnå evig liv ved å jogge og spise gulrøtter hver morgen.

Igjen bruker Hylland Eriksen en formulering som innebærer at han ønsker å latterliggjøre forsøkene på å leve bedre og sunnere og lenger. Som nevnt over tror vi ikke at Hylland Eriksen bokstavelig talt mener evig liv, selv om han i intervjuet tillegges denne formuleringen, det det er det er snakk om er å leve lenger og å leve slik at man blir mindre plaget av sykdom.

La oss si litt om å leve lenger før vi kommenterer poenget om evig liv. Hvis vi går noen hundre år tilbake var levealderen mye kortere enn den er i dag, mange barn døde tidlig, og voksne levde sjelden til de var mer enn cirka 40 til 50 år. I dag er forventet levealder i Vesten omkring 80 - 85 år, og barnedødeligheten er svært nær null. Så å si alle betrakter dette som en god ting; det er tragisk å miste sine kjære, spesielt å miste sine barn, og man bør leve så lenge at man kan bli kjent med og til en viss grad ta seg av barn og barnebarn – og gjerne enda lenger.

Hvorfor skulle det være galt å forsøke å øke levealderen til 100, 120, eller kanskje 150? Det er mye nyttig og gledelig man kan gjøre i livet, og jo lenger man lever, jo mer kan man gjøre av slike ting. Man kan ha et givende arbeid, man kan være kreativ, man kan være entreprenør, man kan reise, man kan spise god mat, man kan oppsøke interessante steder, man kan dyrke hobbyer, man kan drive idrett, man kan nyte kunst, man kan spille sjakk eller bridge eller golf eller man kan spille dataspill, man kan omgås venner og kjente, og så videre. Alt dette er nyttig og gledelig for dem som opplever disse tingene, og jeg kan ikke se at det overhodet finnes noe argument for at man ikke skal forsøke å forlenge den tiden man kan gjøre slike ting.

Så, jeg er absolutt for at man skal forsøke å leve lenger. Men er det noe ønske om å leve evig? Jeg tror ikke det. Etterhvert som man blir eldre har man sett det meste, opplevd ganske mye, og ønsker om å oppleve nye ting blir unngåelig mindre.

Barn ser med spenning og forventning frem til det meste, dette fordi for dem er alt nytt; de har ikke store mengder erfaringer å se tilbake på. Men ettersom man blir eldre vil mye av det man kommer ut for, selv om det er mennesker man ikke har møtt før eller steder man ikke har besøkt eller bøker man ikke har lest, ligne på ting man tidligere har hatt kontakt med. Vi vil derfor tro at livslysten blir noe redusert etterhvert som man blir eldre, dette poenget er velkjent og er nedfelt i uttrykk som å bli «mett av dage».

Sagt på en annen måte, hvis man lever veldig lenge blir man lei av det meste, man har sett alt før, det kommer svært sjelden eller aldri nye ting og man blir lei. Dessuten, slike ting som den biologiske basis for alt, kroppens funksjonsevne inkludert slike ting som syn, hørsel og hukommelse, bli svakere. Ja, man kan sikkert forbedre dette til en viss grad, men jeg vil allikevel tro at aldringsprosessen kun kan svekkes og utsettes, jeg blir vil bli svært overrasket hvis det viser seg at man kan stoppe aldringsprosessen.

Men allikevel, selv om man klarer å stoppe aldringsprosessen og at man derved kan leve evig mens man er fysisk på toppen, noe man er når man er rundt 40-45 år gammel, tror jeg allikevel at man blir lei hvis man har levd et par hundre år.

Så, mitt syn er at ingen egentlig vil ha evig liv, men de fleste vil ha et noe lenger liv enn det som er vanlig i dag. Hvis man klarer å forsinke aldringsprosessen slik at man lever til man blir 120 eller 150, tror jeg at de aller fleste vil se på dette som en god ting.

> Hylland Eriksen selv er fan av tanken om å bli kompostert når han dør. «Da kunne jeg kanskje gi næring til noen eiketrær eller dyr. Det vil jeg oppleves som veldig meningsfullt, for da er du en del av noe som er større enn deg selv nemlig den globale økologien.»

Til dette vil vi bare si at absolutt alt som lever tar opp næring, det vil si spiser mat i en eller annen form, men også at alt som lever *er* mat i en eller annen form. Det er bare slik det er, og slik er det enten vi vil eller ikke. Man kan god si at vi er en del av et kretsløp, og det er slik det er, og det må vi bare akseptere. Vi kan allikevel ikke se at dette har noen betydning for det livet man lever.

Vi er svært lite imponert over de innsikter som Dagsavisen formidler fra professor Hylland Eriksen i dette intervjuet. Det samme vil vi si om alt vi har sett av det professor Hylland Eriksen har gitt uttrykk for i et stort antall bøker og over enda flere spaltemeter i pressen i flere tiår.

Det Hylland Eriksen gir uttrykk for er egentlig en motstand mot ambisjon, både med hensyn til å leve eget liv bedre og lenger, og med hensyn til teknologi. Han driver endog med latterliggjøring av de som har ambisjoner på dette feltet; han bruker formuleringer som «proppe seg med piller», «drikke rare smoothies». Han latterliggjør også de som har ambisjoner om å reise til steder ingen har vært før.

Det Hylland Eriksen gjør her er intet annet enn å opptre som talsmann for Janteloven, hvis hovedpoeng er at man ikke skal tro at man er bedre enn andre. Janteloven er kritisk til alle som har ambisjoner om å gjøre noe annerledes enn det de som er rundt dem synes er tilfredsstillende. Man kan kanskje lure på om jeg tar i for sterkt her, men Hylland Eriksen sier dette eksplisitt: «Det ... som er litt usjarmerende er troen på at du selv er så viktig». Det Hylland Eriksen da er talsmann for er altså intet annet enn stagnasjon – og stagnasjon er ikke en stabil tilstand, stagnasjon fører alltid til forfall: alternativene er kun vekst eller forfall.

Lenker
https://www.dagsavisen.no/tema/livsstil/2024/02/07/forskere-jakter-pa-evig-liv-doden-er-en-sykdom-som-skal-helbredes/

https://no.wikipedia.org/wiki/Janteloven

https://geirlevisblogg.wordpress.com/2023/02/11/thomas-hylland-eriksen-norges-storste-bloff/

Etterord: hvordan står det til?

Innledningsvis nevnte vi at for å fungere godt i virkeligheten må man forstå den, og metoden for å forstå den er rasjonalitet. Skal man oppnå et godt liv – og bygge gode samfunn – må man være rasjonell, man må akseptere fakta og i sine resonnementer må man følge logikkens lover. Man har ett liv, man skal leve i om lag 100 år, og man bør gjøre sitt beste for å leve så godt som mulig. Dette innebærer at man må basere seg på rasjonelle verdier og følge rasjonelle prinsipper. Formålet med dette etterordet er å kort kommentere noen rasjonelle verdier og prinsipper, og å se på det som blir – eller kan bli – resultatet når man følger dem eller når man ikke følger dem.

Rasjonelle verdier og prinsipper

Ærlighet, integritet, rettferdighet og produktivitet er rasjonelle dyder, og prinsippet om å ikke initiere tvang mot andre er et rasjonelt prinsipp. Å si at disse dydene og prinsippene er rasjonelle betyr at man kommer frem til dem ved å følge de prinsipper som rasjonalitet innebærer, og denne metoden har vi beskrevet bokens første kapittel.

Å handle i samsvar med slike verdier og prinsipper er en viktig forutsetning for å kunne leve et godt liv. De er *nødvendige* forutsetninger, men de er ikke *tilstrekkelige* forutsetninger; selv om man følger dem er man ikke sikret et godt liv; selv om man følger dem kan man bli rammet av ødeleggende ting man ikke har kontroll over; sykdom, kriminalitet, krig. Blir man rammet av slike ting vil sannsynligheten for å få et godt liv bli kraftig redusert. Ved å følge rasjonelle prinsipper kan man dog sterkt redusere sannsynligheten for å bli rammet av slike ting.

Ærlighet innebærer at man ikke skal lyve, ikke for andre og heller ikke for seg selv. Å lyve er å ignorere eller fornekte relevante fakta, eller å fremstille resultater av fantasi og oppspinn som om de var fakta. Det burde være enkelt å forstå at ærlighet er en forutsetning for å kunne fungere godt i virkelighetens verden. Er man uærlig lurer man seg selv og/eller andre; enten ignorerer man virkelige hindringer og problemer, eller så baserer man seg på at ikke-eksisterende problemer er virkelige problemer.

Å ha integritet er å konsekvent handle i samsvar med de prinsipper og verdier man har; dette er en forutsetning for at man skal kunne bli tatt på alvor, at man er en person som andre kan stole på. Å ha integritet er også en forutsetning for å kunne trives med seg selv, med sin fortid og med sine tidligere valg.

Å være rettferdig innebærer at man behandler andre mennesker slik de gjør seg fortjent til ved de valg de foretar.

For å kunne leve godt må man forbruke, og det man forbruker er ikke gitt i naturen, det må produseres. Ja, enkel mat er å finne i naturen, men klær og hus og biler og datamaskiner og mye annet som er nyttig og godt må selvsagt produseres, som regel ved å utføre svært kompliserte prosesser. Den riktige holdningen er da å produsere noe selv, og for det man har produsert kan man bytte til seg ting som andre har produsert. Dette skjer i praksis ved at man jobber (som er å produsere noe), tjener penger, og for de pengene man tjener kjøper man det man trenger og ønsker seg (som andre har produsert). Produktivt arbeid er også et av de aller viktigste elementer i et godt liv; det heter at «lediggang er roten til alt ondt», og selv om denne formuleringen er satt noe på spissen inneholder dette ordtaket en viktig sannhet. Å arbeide produktivt er å bruke sine evner i verdiskapning, det er å gi sin kreativitet et konkret uttrykk i virkelighetens verden: produktivt arbeid gir livet mening, og bør være den sentrale aktivitet i ethvert menneskes liv. (Å være produktiv er ikke det samme som å tjene penger; man kan tjene penger uten å være produktiv, og man kan være produktiv uten å tjene penger.)

Å ikke initiere tvang innebærer at man ikke stjeler eller svindler andre, og at man ikke initierer vold mot andre personer (vold er kun legitimt i nødvendig selvforsvar). De som stjeler og svindler og initierer tvang og vold er kriminelle, kriminelle havner i fengsel (i hvert fall i samfunn hvor rasjonelle verdier står sterkt), og dette er ikke forenlig med å leve et godt liv.

Vi kan også nevne prinsippet om at man bør ha en sunn sjel i et sunt legeme; skal man leve et godt liv må man gjøre sitt beste for å være frisk både mentalt og fysisk, og dette innebærer slike ting som at man aktivt bruker sin tenkeevne til kontinuerlig å forstå og å lære, og det innebærer at man bør ha et godt kosthold, noe som innebærer at man er forsiktig med bruk av rusmidler, og at man bedriver en passe mengde fysisk aktivitet for å holde kroppen i god stand.

Hvis man ser omkring seg i dag så vil man si at mange i betydelig grad oppfyller disse riktige prinsippene, men det er også betydelig andel som ikke gjør det.

Å ikke følge rasjonelle verdier og prinsipper
Vi har nevnt noen rasjonelle dyder og prinsipper, men hvor utbredt, hvor stor oppslutning, har slike verdier i dag?

ÆRLIGHET
Hvordan forholder folk flest seg til dyden ærlighet i dag? Det er svært vanskelig å svare på dette, men det vi kan si noe om er det man leser i pressen. Pressen skriver for det meste om kjendiser – politikere, skuespillere, sangere, TV-stjerner – og det kommer stadig avsløringer om at en kjendis har opptrådt uærlig. Politikere og kjendiser har løyet om alt fra utroskap og vitnemål og eksamener til bostedsadresser og tidligere stillinger for urettmessig å utnytte tilskudds- og støtteordninger, og om inntekts- og skattemessige forhold for å oppnå en eller annen fordel. Det ser allikevel ut som om personer som fremsetter åpenbare løgner ikke opplever merkbart negative konsekvenser for sine karrierer eller vennskapsforhold.

For noen år siden besvarte en fremtredende politiker et spørsmål med en ren løgn under et TV-intervju. Da intervjueren konfronterte ham med dette ba han reporteren stoppe opptaket og om å få besvare spørsmålet på nytt. Denne politikeren ble senere statsminister i Norge. At det ikke står bedre til i andre land burde være opplagt for enhver, man kan for eksempel se på hvordan dagens ledende politikere i USA har forholdt seg til sannheten; de har gått langt over grensen for det som enkelte beskriver som «funksjonelle løgner». Allikevel får slike politikere titalls millioner stemmer i valg.

Dette kan tyde på at holdningen i kulturen er slik at de fleste ikke bryr seg om hvorvidt en person lyver eller ikke.

Det finnes ulike typer løgner, noe som er kommentert slik i en artikkel på forskning.no:

> Direkte løgn: Du blir for eksempel spurt om du har mottatt et brev. Hvis du lyver her, er det snakk om den mest åpenbare formen for løgn.
>
> Den andre typen er «funksjonelle» løgner, der du lyver for å ta hensyn til andre. Slike små unnaluringer finner vi på hele tiden.

Når en kvinne spør mannen sin om hun ser slank ut i de nye buksene, bør mannen alltid si at hun gjør det. Og kvinnen bør rose sin håpløse handyman for den hyllen han har spikret opp – selv om alt hun setter på den, velter.

Dette tenker vi ikke nødvendigvis på som løgner. Vi fordreier sannheten hele tiden, typisk slik at historien stiller oss selv eller de vi er sammen med i et mer positivt lys. Slike «hvite løgner» bruker vi når vi navigerer i virkelighetens kaos.* (link nedenfor).

Det riktige er å unngå også «hvite løgner», det som i sitatet over kalles «funksjonelle løgner». Dessverre ser det ut til at uærlighet, eller det å fremsette usannheter, er nokså utbredt: «Vi fordreier sannheten hele tiden» – men å fordreie sannheten er irrasjonelt.

Sitatet fra forskning.no henviser også til «virkelighetens kaos», og selv om dette antagelig er en spissformulering inneholder den en kjerne av sannhet: det er vel slik virkeligheten fremstår for de som ikke baserer seg på rasjonelle metoder og prinsipper.

RETTFERDIGHET
Det ser også ut som om det er liten oppslutning om denne dyden: Mange holder altfor lenge ut med venner, slektninger og kollegaer de egentlig ikke trives sammen med, og mange holder alt for lenge ut med plagsomme kjærester/ektefeller heller enn å avbryte forholdet.

At dyden rettferdighet står svakt ser man kanskje tydeligst i forhold til kriminelle; den vanlige holdningen er at forbrytere og kriminelle ikke fortjener straff, de skal ha behandling (fengselssystemet har et navn som er helt i tråd med dette: Kriminalomsorgen). Straffenivået er også i all hovedsak svært lavt. Dette kommer av at i dagens kultur står den irrasjonelle dyden tilgivelse langt sterkere enn den rasjonelle dyden rettferdighet. Tilgivelse innebærer at man er altfor tolerant og akseptabel overfor plagsomme mennesker. Å akseptere omgang med plagsomme mennesker er ikke godt for en selv.

Hvis det store flertall i et samfunn setter tilgivelse høyere enn rettferdighet vil man få et samfunn med økende kriminalitet, og den som blir overrasket over dette har ikke en spesielt god virkelighetskontakt – og essensen ved rasjonalitet er nettopp virkelighetskontakt.

---

* Takk til Magnus Hermansson som gjorde meg oppmerksom på denne artikkelen.

PRODUKTIVITET
De aller mennesker fleste jobber (fra de er ferdigutdannet til de går av med alderspensjon), tjener penger og klarer å forsørge seg og sin familie på en god måte. Men dette gjelder ikke alle. Selv om de er i stand til å jobbe er det mange arbeidsdyktige som lever på trygd, og dette er ille dels fordi de er en belastning på andre (de som må forsørge dem), og dels fordi de i sitt liv ikke får den mening og den sosiale omgang som et produktivt arbeid innebærer. Ja, de som har mye fritid og andre jobber kan tilbringe tid sammen med venner og kjente, og dette er kanskje trivelig, men en slik tilværelse gir ikke den struktur og den disiplin man får i arbeidslivet, og som en forutsetning for å leve et godt liv. Ferie og fritid det er vel og bra, men kun som en avkobling fra arbeid. Et liv som bare består av ferie og fritid blir alltid kjedelig.

Allikevel, svært mange blir stresset fordi de jobber for mye; det er ikke uvanlig at begge foreldrene jobber også mens deres barn er små, og så må de i tillegg til jobben organisere sine barns fritid ved å kjøre dem på ulike aktiviteter flere kvelder i uken. En grunn til at mange jobber for mye kan være at de ønsker en høyere levestandard enn de egentlig kan klare uten å bli overarbeidet og stresset.

Det er også mange som har jobber som ikke er produktive – for eksempel er alle offentlige virksomheter sterkt overadministrert.

Det ser ut til at det er stor aksept for at mange kan ha inntekter enten ved ikke å jobbe (ved å leve på trygd), eller ved å ikke ha en produktiv jobb. Dette forteller at dyden produktivitet ikke står sterkt i kulturen. Et viktig aspekt ved dette er at i dag er det slik at mange ser ned på personer som blir rike ved entreprenørskap og produksjon, mens de aller fleste beundrer de som blir rike på grunn av en betydelig innsats innen for eksempel sport og underholdning.

EN SUNN SJEL I ET SUNT LEGEME
I dag lever folk lenger enn før og de er friskere enn før. Kostholdet er bedre enn det var for bare noen tiår siden – eller? Mange spiser mye høyprosessert mat, og slik mat er ikke spesielt sunn. Treningssentre finnes overalt, men de har antageligvis langt flere medlemmer enn brukere. Til tross for dette ser det på enkelte områder som om det finnes alvorlige problemer. Mange er overvektige, og det er langt flere overvektige enn for noen tiår siden. Mange bruker rusmidler, og det skal lite til før dette er svært skadelig. Voksne drikker omtrent dobbelt så mye vin nå som på 90-tallet (dette gjelder Norge).

Men hvis irrasjonelle ideer og verdier dominerer i en kultur, vil dette føre til at mange vil ha problemer med å forstå og fungere godt i virkeligheten, og da kan det være enkelt å søke tilflukt og trøst i rus.

Mengden psykiske lidelser øker, og de koster enorme beløp.

> Stadig flere sykmeldes for psykiske lidelser. Sykefraværet økte fra 6,5 prosent i første kvartal [2023] til 6,6 prosent i andre – en økning på 1,5 prosent. Sykefravær som følge av psykiske lidelser, øker. (Dagens medisin, link nedenfor)

> Flere behandles uten at befolkningen blir friskere ... Psykiske lidelser koster Norge rundt 330 milliarder kr. hvert år. (forskning.no, link nedenfor).

Dette er tall for Norge, men utviklingen i andre land i Vesten er tilsvarende.

La oss gå litt dypere inn på ett aspekt ved dette. Smarttelefonen kom i utbredt bruk rett før 2010, og fra da fikk også svært mange barn en slik telefon. Disse barna begynte da å bruke opptil flere timer hver dag på å stirre på en skjerm og å være aktiv på plattformer som Facebook og Instagram, eller å spille ulike typer dataspill. Tiden de kunne bruke på å være sammen med venner og kjente og på tradisjonelle fysiske aktiviteter, ble da mindre; de tilbrakte mye tid i en fantasiverden. I sin tidlige ungdomsperiode fikk de derfor langt mindre av den erfaringen som er nødvendig for å kunne fungere godt som voksne i virkelighetens verden. En kommentator hevdet at

> as adolescents got smartphones, they began spending more time in the virtual world [which has led to a] collapse of youth mental health in the era of smartphones, social media, and big tech.*

---

* Kommentatoren er Jonathan Haidt, og han skriver utførlig om dette i *The Anxious Generation: How the Great Rewiring of Childhood Is Causing an Epidemic of Mental Illness*, Penguin 2024. Fra side 5-6: «Gen Z [born between 1995 and 2010] became the first generation in history to go through puberty with a portal in their pockets that called them away from the people nearby and into an alternative universe that was exciting, addictive, unstable, and ... unsuitable for children and adolescents. ... They spent far less time playing with, talking to, touching, or even making eye contact with their friends and families, thereby reducing their participation in embodied social behaviors that are essential for successful human development.»

Det som skjedde var at svært mange unge foretrakk å tilbringe tid i en fantasiverden heller enn i virkelighetens verden. Dette kan være en av årsakene til økningen i psykiske problemer som har skjedd de siste årene. For å forstå dette alvorlige problemet, og for å finne en løsning, må man bruke den vanlige videnskapelig metode, det vil si man må undersøke saken ved å følge rasjonelle prinsipper og metoder.

Artikkelen fra forskning.no vi siterte fra over inneholder også følgende: «Psykisk helse er vår evne til å tenke fornuftig,….».

IKKE INITIERE TVANG

Det er vanskelig å si hvor stor grad vold forekommer i private relasjoner mellom mennesker (for eksempel i parforhold). Mange slike forhold blir ikke rapportert/anmeldt, og når det gjelder kriminalitet ser det ut som om offentlige statistikker bevisst forsøker å dekke over visse faktiske forhold.

Den samfunnsmodell som alle land i Vesten er bygget på – velferdsstaten – innebære en kolossal og systematisk initiering av tvang overfor alle borgere. Alle skal betale en betydelig andel av det de tjener til det offentlige, og så skal det offentlige til gjengjeld gi borgerne gratis (eller subsidierte) tilbud på viktige områder som skole, helsevesen, trygder og pensjoner, infrastruktur, kultur, og mye annet.

Dette innebærer at de mest arbeidsomme og mest dyktige blir tvunget til å subsidiere de mindre arbeidsomme og mindre dyktige. Denne samfunnsmodellen innebærer da at incentivene for å produsere velstand blir mindre. Andre viktige elementer er at det offentlige apparatet vokser og vokser, skattebyrden blir større og større, og tilbudet på viktige områder blir dårligere eller ikke forbedres i den takt som ville ha skjedd uten de snevre rammer for innovasjon og nyskaping som offentlig drift nødvendigvis innebærer. Under denne modellen blir næringslivet stadig utsatt for endrede rammebetingelser, noe som gjør langtidsplanlegging vanskelig. Langtidsplanlegging og akkumulering av kapital er en nødvendig forutsetning for å kunne skape avanserte produkter, og begge disse tingene blir vanskeliggjort når staten i stadig større grad styrer økonomien. Langtidsplanlegging forutsetter rasjonalitet og kan kun skje i en kultur hvor rasjonalitet står sterkt.

Med jevne mellomrom velger borgerne de politikerne som skal styre velferdsstaten, og de politikerne som blir valgt klarer aldri å gjennomføre de løfter de ga i valgkampen. Regjeringene skiftes ut etter én eller to perioder – det er i hovedsak to fløyer som skifter om å ha makten, en sosialdemokratisk fløy og en konservativ/borgerlig fløy, men forskjellen i den politikken som de to fløyene fører er svært liten. Allikevel har denne samfunnsmodellen nærmest full oppslutning, dette altså selv om løfter ikke innfris og selv om utviklingen på en rekke viktige områder går i negativ retning. (Foran hvert valg snakker politikerne fra alle partier om å bedre om eldreomsorgen, bedre skolen, bedre helsevesenet, bedre lønnsutviklingen – men resultatene blir alltid betydelig dårligere enn det politikerne forespeilet i valgkampen.) Kanskje det har stor betydning at mange betrakter intensjonen som ligger bak som viktigere enn resultater som oppnås i virkelighetens verden.

Man bør kanskje merke seg at den type lovbrudd som straffes strengest under denne modellen er ikke drap og vold og innbrudd, det som straffes strengest er forsøk på å lure seg unna det å bidra til fellesskapet, dvs. å lure seg unna skatter og avgifter.

Velferdsstaten er en modell som innebærer at staten må bli mer og mer omfattende, dette krever stadig større statlige inntekter, og derfor må skattenivået (eventuelt gjeldsopptaket) øke. En annen måte å finansiere økede offentlige utgifter på er å inflatere pengeverdien (inflasjon, som alle merker ved at alt de kjøper blir stadig dyrere). Alle disse tiltakene er på sikt ødeleggende for samfunnets velstand.

Den som mener at man må ha enkelte statlige ordninger for å hjelpe «de som faller utenfor», ser ikke at slike tiltak nødvendigvis må bli mer og mer omfattende og dermed stadig mer kostbare. Ordtaket «Gir man fanden lillefingeren tar han til slutt hele hånden» beskriver denne utviklingen. Man kan også si det på en annen måte: å tillate noen former for initiering av tvang innebærer at man bryter prinsippet om at initiering av tvang er galt, og da åpner man for stadig mer omfattende bruk av tvang.

Det vi har skrevet over tyder på at rasjonelle verdier og prinsipper ikke står sterkt hverken innen etikk eller innen politikk.

VIDENSKAP
De siste tiårene har vi sett enorme fremskritt innen områder som bioteknologi, noe som har ført til bedre behandlingsmetoder og vaksiner innen helsevesenet, og til mer nyttige landbruksprodukter. Innen kommunikasjon har det skjedd enorme fremskritt; Internett, GPS, mobiltelefoni, droner, mm. har gjort levestandarden langt høyere

enn den ellers ville ha vært. Vi har fått langt mindre forurensende biler, ensformige og kjedelige jobber er blitt overtatt av maskiner og roboter, og så videre.

Tiltak for å redusere en såkalt menneskeskapt global oppvarming, eller klimaendringer, har dessverre stor oppslutning, og praktisk talt alle politikere, og visstnok også en rekke forskere, hevder at friheten må sterkt begrenses for at skadene som klimaendringene fører til skal kunne begrenses. Slik vi ser det er den oppfatningen helt feil. Klimaendringer er et naturlig fenomen, tiltak for å begrense klimaendringer – redusert bruk av fossilt brensel i fly og biler som folk flest benytter i arbeid og fritid – har ingen eller svært liten effekt på klimaet, og er også kolossalt kostbare; de fører kun til en reduksjon i levestandard. Det som har skjedd her er at forskningen har fått politiske føringer, politikerne ønsker å få større makt og bruker teorien om menneskeskapte klimaendringer for å få makt (i form av restriksjoner på nærmest all menneskelig aktivitet, og i form av økte skatter og avgifter som gir større inntekter til det offentlige). Det disse forskerne bedriver er da ikke i samsvar med den videnskapelige metode, en metode som går ut på å kun basere seg på fakta og logikk; ønskene hos de som finansierer forskningen (som jo er staten) skal ikke påvirke forskningens resultater.

Innen visse realfag går utviklingen på visse områder i en nokså absurd retning. Teorier om at det finnes flere parallelle universer, at vi lever i en simulering, at årsaksloven ikke gjelder på mikronivå, etc., er, slik vi ser det, helt feil. Å forske med et utgangspunkt om at slike teorier kan være korrekte vil ikke gi noen som helst nyttige resultater. Årsaken til at det forskes på slike områder er at forskere i for stor grad aksepterer irrasjonelle metoder og teorier.

Helt til slutt
Vesten har fortsatt betydelig velstand, og dette kommer av at man i tidligere perioder i betydelig grad baserte seg på rasjonelle metoder. På enkelte områder benyttes fortsatt rasjonelle metoder, og der har man fremskritt. På områder hvor rasjonaliteten står svakt, er det stagnasjon og forfall. Rasjonalitet innebærer individuell frihet, og når rasjonalitet svekkes i kulturen vil også friheten svekkes, og når friheten svekkes reduseres også velstanden.

Dessverre ser det ut til oppslutningen om holdninger og ideer som støtter rasjonalitet står svakt.

Etter at en irrasjonell ideologi (kristendommen) fikk stor innflytelse i Romerriket fra cirka 300, gikk riket i oppløsning, og Vest- og Sør-Europa gikk inn i en periode med betydelig fattigdom og lovløshet: middelalderen. Denne perioden ble avløst av renessansen/ opplysningstiden, og det som førte til denne endringen var at rasjonelle ideer og prinsipper hadde fått større innflydelse. Den da nye vektleggingen av rasjonalitet førte så til den tidlige kapitalisme og dermed til økende velstand. Perioder hvor rasjonaliteten står sterkt gir samfunn preget av fred, harmoni og velstand, perioder hvor rasjonaliteten står svakt fører til fattigdom, uro og lovløshet. I dag står rasjonaliteten svakere enn den gjorde for bare noen tiår siden, noe vi også ser i politikken som føres: næringsfriheten blir mindre, frihandelen blir redusert, ytringsfriheten innskrenkes, kriminaliteten øker, kriger er blusset opp i Vestens* nærhet.

Det er kun rasjonalitet som gir oss en mulighet til å forstå den virkeligheten vi lever i, det er kun rasjonalitet som kan gi oss et kart som gir oss den beste mulighet til å ferdes trygt i virkelighetens verden.

Vi har spennende tider foran oss. Går vi inn i en fremtid med økende trygghet og velstand, eller går vi inn i en fremtid med mer fattigdom og uro? Jo sterkere rasjonaliteten står i kulturen, jo lysere vil fremtiden bli.

Lenker

https://www.forskning.no/politikk/derfor-roter-politikere-seg-ut-i-logner/590298

https://www.dagensmedisin.no/nav-psykisk-helse-ssb/stadig-flere-sykmeldes-for-psykiske-lidelser/584112

https://www.forskning.no/psykisk-helse-psykiske-lidelser-psykologi/samfunnet-bruker-stadig-mer-penger-pa-psykisk-helse-hvorfor-blir-vi-ikke-friskere/2205214

---

* Vesten er de områder hvor rasjonaliteten i en lang periode i betydelig grad preget kulturen og derved politikken, og hvor man derfor hadde betydelige innslag av individualisme, markedsøkonomi, frihandel, skille kirke/stat, rettsstat: Vest-Europa, Nord-Amerika, Israel, Australia, New Zealand, Japan, Sør-Korea.

Noen sitater om fornuft, rasjonalitet og tro[*]

Reason is the faculty that identifies and integrates the material provided by man's senses.
-Ayn Rand

Rationality ought to be the lodestar for everything we think and do.
-Steven Pinker

Rationality is man's basic virtue, the source of all his other virtues. ... The virtue of *Rationality* means the recognition and acceptance of reason as one's only source of knowledge.
-Ayn Rand

Opinions don´t affect facts. But facts should affect opinions, and do, if you are rational.
-Ricky Gervais

The indispensability of reason does not imply that individual people are always rational or are unswayed by passion and illusion. It only means that people are capable of reason ...
-Steven Pinker

In everything one thing is impossible: rationality.
-Friedrich Nietzsche

... fix reason firmly in her seat, and call to her tribunal every fact, every opinion. Question with boldness even the existence of a god; because, if there be one, he must more approve the homage of reason, than that of blindfolded fear.
-Thomas Jefferson

Reason: the only oracle of man.
-Ethan Allen

---

[*] At disse sitatene er gjengitt her innebærer ikke at de som står bak dem deler det syn på rasjonalitet som er kommet til uttrykk i denne boken.

Having faith is believing in something you just know ain't true.
-Mark Twain

To one who has faith, no explanation is necessary. To one without faith, no explanation is possible.
-Thomas Aquinas

A casual stroll through the lunatic asylum shows that faith does not prove anything.
-Friedrich Nietzsche

Reason is as practically incompetent and as morally bad as it is cognitively inadequate.
-Arthur Schopenhauer

Man is a rational animal. So at least we have been told. Throughout a long life I have searched diligently for evidence in favor of this statement. So far, I have not had the good fortune to come across it.
-Bertrand Russell

Reality cannot be ignored except at a price; and the longer the ignorance is persisted in, the higher and more terrible becomes the price that must be paid.
-Aldous Huxley

You can avoid reality, but you cannot avoid the consequences of avoiding reality.*
-Ayn Rand

---

*Dette er mer en oppsummering enn et ordrett sitat.

Om forfatteren

Vegard Martinsen (1955-) tok examen artium ved Kongsvinger gymnas i 1974. Etter avtjent verneplikt i Ingeniørvåpenet studerte han matematikk, fysikk og filosofi ved Universitetet i Oslo, og tok cand.scient.-eksamen i 1981. Fra 1982 arbeidet han i voksenopplæringen i Oslo, og fra 2001 til 2017 var han seniorrådgiver ved Vox – nasjonalt fagorgan for kompetansepolitikk. Martinsen har hatt en rekke verv. Han var formann i Foreningen for Studium av Objektivismen fra 1993 til 2004, og han var leder i Det Liberale Folkepartiet fra 2003 til 2017. Fra 1989 til 1993 var han vararepresentant til Stortinget. Han er medlem i styret i Søren Jaabæk Instituttet. Han har vært gjest i en rekke radio- og TV-programmer, blant annet Her og nå, Holmgang og Verdibørsen. Han er også blitt intervjuet i serien Cave of Apelles. Hans artikler er publisert i blant annet Aftenposten, VG, Dagbladet, Dagsavisen, Morgenbladet, Ny Tid, Humanist, Norwegian Wood, Teknisk Ukeblad, AerA og Liberal.

Disse nettsidene kan være interessante for lesere av denne boken:

http://vegardmartinsen.com

http://vegardmartinsen.no

http://jeanbaptistesay.no

https://filosofi.no

https://www.gullstandard.no

http://www.stemdlf.no

Produksjon: lulu